AF747181

www.ingramcontent.com/pod-product-compliance
Lightning Source LLC
LaVergne TN
LVHW010755051026
849532LV00007B/2378

* 9 7 8 9 3 6 9 0 8 2 8 0 3 *

حافظ زبیر علی زئی :

دینی و علمی خدمات

(مجلہ 'الحدیث حضرو' [اٹک، پنجاب] کے خصوصی شمارے سے منتخب شدہ مضامین)

مرتبہ:

ادارہ الحدیث حضرو

Hafiz Zubair Ali Zai : Deeni o Ilmi Khidmaat

by: Idara Alhadees Hazro

Edition: August '2025
Publisher :
Taemeer Publications LLC (Michigan, USA / Hyderabad, India)

ISBN 978-93-6908-280-3

کتاب	:	**حافظ زبیر علی زئی: دینی و علمی خدمات**
مرتب	:	**ادارہ الحدیث حضرو**
صنف	:	مذہب
ناشر	:	تعمیر پبلی کیشنز (حیدرآباد، انڈیا)
سالِ اشاعت	:	۲۰۲۵ء
صفحات	:	۱۶۲
سرورق ڈیزائن	:	تعمیر ویب ڈیزائن

فہرست

حافظ زبیر علی زئیؒ کا علمی مقام

پروفیسر ڈاکٹر سہیل حسن

الحمد للّٰہ رب العالمین والصلوٰۃ والسلام علیٰ رسوله الأمين، أما بعد:

مجھے الحمدللہ 1413ھ سے 1417ھ تک ریاض میں بسلسلہ دکتورہ قیام کرنے کا موقع ملا، آخری سال میں تحقیقی مقالہ پیش کرنے کے بعد میرے پاس فارغ وقت تھا، مولانا عبدالمالک مجاہد صاحب (دارالسلام) کی خواہش پر ان کے ہاں تحقیقی کام کرنے کا موقع مل گیا، اس وقت ان کے ہاں صحیح مسلم کے مختلف نسخوں کا تقابل جاری تھا، جس میں چند اہل علم مصروف تھے، وہیں پر ایک نوجوان محقق سے ملاقات ہوئی، بات چیت کے بعد معلوم ہوا کہ یہی حافظ زبیر علی زئی رحمہ اللہ ہیں جو مجاہد صاحب کی دعوت پر دارالسلام آئے ہوئے ہیں اور اس تحقیقی کام میں مصروف ہیں، اس طرح مجھے ان کے ساتھ کچھ ایام کام کرنے کا موقع ملا، ان چند دنوں میں ان کی تحقیقی صلاحیت، اسماء الرجال پر ان کی بھرپور نظر اور متون حدیث کی باریکیوں کے بارے میں دقت نظر نے بہت متاثر کیا۔

پاکستان آ کر جب انھوں نے اپنا مجلّہ شائع کرنا شروع کیا، ان سے ذہنی رابطہ برقرار رہا، ایک دفعہ مسجد توحید کی لائبریری مکتبہ ضیاء السنہ میں بھی تشریف لائے۔

اسی دوران میں اُن کی مختلف مطبوعات سے بھی آگاہی ہوتی رہی، جو کہ تحقیق اور بحث و مباحثہ کی بہترین مثالیں ہیں، اردو میں تالیفات کے ساتھ ساتھ عربی زبان میں بھی ان کا قلم رواں دواں تھا، اور اس سے کئی کتب ان کی تالیف یا تحقیق کی صورت میں منظر عام پر آئیں۔

شیخ محترم کی بے شمار تصانیف، علمی مقالات اور شذرات سے ان کے علم کی گیرائی اور گہرائی واضح ہوتی ہے، ان کے علمی مقام کے لیے ان کی کتابیں بہترین دلیل ہیں، ان کے مطالعہ سے ہمیں مندرجہ ذیل خصوصیات نظر آتی ہیں۔

۱) وسعت مطالعہ

حافظ زبیر علی زئی رحمہ اللہ کی کتب پر نظر دوڑانے سے ان کے وسیع مطالعہ، اور کتب پر بھرپور نظر کا احساس ہوتا ہے، کوئی بھی مسئلہ ہو وہ دلائل کے ساتھ اس پر بھرپور اظہار خیال کرتے ہیں، اور دلائل صرف مطبوعہ کتب سے ہی نہیں بلکہ مخطوط یا نادر کتب سے بھی دیتے ہیں۔

اس کی ایک مثال ان کی کتاب تحفۃ الاقویا فی کتاب الضعفاء میں دیکھی جا سکتی ہے جس میں ہر راوی کے بارے میں مصادر کا ذکر کیا ہے اور بعض رواۃ کے تذکرے میں پانچ، چھ کتابوں کا ذکر ملتا ہے۔

اسی طرح مقالات میں پہلی جلد میں نعیم بن حماد الخزاعی کے بارے میں اقوال نقل کرتے ہوئے جارحین کے نو سے زائد اقوال اور معدلین کے چوبیس اقوال نقل کر کے ثابت کیا ہے کہ وہ ثقہ راوی تھے، ان کے بارے میں جرح

٭ مدرس انٹرنیشنل اسلامک یونیورسٹی و مدیر دعوۃ اکیڈمی اسلام آباد

ناقابل قبول ہے۔(449-467/1)

اس طرح بھرپور انداز سے اپنا موقف ثابت کرنا وسیع مطالعے کے ذریعے سے ہی ہوسکتا ہے۔

۲) ناقدانہ نظر

حافظ زبیر علی زئی رحمہ اللہ کی کتب سے واضح ہوتا ہے کہ وہ ہر مسئلے کو انتہائی دقت نظر اور جرح و تعدیل کے اصولوں پر پرکھ کر قبول یا رَد کرتے تھے، مثال کے طور پر تحفۃ الاقویا (ص8) کے شروع میں امام ترمذی کی طرف منسوب العلل الکبیر کے بارے میں فرماتے ہیں: ''یہ نسبت ثابت نہیں ہے، اس لیے کہ اس کا راوی ابو حامد التاجر مجروح و ساقط العدالۃ ہے۔''

جبکہ اکثر اہل علم نے اس کتاب کو امام ترمذی کی طرف منسوب کیا ہے، اور اب مطبوعہ صورت میں متداول ہے۔

اسی طرح انوار الصحیفہ سے ظاہر ہوتا ہے کہ انھوں نے ضعیف احادیث کے بارے میں اپنی تحقیق پر اعتماد کیا ہے اور شیخ ناصر الدین البانی رحمہ اللہ کی تحقیق سے کئی مقامات پر اختلاف بھی کیا ہے۔

۳) قرآن وحدیث اور سلف صالحین سے شدید محبت اور لگاؤ

حافظ زبیر رحمہ اللہ کے نزدیک دین کا اصل مصدر قرآن و حدیث ہے، جیسا کہ مقالات (11/6) میں فرماتے ہیں: ''عقیدہ ہو یا مسائل و احکام اہل حدیث کا ہر متفقہ مسئلہ صحابہ و تابعین و سلف صالحین سے ثابت ہے۔'' اس کے بعد انھوں نے مشہور مسائل کو صحابہ و تابعین اور سلف صالحین سے ثابت کیا اور اس کے مقابلے میں وہ خلاف سنت کسی بھی مسئلے کے بارے میں مداہنت کے قائل نہ تھے، بلکہ اپنی پوری تحقیق اور مطالعے سے راجح مسئلہ بیان فرماتے تھے۔

٤) قوت حافظہ

قوت حافظہ ان کا زبردست ہتھیار تھا، جس کے ذریعے سے وہ مخالف کو مسکت دلائل دے کر خاموش کراتے تھے، اور یہ اسی وقت ممکن ہوسکتا ہے جب بروقت دلیل ذہن میں آجائے اور اس مسئلہ کے جواب کے لیے مناسب ہو۔ اسی طرح مختلف مسائل کے تذکرے میں بھی اگر کوئی بات ضمناً آجاتی ہے تو اس پر بھی تبصرہ جانے نہیں دیتے بلکہ اس پر بھی ضرور اپنی رائے یا تبصرہ کا اظہار کرتے ہیں۔

٥) استنباط احکام

قرآن و حدیث میں سے فقہی مسائل کا استنباط کرنا ایک مشکل اور دقیق کام ہے، یہ کام وہی کرسکتا ہے جو ایسی دقت نظر اور باریک بینی سے مطالعہ کرتا ہو اور نص کی باریکیوں کو سمجھ سکتا ہو۔ حافظ زبیر علی زئی رحمہ اللہ کے ہاں یہ استنباطی قوت بدرجہ اتم پائی جاتی ہے۔ اضواء المصابیح شرح مشکوٰۃ المصابیح میں باب الایمان بالقدر کی فصل اول کی پہلی حدیث (114/1) کی تخریج کے بعد فقہ الحدیث کے عنوان سے اس حدیث پر کلام کرتے ہیں اور گیارہ صفحات (114-126) پر تقدیر کے مسئلے کو اس حدیث کی روشنی میں بیان کرتے ہیں، اور اسی طرح ہر حدیث کے بعد فقہ الحدیث کے تحت آٹھ سے بارہ تک احکام مستنبط کر کے قاری کے ذہن کو منور کرتے ہیں اور بعض مرتبہ کئی جانبی مسائل بھی ذکر کرتے چلے جاتے ہیں، جیسا کہ حدیث نمبر (88) کے فقہ الحدیث کے آخر میں فرماتے ہیں: ''متقی شاگرد اگر غلط فہمی سے کوئی غلط سوال بھی

کر دے تو استاد کو چاہیے کہ نرمی، تحمل اور حکمت عملی سے جواب دے۔''

٦) اپنی تحقیق پر اعتماد

حافظ زبیر علی زئی رحمہ اللہ کو اپنی تحقیق اور علمی رسائی پر مکمل اعتماد تھا، جس کی بنیادی وجہ ان کا گہرا مطالعہ اور تمام مصادر پر یکساں نظر تھی، اسی لیے وہ کسی اور کی تحقیق کو خاطر میں نہیں لاتے تھے، یہی وجہ ہے کہ انوار الصحیفہ میں سنن اربعہ کی احادیث پر شیخ البانی رحمہ اللہ کی تحقیق پر اعتماد نہیں کیا، بلکہ اپنی تحقیق سے احادیث پر صحت وضعف کا حکم لگایا، نیز دیکھیے اضواء المصابیح (146/1) جہاں انھوں نے مسند احمد کے محققین کا الموسوعہ الحدیثیہ میں اس روایت کو ضعیف قرار دینے کو رد کیا ہے اور ثابت کیا کہ زیر بحث راوی ثقہ وصدوق ہے، لہٰذا وہ حسن الحدیث کہلائے گا اور اس روایت کی سند حسن ہے۔

٧) مخالفین پر شدید تنقید

حافظ صاحب رحمہ اللہ اپنے مقالات میں عموماً اور بعض حالات میں خاص طور پر اپنے مخالفین پر شدید علمی تنقید کیا کرتے تھے، اور یہ تنقید ہمیشہ دلیل کی بنیاد پر ہوتی تھی، اور اس میں کسی قسم کا ذاتی کیچڑ اُچھالنے یا سب وشتم کا عنصر دور دور تک دکھائی نہیں دیتا۔

اس کی مثال اضواء المصابیح (143/1، 144) میں ملتی ہے جس میں بریلوی حضرات کے اس عقیدے کا سختی سے رد کیا ہے جس میں وہ کہتے ہیں: ''اللہ تعالیٰ نے سب سے پہلے نبی ﷺ کا نور پیدا کیا اور پھر نور سے ساری کائنات بنائی۔'' اس کے رد میں احمد رضا خان بریلوی کا کلام نقل کرنے کے بعد لکھتے ہیں: ''عبارت مذکورہ میں احمد رضا خان نے کئی جھوٹ بولے ہیں'' اور ان کی تفصیل بیان کرنے کے بعد حافظ صاحب تحریر کرتے ہیں: ''اس عبارت میں سیدنا آدم علیہ السلام پر صریح جھوٹ اور بہتان باندھا گیا ہے کیونکہ "یا ابني صورة و أبائي معنى" کے الفاظ سے یقیناً ثابت نہیں بلکہ اس کے سراسر برعکس آدم علیہ السلام نے معراج والی رات نبی کریم ﷺ سے ملاقات کے وقت فرمایا تھا: "مرحبا بالنبي الصالح و الإبن الصالح" ...... سیدنا آدم علیہ السلام نے تو نبی کریم ﷺ کو اپنا بیٹا کہا اور اس کے مقابلے میں احمد رضا خان نے جھوٹی اور بے اصل روایت کے ذریعے سے یہ دعویٰ کر دیا کہ آدم علیہ السلام تو رسول اللہ ﷺ کے بیٹے ہیں۔ نعوذ باللہ من هذا الكفر"

اسی طرح مقلد علمائے کرام کے اقوال کا رد وہ علمی دلائل اور انتہائی سخت انداز سے کیا کرتے تھے۔

٨) وسعت تحقیق

حافظ صاحب رحمہ اللہ حدیث ہو یا کسی کا قول ہو اس کی تحقیق میں کوئی دقیقہ فروگزاشت نہیں کیا کرتے تھے، بلکہ حتی الوسع اس میں تحقیق کیا کرتے تھے، اور اس نص کے بارے میں مکمل معلومات مہیا کرتے تھے، جیسا کہ اضواء المصابیح کی حدیث نمبر 14 میں مذکور اعرابی کے نام کے بارے میں تحقیق کرتے ہوئے فرماتے ہیں: ''حدیث میں مذکور اعرابی کے نام میں اختلاف ہے بعض کہتے ہیں کہ سعد ہے اور بعض عبد اللہ بن اخرم کہتے ہیں، کچھ کی تحقیق میں اس سے مراد لقیط بن عامر یا ابن المنفق ہے'' (43/1)

پھراس کے متصل بعد فرماتے ہیں: ''اعرابی کے نام میں اختلاف چنداں مضر نہیں اور نہ یہ ضروری ہے کہ ضرور بالضرور نام معلوم کیا جائے۔'' اس توسع کے نتیجے میں استطرادبھی ہو جاتا ہے اور اصل مسئلے پر گفتگو کے ساتھ دیگر مسائل بھی زیر بحث آجاتے ہیں، جیسا کہ مقالات میں یمن کے سفر کے دوران میں رخ اذان دینے کا ذکر آیا تو اس موضوع پر صحیح روایت کے ذریعے سے ثابت کیا کہ قبلہ رخ اذان دینے پر اجماع امت ہے۔ (مقالات علمیہ 519/2)

اس طرح عذاب قبر کے حوالے سے گفتگو میں اس موضوع پر منکرین عذابِ قبر کا رد کرتے ہوئے صحیح عقیدہ بیان کیا۔ (مقالات علمیہ 520/2)

وسعتِ تحقیق کی ایک مثال اضواء المصابیح (64/1) میں حدیث نمبر 30 کے تحت ذیل میں دیکھی جاسکتی ہے، جس میں ایک راوی کے احوال بیان کرتے ہوئے پورے ایک صفحہ پراس کی توثیق بیان کی ہے اور جس نے اسے ضعیف کہا، اس کا رد کیا ہے۔اسی طرح مقالات (27/2) میں خاص اور عام سے متعلق بحث کرتے ہوئے دس قدیم وجید اہل علم کے اقوال سے ثابت کیا کہ خاص عام پر مقدم ہے۔

۹) دقت نظر

حافظ صاحب رحمۃ اللہ علیہ کی تحقیق میں نصوص کے مطالعے میں انتہائی دقت نظری اور باریک بینی کا احساس ہوتا ہے، جس طرح وہ ایک ایک راوی کے حالات، اقوال جرح وتعدیل اوران پر اپنے خیالات کا اظہار کرتے چلے جاتے ہیں، اس سے ان کے باریک بین مطالعے کا اندازہ ہوتا ہے، یہی وجہ ہے کہ اگر انھیں اس دوران میں اپنی تحقیق کے بارے میں شبہ پیدا ہو جاتا کہ اس میں غلطی رہ گئی ہے تو رجوع کرنے میں بھی کوئی عار نہیں سمجھتے تھے، اور بلا جھجک اعتراف کرتے تھے اوراس کی تصحیح کا برملا اعلان بھی کرتے تھے۔ اضواء المصابیح (71/1) پر تنبیہ کے ذیل میں فرماتے ہیں: ''راقم الحروف نے جزء رفع الیدین کی تحقیق میں لکھا ہے کہ ''ابو ہلال محمد بن سلیم الراسبی، البصری کے بارے میں راجح یہی ہے کہ وہ حسن الحدیث ہے، واللہ اعلم۔ (ص55 تحت ح 20) یہ تحقیق غلط ہے، صحیح یہی ہے کہ ابو ہلال مذکور ضعیف راوی ہے، لہٰذا جزء والی عبارت کی اصلاح کر لی جائے۔ یہ علیحدہ بات ہے کہ جزء والی روایت سابقہ شواہد (جزء رفع الیدین: 29) کی رُو سے حسن ہے۔''

۱۰) اسماء الرجال اور جرح وتعدیل پر گہری نظر

حافظ زبیر علی زئی رحمۃ اللہ علیہ کی تحقیقات میں یہ پہلو بہت واضح اور گہرا نظر آتا ہے کہ اسماء الرجال اور جرح وتعدیل کے حوالے سے اس عصر کے امام تھے، روایت کی سند کی تحقیق کرتے ہوئے جس مہارت اور دقت نظر سے رجال پر گفتگو کرتے ہیں وہ انھی کا خاص حصہ ہے۔ اضواء المصابیح (147/1) میں حدیث نمبر 97 کی تحقیق میں فرماتے ہیں:

''ابوخزامہ کو امام ترمذی کے علاوہ کسی نے بھی ثقہ قرار نہیں دیا، چونکہ امام ترمذی تصحیح وتضعیف میں متساہل تھے، لہٰذا جب تک کوئی دوسرا معتبر محدث ان کی تائید نہ کرے تو راوی مجہول یا مجروح ہی رہتا ہے، صورت مذکورہ میں ابوخزامہ مذکور مجہول الحال راوی ہے اور یہ صحابی نہیں۔ اگر اس روایت کو صحیح ثابت کر دیا جائے تو پھر اہل سنت کی دلیل ہے کہ عقیدہ توحید برحق ہے۔''

اسماء الرجال پر تحقیق کی بے شمار مثالیں ان کی کتابوں میں دیکھی جا سکتی ہے، مثال کے طور پر مقالات (428) میں مقالہ نصر الرب فی توثیق سماک بن حرب کے ذیل میں راوی کے بارے میں انتہائی علمی انداز میں مدلل گفتگو فرمائی ہے، ان کے بارے میں جارحین کے سات جبکہ معدلین کے چھبیس (26) اقوال نقل کیے ہیں اور ان کی توثیق ثابت کی ہے، اسی طرح نعیم بن حماد الخزاعی اور دیگر محدثین کرام کے بارے میں انتہائی مدلل اور معتبر تفصیل پیش کی ہے۔

اس فن سے اپنی شیفتگی کے بارے میں فرماتے ہیں: ''راقم الحروف کو اسماء الرجال سے والہانہ لگاؤ ہے، اس سلسلے میں انوار السبیل فی میزان الجرح والتعدیل نامی کتاب لکھ رہا ہوں، جو کہ معاصر علماء وغیرہم کی جرح و تعدیل پر ہے۔''

(مقالات 498/1)

ان کی اس کتاب کا نمونہ شیخ محب اللہ شاہ راشدی پر مضمون میں ملتا ہے جس میں محدثین کے طریقے کے مطابق ان کے بارے میں اہل علم کے اقوال نقل کیے ہیں، اس سے معلوم ہوتا ہے کہ حافظ زبیر علی زئی رحمہ اللہ آج کے دور میں محدثین کے منہج کے مطابق معاصر علماء کو بھی جرح و تعدیل کے میزان پر پرکھتے تھے جو کہ اپنی جگہ ایک منفرد کوشش ہے۔

حافظ صاحب کی کتاب میں ایک نمایاں کتاب ان کے مقالات کا مجموعہ ہے جو ان کے رسالے ماہنامہ الحدیث میں باقاعدگی سے شائع ہوتے تھے، ان مضامین کو مندرجہ ذیل عناوین کے تحت جمع کیا گیا ہے:

* عقائد: مسلک اہل حدیث اور اس کے بارے میں شبہات کا رد
* تذکرہ رحمۃ للعالمین: سیرت طیبہ کے بارے میں مقالات
* عبادات کے باب میں خصوصاً طہارت اور نماز کے مسائل کو زیر بحث لایا گیا ہے۔
* اصول حدیث اور تحقیق روایات
* تذکرہ علمائے حدیث: جس میں قدیم و جدید علماء کی سوانح جمع کی گئی ہیں۔
* تذکرۃ الراوی: جس میں مختلف راویان کرام کو جرح و تعدیل کی نظر سے دیکھ کر ان کی حیثیت بیان کی گئی ہے۔
* باطل مذاہب و مسالک کے شبہات کا جائزہ اور ان کا رد
* شذرات الذہب
* متفرق مضامین

ان مقالات سے یہ بات واضح ہوتی ہے کہ حافظ صاحب رحمہ اللہ صرف حدیث اور اصول حدیث ہی میں مہارت نہیں رکھتے تھے بلکہ دیگر علوم و فنون پر بھی ان کی یکساں نظر تھی۔

اللہ تعالیٰ ان کے شاگردوں اور احباب کو توفیق عطا فرمائے کہ حافظ صاحب رحمہ اللہ کی غیر مطبوعی نگارشات کو منظر عام پر لا سکیں اور ان کا علم ان کے لیے صدقہ جاریہ بنتا رہے۔ اللہ تعالیٰ حافظ صاحب کے درجات بلند کرے، اور ان کو جنت الفردوس میں بلند ترین مقام عطا فرمائے۔ آمین

محدث العصر حافظ زبیر علی زئی ؒ
(علمی و تحقیقی آثار: ایک تعارفی جائزہ)

پروفیسر ڈاکٹر خالد ظفر اللہ

1- حالات زندگی

(أ) تعارفی نوٹ: محدث العصر حافظ زبیر علی زئی رحمہ اللہ کے مختصر حالات زندگی اور آپ کی قلمی کاوشوں کا تعارف ہدیہ قارئین ہے۔ مقالہ ھذا میں پیش کردہ مختصر حالات زندگی کے آخر پر تفصیلی حالاتِ زندگی کے بارے میں متعلقہ کتب اور رسائل وجرائد کی بھرپور راہنمائی کی کوشش کی گئی ہے۔ محدث العصر رحمہ اللہ کی قلمی کاوشوں کی دستیابی پر تفصیلی اور عدم دستیابی پر اجمالی تعارف ہی احاطۂ تحریر میں لانا ممکن تھا۔ تاہم اللہ کے خاص فضل و کرم سے فضیلۃ الشیخ رحمہ اللہ کی قلمی کاوشوں خصوصاً کتابوں کی ایک تفصیلی جامع فہرست ضرور منضبط ہو گئی ہے۔

فضیلۃ الشیخ حافظ زبیر علی زئی رحمہ اللہ کی بعض غیر مطبوع قلمی کاوشوں پر آپ رحمہ اللہ کی اپنی کتب، کتاب الاربعین لابن تیمیہ اور شمائل ترمذی میں بذات خود پیش کردہ اپنی فہارس کتب سے آگاہی ممکن ہوتی ہے۔ بصورت دیگر آپ کی متعلقہ کتب میں مذکورہ مقامات کی نشان دہی کر دی گئی ہے۔ تاہم ان میں سے بعض کاوشوں کی دستیابی یا ان تک رسائی ممکن نہ ہو پائی تو ان کے خارجی و داخلی تعارف کے بارے میں کچھ بھی زیرِ قلم نہیں لایا جا سکا۔

اللہ تعالیٰ سے دعا ہے کہ ایسی منفرد و منضبط تحریر و تحقیق، تراجم و حواشی، تصنیفات و تالیفات لائبریری کی زینت بنی رہے، خدانخواستہ دیمک کی خوراک بننے یا علوم دینیہ کے سارق خدام کے ہتھے چڑھنے سے پہلے پہلے ان کی طبع آسان فرمائے۔ آپ کے حقیقی و علمی وارثان کی اپنے غیب کے خزانوں سے خوب مدد فرمائے اور یہ قیمتی علمی تراث دست بردِ زمانہ کا شکار ہو کر لاپتہ ہونے یا بعض خدام العلم والعلماء کی ذاتی تحقیق بن کر سامنے آنے سے پہلے پہلے اہل ذوق کے ہاتھوں کی زینت اور قلب وجگر کی علمی و تحقیقی پیاس کی فرحت کا سامان بنے۔ (آمین ثم آمین)

مقالہ ھذا میں فضیلۃ الشیخ رحمہ اللہ کی مطبوع کتب پر بھرپور نشان دہی اور اہل علم کی آگاہی کی غرض سے جامع معلومات سپردِ قلم ہیں اور شیخ محترم رحمہ اللہ خود اپنی کتب کے بارے میں اپنا موقف یوں بیان فرماتے ہیں:

''راقم الحروف نے بار بار یہ اعلان کیا ہے کہ ''میری صرف وہی کتاب معتبر ہے جسے مکتبہ الحدیث حضرو یا مکتبہ اسلامیہ فیصل آباد/ لاہور سے شائع کیا گیا ہے۔ یا اُس کتاب کے آخر میں میرے دستخط ہیں'' ...... کئی بار عرض ہے کہ میں صرف تین قسم کی کتابوں کا ہی ذمہ دار ہوں:

1: جو مکتبہ الحدیث حضرو سے شائع شدہ ہیں

2: جن کے آخر میں ہر ایڈیشن کے لحاظ سے میرے دستخط ہیں۔

3: جو کتابیں محترم محمد سرور عاصم حفظہ اللہ کے مکتبہ اسلامیہ (فیصل آباد/ لاہور) سے شائع شدہ ہیں۔

* صدر شعبہ علوم اسلامیہ پوسٹ گریجوایٹ اسلامیہ گورنمنٹ کالج فیصل آباد

تنبیہ: ان شروط ثلاثہ کے علاوہ کسی کتاب یا تحریر کا میں ذمہ دار نہیں، لہٰذا رَد برائے رد اور راقم الحروف کے مخالفین کی، ان شرائط مذکورہ کے خلاف ہر کوشش مردود ہے۔

وما علينا إلا البلاغ (15 فروری 2012ء)

(ماہنامہ الحدیث، ربیع الثانی جمادی الاول 1433ھ/ مارچ اپریل 2012ء جلد:9، شمارہ:4، 5، مسلسل اشاعت نمبر 94، ص 6، ص 9)

لہٰذا کسی کتاب یا تحریر میں آپ کی فکر و رائے اور تحقیق و تخریج کے بارے میں مذکورہ بالا شروط ثلاثہ کی روشنی میں فیصلہ کرنا ہی قرین انصاف ہے اور آپ کے قارئین و ناقدین ان شروط ثلاثہ کی پابندی کے ساتھ ہی آپ کے بارے میں کوئی حتمی رائے قائم کرنے کے پابند ٹھہرتے ہیں۔

ب۔ مختصر حالات زندگی:

برصغیر کے علامہ البانی رحمہ اللہ، عالم اسلام کے عظیم محقق اسانید و متون حدیث یگانہ روزگار، ماہر علوم الحدیث و اسماء الرجال، تخریج اور تصحیح و تضعیف حدیث میں یادگار محدثین، فہم سلف صالحین کے نامور داعی، وسیع النظر عالم دین، بہترین کتاب دوست و علم پرور، کتب حدیث کے عظیم ذخیرے کے مالک، مستحضر مطالعہ سے متصف و ممیّز، فقہ الحدیث کے ماہر، متون فقہ پر گہری نظر رکھنے والے، فن مناظرہ کے دھنی، احقاق حق اور ابطال باطل میں حق گوئی کے علمبردار، فرق باطلہ کے خلاف تیغ بے نیام، المؤمن غر کریم کے مجسم بے ریا، غرور علمی اور پندار تقویٰ سے بے نیاز، بالائے خوف لومۃ اللائم، رجوع الی الحق کے پیکر بے مثال، جامع العلوم العقلیہ والنقلیہ، ذہبی دوراں، امام الجرح والتعدیل ابو طاہر حافظ محمد زبیر علی زئی محمدی المعروف حافظ زبیر علی زئی رحمہ اللہ حاجی مجدد خان کے ہاں 25 جون 1957ء بمطابق 5 محرم 1377ھ کو اپنے آبائی گاؤں پیرداد، حضرو ضلع اٹک میں پیدا ہوئے اور صرف 56 سال 5 ماہ اور 15 دن کی عمر میں 10 نومبر 2013ء بمطابق 5 محرم الحرام 1435ھ بروز اتوار بوقت 07:00 بجے صبح اپنے اللہ کو پیارے ہوگئے۔ (إنا للّٰه و إنا إليه راجعون.)

19 ستمبر 2013ء سے تادم واپسیں آپ نے بعارضہ برین ہیمرج یہ ایام موت و حیات کی کشمکش میں بحالت نیم بے ہوشی گزارے۔ آخری ایام کی یہ تکالیف آخرت کی آسودگی کا ذریعہ ٹھہریں۔ (آمین ثم آمین)

حافظ زبیر علی زئی رحمہ اللہ کا رنگ سرخ گندمی، چہرہ قدرے چوڑا، پیشانی کشادہ، آنکھیں موٹی اور چمکدار، داڑھی گھنی سینہ ڈھانپے ہوئی اور قد انتہائی موزوں تھا۔ آپ زیادہ تر شلوار قمیص زیب تن فرماتے تھے۔ کبھی کبھار چادر (دھوتی) بھی باندھ لیتے تھے۔

فضیلۃ الشیخ رحمہ اللہ فاضل درس نظامی (1990ء) و فاضل وفاق المدارس السلفیہ تھے۔ درسِ نظامی کے آخری سال کے آخری تین ماہ کے لیے آپ جامعہ محمدیہ جی ٹی روڈ گوجرانوالہ تشریف لائے تھے۔ ناظم جامعہ شیخ الحدیث مولانا عبداللہ رحمہ اللہ (28 اپریل 2001ء/ صفر 1422ھ) نے آپ کو شامل امتحان کرنے سے مطلق انکار کر دیا۔ اسی قدر جزم اور بھرم کے ساتھ حافظ عبدالمنان نور پوری رحمہ اللہ (متوفی 26 فروری 2012ء/ 4 ربیع الثانی 1433ھ) اور حافظ عبد السلام بھٹوی حفظہ اللہ نے آپ کے شامل امتحان ہونے پر اصرار کیا۔ آپ رحمہ اللہ نے اپنے شیوخ کے مان کی لاج نبھائی اور امتحان فاضل درس نظامی میں اول پوزیشن حاصل کرنے کا ریکارڈ قائم کیا۔

آپ نے بطور پرائیویٹ امیدوار جامعہ پنجاب لاہور سے ایم اے اسلامیات (1983ء) اور ایم اے عربی (1994ء) کی ڈگری حاصل کی۔ نیز آپ رحمہ اللہ نے ایم اے انگلش کی مکمل تیاری ضرور کی تھی، لیکن والدہ محترمہ کی بیماری کے سبب امتحان نہ دے پائے۔ یہ بات اہل علم کے لیے یقیناً حیران کن ہوگی کہ آپ نے کتابستان کی انگلش ڈکشنری زبانی یاد کر رکھی تھی۔ حافظ زبیر علی زئی رحمہ اللہ سے قبل یہ امتیاز استاذ محترم پروفیسر حافظ عبداللہ بہاول پوری رحمہ اللہ (متوفی 21 اپریل 1991ء/ 6 شوال 1411ھ) کو حاصل تھا۔ آپ فرمایا کرتے کہ ڈکشنری کا صفحہ اس لیے کھول کر دیکھتا ہوں کہ اس میں سے کون سا لفظ مجھے یاد نہیں۔

(فللہ درہ وللہ الحمد)

جناب زبیر علی زئی رحمہ اللہ قرآن مجید صرف چار مہینوں میں یاد کرنے کا شرف رکھتے تھے۔ آپ کے تفصیلی حالات زندگی راقم السطور نے 2002ء میں ''محقق دوراں زبیر علی زئی'' کے زیر عنوان قلم بند کیے تھے جو کہ ہمارے ممدوح ابو طاہر محمد زبیر علی زئی کی کتاب ''نور العینین فی مسئلۃ رفع الیدین'' مکتبہ اسلامیہ فیصل آباد، اپریل 2002ء، طبع اول کے صفحہ 8 تا 15 موجود ہیں۔

(تفصیلی حالات زندگی کے لیے ملاحظہ ہو: نور العینین فی مسئلۃ رفع الیدین، مکتبہ اسلامیہ فیصل آباد، اپریل 2002ء ص 8 تا 15: محقق دوراں زبیر علی زئی ازقلم ڈاکٹر خالد ظفر اللہ؛ محمد اسحاق بھٹی، گلستان حدیث، مکتبہ قدوسیہ لاہور 2011ء ص 534 تا 542: حافظ زبیر علی زئی؛ ہفت روزہ الاعتصام لاہور، شمارہ 44 جلد 65، 15 تا 21 نومبر 2013ء، ص 4 ''جماعت اہل حدیث کے لیے ایک سانحہ'' ازقلم حافظ محمد شاکر (مدیر) ص 16 تا 20 ''حافظ زبیر علی زئی رحمہ اللہ'' ازقلم مولانا محمد اسحاق بھٹی؛ ماہنامہ محدث لاہور، شمارہ 363، جلد 45، عدد 5، دسمبر 2013ء، ص 86 تا 98: ''علامہ حافظ محمد زبیر علی زئی'' ازقلم ڈاکٹر ابو جابر عبداللہ دامانوی؛ پندرہ روزہ صحیفہ اہل حدیث کراچی، 16 محرم الحرام 1435ھ/ 21 نومبر 2013ء جلد نمبر 96، شمارہ 2، ص 5 تا 6، ''آسمان علم کا روشن ستارہ ڈوب گیا'' ازقلم عبدالعظیم حسن زئی (مدیر)؛ ہفت روزہ اہل حدیث لاہور، 24 تا 30 محرم الحرام 1435ھ/ 29 نومبر تا 5 دسمبر 2013ء، ص 20 تا 21، ''حافظ زبیر علی زئی...... ایک مثالی شخصیت''؛ پندرہ روزہ صحیفہ اہل حدیث کراچی، یکم صفر المظفر 1435ھ/ 5 دسمبر 2013ء، جلد نمبر 96 شمارہ: ؟ ص 27 تا 29، مولانا حافظ زبیر علی زئی رحمہ اللہ ازقلم فضل اکبر؛ ماہنامہ دعوت اہل حدیث کراچی، سلسلہ نمبر 150، جلد نمبر 13، شمارہ نمبر 6، صفر 1435ھ/ دسمبر 2013ء، ص 4 تا 6 ''حافظ زبیر علی زئی رحمہ اللہ وکیل مسلک اہل حدیث کی رحلت'' ازقلم ذوالفقار علی طاہر (مدیر)؛ ماہنامہ پیام آگہی 7، فیصل آباد، صفر 1435ھ/ دسمبر 2013ء، ص 14 تا 15 ''اک چراغ اور بجھا'' ازقلم محمد ابوبکر فاروقی؛ ماہنامہ ضیائے حدیث لاہور، جلد 22، شمارہ: 12، دسمبر 2103ء/ صفر 1435ھ، ص 69 تا 70: ''حافظ القرآن والحدیث مولانا زبیر علی زئی رحمہ اللہ: آسمان علم وعمل کے درخشندہ ستارے ازقلم ابوانس (دارالسلام)؛ ماہنامہ مجلّہ الحرمین کراچی، شمارہ 1، جلد 6، جنوری 2014ء ص 54-55، 59: ''محدث عصر حافظ زبیر علی زئی'' ازقلم مولانا محمد اسحاق بھٹی؛ ماہنامہ ضرب حق سرگودھا، ربیع الثانی 1435ھ/ فروری 2014ء شمارہ نمبر 46، ص 2 تا 16: ''میرے شیخ،

میرے محسن، میرے مربی فضیلۃ الشیخ محدث العصر علامہ حافظ زبیر علی زئی رحمہ اللہ '' ازقلم ڈاکٹر ابو جابر عبد اللہ دامانوی (کراچی)، محرم الحرام 1435ھ/ دسمبر 2013ء، شمارہ نمبر 44، ص 2 تا 8: ''سوانح عمری شیخ الحدیث محقق العصر امام الجرح والتعدیل حافظ زبیر علی زئی رحمہ اللہ تعالیٰ'' ازقلم ابو عبد اللہ عبد الواجد، جمادی الاخریٰ 1435ھ/ اپریل 2014ء، شمارہ نمبر 48، ص 2 تا 6: ''محدث العصر حافظ زبیر علی زئی رحمہ اللہ چند یادیں کچھ باتیں'' ازقلم الشیخ عبدالرشید ضیاء حفظہ اللہ؛ سہ ماہی البیان کراچی، جولائی تا ستمبر 2013ء/ رمضان تا ذوالقعدہ 1434ھ، سلسلہ نمبر 8، ص 106 تا 116: ''حافظ زبیر علی زئی رحمہ اللہ کا سانحہ وفات ازقلم حافظ محمد یونس اثری؛'' ہفت روزہ الاعتصام لاہور، شمارہ 25 جلد 66، 21 شعبان المعظم 1435ھ/ 20 تا 26 جون 2014ء، ص 13 تا 19، قسط (1) '' الشیخ حافظ زبیر علی زئی رحمہ اللہ '' ازقلم حافظ صلاح الدین یوسف، شمارہ نمبر 26، جلد 66 ص 22 تا 28 قسط (2) آخری، مجلّہ تفہیم الاسلام احمد پور شرقیہ، شمارہ: 102، رمضان المبارک 1436ھ/ جون 2015ء- ص 33 تا 34: استاذ الحدیث حافظ زبیر علی زئی رحمہ اللہ علیہ، تحریر: جناب مولانا محمد یاسین شاد- ملتان۔

تحدیث نعمت کے طور پر عرض کرنا چاہوں گا کہ فضیلۃ الشیخ رحمہ اللہ کے ہاں 92-1991ء سے آنا جانا تھا۔ آپ کے مورخہ 7 اپریل 2013ء بروز اتوار قبل از دو پہر غریب خانہ ''رندھاوا ہاؤس'' فرید ٹاؤن، سمندری میں تشریف آوری باعث قدوم میمنت لزوم تھی۔ بعد از قیام وطعام آپ نے نماز ظہر مرکزی جامع مسجد اہل حدیث، نہر بازار سمندری میں ادا فرمائی۔

بسلسلہ ماہانہ پروگرام بعنوان ''صراط مستقیم'' درس قرآن و حدیث ارشاد فرمایا۔ آپ کے ساتھ ظاہری تعلق آپ کی نماز جنازہ (10 نومبر 2013ء بروز اتوار رات 8 بجے بعد از نماز عشاء بمقام حضرو، اٹک) کی ادائیگی کے ساتھ اختتام پذیر ہوا، لیکن فضیلۃ الشیخ رحمہ اللہ جیسی نابغہ روزگار ہستیاں آئے روز جنم لیتی ہیں اور نہ دلوں ہی سے کبھی جُدا ہوتی ہیں۔

احب الصالحین ولست منهم
لعل اللّٰه یرزقنی صلاحا

2- علمی و تحقیقی آثار:

محدث العصر فضیلۃ الشیخ حافظ زبیر علی زئی رحمہ اللہ کے علمی و تحقیقی آثار کا تعارفی جائزہ ہدیۂ قارئین ہے۔ فضیلۃ الشیخ رحمہ اللہ نے حیات مستعار کا ایک ایک دن علمی و تحقیقی دنیا میں کس قدر مصروف بسر کیا؟

آپ کے علمی و تحقیقی کاموں کی تفصیلات اس پر آگاہی کے ساتھ ساتھ قارئین کو حیران و پریشان چھوڑتی ہیں کہ اللہ تعالیٰ نے کس قدر علم وفضل سے نوازا تھا اور ان کے اوقات کار میں کس قدر برکت ڈالی تھی۔ اس کا علم دنیا کو پس از مرگ ہو رہا ہے اور بے ساختہ دلی دعائیں آپ کا توشۂ آخرت بن رہی ہیں۔ یا اللہ! اپنے اس مخلص بندے کی تمام تر تحقیقی کاوشیں قبول فرما اور لوگوں کے علم وعمل اور رُشد و ہدایت کا سامان ٹھہرا۔ (آمین ثم آمین)

محدث العصر رحمہ اللہ کے علمی و تحقیقی کارناموں کو درج ذیل ترتیب و تقسیم کے مطابق زیر قلم لایا گیا ہے:

۱) تحقیق وتخریج
(الف) مطبوع
(ب) غیر مطبوع
۲) ترجمہ، تحقیق وتخریج وتعلیقات وفوائد وحواشی
(الف) مطبوع
(ب) غیر مطبوع
۳) تالیفات وتصنیفات
(الف) مطبوع
(ب) غیر مطبوع
۴) تحقیق ونظر ثانی، تقریظ ومقدمہ

۱) تحقیق وتخریج:

(الف) مطبوع

۱۔ الرسول كأنك تراه

آئینہ جمال نبوت

تالیف: ابراہیم بن عبداللہ الحازمی
ترجمہ: ابومحمد حافظ عبدالستار حماد
تحقیق وتخریج: ابوطاہر حافظ زبیر علی زئی رحمہ اللہ
ناشر: دارالسلام لاہور۔ ریاض
صفحات: 110

عرض ناشر (طبع دوم) مورخہ اپریل 2004ء/ صفر 1425ھ محررہ خادم کتاب وسنت عبدالمالک مجاہد صاحب کے مطابق اس دوسرے ایڈیشن کی خصوصیات درج ذیل ہیں:

"① اس ایڈیشن میں تمام احادیث کی تحقیق وتخریج حافظ زبیر علی زئی حفظہ اللہ نے کی ہے"

حافظ زبیر علی زئی رحمہ اللہ نے تخریج حدیث سے قبل ہر حدیث کے بارے میں صحت وضعف کا حکم درج فرمایا ہے۔ تاہم بخاری ومسلم کی روایات کو صحیح قبول کرتے ہوئے ان کی صرف تخریج کی ہے۔

۲۔ المسائل للإمام الحافظ محمد بن عثمان بن أبي شيبة (المتوفى: 297ھ)

حقق وخرج احادیثہ: حافظ زبیر علی زئی رحمہ اللہ
(المتوفی: 1435ھ)
الناشر: المکتبۃ الاسلامیہ لاہور/ فیصل آباد 1436ھ
مکتبۃ الحدیث حضرو اٹک، الباکستان
صفحات: 96

مقدمۃ التحقیق ص5 (محررہ 14 جمادی الثانیۃ 1434ھ) میں حافظ زبیر علی زئی رحمہ اللہ نے واضح فرمایا کہ میں نے اپنے شیخ ابومحمد بدیع الدین شاہ الراشدی السندھی رحمہ اللہ کے مخطوط سے یہ تحقیق کی ہے۔ امام محمد بن عثمان بن ابی شیبہ کے صدوق اور حسن الحدیث ہونے کے بارے میں علمی مقالہ (ص7 تا16) سپرد قلم کیا ہے۔ ص17 پر کتاب کی صاحب کتاب سے نسبت ثابت کی ہے۔

کتاب ھذا میں موجود 87 روایات کی تحقیق وتخریج کا محدثانہ پائے پر فریضہ سرانجام دیا ہے۔ مقبول روایات کے بارے میں اسنادہ حسن، اسنادہ صحیح اور مردود روایات کے بارے میں اسنادہ ضعیف، اسنادہ موضوع اور منکر کا حکم لگایا ہے۔ آخر پر فہرس الآیات والاحادیث والآثار (ص82۔83) اور اسماء الرجال (ص84۔93) سے متعلق فہرست کا مفید مگر محنت طلب کام بھی شامل اشاعت ہے۔

۳۔ بالوں کا معاملہ

مؤلف: ابن بشیر الحسینوی حفظہ اللہ

تحقیق وتخریج: ابو طاہر حافظ زبیر علی زئی

نظر ثانی: محمد ادریس فاروقی

ناشر: مسلم پبلیکیشنز سوہدرہ، گوجرانوالہ، اپریل 2012ء (اشاعت سوم)

''بالوں کا معاملہ اختصار کے ساتھ ماہنامہ الحدیث (شمارہ نمبر 27) حضرو میں چھپ چکا ہے اور جناب مؤلف کے بقول: ''میں آخر میں بے حد شکر گزار ہوں استاد محترم الشیخ حافظ زبیر علی زئی کا کہ وہ میرے اس مبارک سلسلہ ''سلسلۃ الاحکام'' کو اپنے رسالہ ماہنامہ الحدیث حضرو میں اپنی تخریج و تحقیق کے ساتھ شائع کر رہے ہیں (بالوں کا معاملہ، ص 11-12)

۴۔ بلوغ المرام

تالیف: ابو الفضل شہاب الدین احمد ابن حجر العسقلانی (773-852ھ)

شرح: مولانا صفی الرحمٰن مبارکپوری (1361-1427ھ)

ترجمہ: مولانا عبدالوکیل علوی

تحقیق وتخریج: حافظ ابو طاہر زبیر علی زئی

ناشر: دارالسلام لاہور۔ ریاض

جلد اول: صفحات 564

جلد دوم: صفحات 574

احادیث 1 تا 647 اور 648 تا 1358 کی تصحیح و تضعیف اور تخریج ہر دو میں موجود ہیں۔

۵۔ تحفۃ الاقویاء فی تحقیق کتاب الضعفاء

تالیف: امیر المؤمنین فی الحدیث محمد بن اسماعیل البخاری رحمہ اللہ

تحقیق وتخریج: حافظ زبیر علی زئی

الناشر: مکتبہ اسلامیہ لاہور/ فیصل آباد

صفحات: 215

مقدمہ تحفۃ الاقویاءً محررہ حافظ زبیر علی زئی مورخہ 24 محرم 1425ھ ہے۔ (ص 6، 7 تا 124) کتاب الضعفاء للبخاری کے ایک مخطوطہ کے مصورہ نسخہ کا متن ہے اور حاشیہ میں حافظ زبیر علی زئی کی تحقیق و تخریج پائی جاتی ہے۔ یہ تحقیق و تخریج متن کے مسلسل نمبروں کے مطابق ہے۔ ہر راوی پر پہلے صحت و ضعف کا حکم پایا جاتا ہے، پھر کتب اسماء الرجال اور کتب جرح و تعدیل سے تخریج باحوالہ موجود ہے۔ متن کتاب میں بعض اوقات حاشیہ نمبر دیے گئے ہیں، ان کے بارے میں حاشیہ کتاب کے نیچے، پھر متن والے حاشیہ نمبر کے تحت فضیلۃ الشیخ کی باحوالہ رائے پائی جاتی ہے۔

کتاب الضعفاء کے متن میں امام بخاری رحمہ اللہ 431 ضعیف رواۃ کا تذکرہ کرتے ہیں۔ تحفۃ الاقویاءً میں ص 125 تا 127 مطبوع ''کتاب الضعفاء الصغیر للبخاری'' میں سے مزید 15 ضعیف رواۃ 432 تا 443 نمبر مذکور ہیں۔ دیگر کتب میں امام بخاری رحمہ اللہ کے نزدیک مجروح رواۃ کی ایک فہرست حافظ زبیر علی زئی رحمہ اللہ نے ص 128 تا 164 ''زیادات المجروحین والرواۃ عند البخاری'' زیر عنوان مسلسل نمبر 444 تا 995 بھی پیش کی ہے۔ یہ فہرست یقیناً آپ رحمہ اللہ کی محنت شاقہ کا ثمرہ ہے۔ اس طرح تحفۃ الاقویاءً میں امام

بخاری رحمہ اللہ کے ضعیف ٹھہرنے والے 1043 رواۃ کا تذکرہ یکجا ہدیۂ قارئین ہے۔

امام الجرح والتعدیل حافظ زبیر علی زئی رحمہ اللہ نے اسماء الرجال وعلم الجرح والتعدیل کے بارے میں اپنی عطیہ ربانی گیرائی و گہرائی والی صلاحیت کی بدولت تحقیق کتاب سے امیر المؤمنین فی الحدیث امام بخاری رحمہ اللہ سے احکام صحت و ضعف رواۃ کے بارے میں اختصار کیا ہے۔ کتاب الضعفاء کے 446 (431+15) ضعیف رواۃ میں سے 9 رواۃ کے صحابی رضی اللہ عنہ آنے کا واضح حکم ثبت کیا ہے اور ساتھ ہی یہ بھی واضح کر دیا ہے کہ " والبخاري لا يطعن في الصحابة رضي الله عنهم أبدًا رحمه الله " (ص55 حاشیہ نمبر1)

امام بخاری رحمہ اللہ کے صحابہ کرام کو کتاب الضعفاء میں ذکر کی وجہ بھی بیان کرتے ہیں کہ ان صحابہ کرام سے مروی روایات دیگر رواۃ سند کے ضعف کی وجہ سے ضعیف ہیں نہ کہ صحابہ کرام رضی اللہ عنہم کی وجہ سے۔

علاوہ ازیں امام بخاری رحمہ اللہ کے برعکس مزید 41 ضعیف رواۃ کو حافظ زبیر علی زئی نے ثقہ، ثقہ وصدوق، ثقہ عابد، ثقہ صحیح الحدیث، ثقہ: قبل الاختلاط و مدلس، صدوق، صدوق تابعی، صدوق حسن الحدیث، صحیح الحدیث، حسن الحدیث، حسن الحدیث وثقہ الجمہور جیسے احکامات لگا کر درجہ ضعف سے نکال دیا ہے۔ اسی طرح ضعیف رواۃ کے بارے میں بھی مختلف احکامات لگا کر ان کے مراتب ضعف واضح کر دیے ہیں، مثلاً:

لين ، ضعيف ، ضعيف جدًا ، ضعيف فقيه ، ضعيف من جهة حفظه ، ضعيف مدلس ، ضعيف جدًا مدلس ، ضعيف متروك ، ضعيف جدًا متروك ، متروك مدلس ، ضعيف مختلط ، ضعيف منكر الحديث ، متروك ، متروك متهم ، متروك الحديث ، متهم ، متهم بالكذب ، متروك الحديث جدًا ، متروك مدلس ، مجهول الحال ، مستور (مجهول الحال) ، مجهول حديثه ضعيف ، مجهول و خبره منكر ، كذاب ، كذاب خبيث ، كذاب متروك ، كذاب وضاع ، كذاب يضع الحديث . جیسے احکامات ضعف لگا کر "کتاب الضعفاء" کی تحقیق وتخریج کا محدثانہ پائے کا کارنامہ سرانجام دیا ہے۔

کتاب ھذا سے استفادہ میں سہولت کی غرض سے صاحب التحقیق والتخریج کی طرف سے فہرس الرواۃ کا محنت طلب فریضہ بھی پایہ تکمیل کو پہنچایا ہے۔ یہ فہرست رواۃ الفابائی ترتیب سے ص171 تا217 موجود ہے۔

بحیثیت مجموعی "کتاب الضعفاء" کی تحقیق وتخریج کا کام امام الجرح والتعدیل حافظ زبیر علی زئی رحمہ اللہ کی اسماء الرجال کے وسیع و عریض علم پر مُمارَست و حَذَاقت کا بین ثبوت ہے۔ (هذا ما عندي والله أعلم بالصواب)

٦۔ تسہیل الوصول الیٰ تخریج صلوٰۃ الرسول

مصنف:	مولانا محمد صادق سیالکوٹی
تحقیق وتخریج:	ابوالطاہر حافظ زبیر علی زئی
تصحیح وتنقیح:	ابوالحسن مبشر احمد ربانی حفظہ اللہ
ناشر:	نعمانی کتب خانہ لاہور
صفحات:	516

مولانا حکیم محمد صادق سیالکوٹی رحمہ اللہ (متوفی 1986ء)

کی شہرہ آفاق معروف ومقبول کتاب ''صلوٰۃ الرسول'' میں 833 احادیث و روایات کی متعلقہ کتب سے تخریج وتحقیق کا فریضہ فضیلۃ الشیخ رحمۃ اللہ علیہ نے سرانجام دیا۔ کتب احادیث سے تخریج مع الابواب کی اور حدیث نمبر یا جلد نمبر اور صفحہ نمبر درج کیا، تاکہ تلاش روایت میں سہولت رہے۔ تخریج کردہ روایات میں سے 103 روایات ضعیف، ضعیف جداً، ضعیف والحدیث حسن لغیرہ جیسا حکم لگایا، ضعیف روایات کی وجہ ضعف بھی ایماناً واختساباً بیان کردی۔ ضعیف روایات کے بارے فضیلۃ الشیخ حافظ زبیر علی زئی رحمۃ اللہ علیہ کا موقف ان کے الفاظ میں: ''ہمارے نزدیک راجح یہی ہے کہ فضائل میں ضعیف حدیث معتبر ہے نہ مسائل میں۔'' (ص18)

۷۔ تسہیل الوصول إلی تخریج وتعلیق صلوٰۃ الرسول

مصنف: مولانا حکیم محمد صادق صاحب سیالکوٹی

تحقیق وتخریج: ابوطاہر حافظ زبیر علی زئی

فوائد وتعلیق: غلام مصطفیٰ ظہیر امن پوری

ناشر: نعمانی کتب خانہ لاہور، جولائی 2005ء

صفحات: 383

صلوٰۃ الرسول کی اہمیت وافادیت اور عوام الناس میں اس کی پذیرائی کے پیش نظر ناشر کتاب ھذا نے جناب غلام مصطفیٰ ظہیر امن پوری صاحب کے فوائد سمیت الگ سے ایک طبع کا اہتمام کیا ہے۔ جس میں تحقیق وتخریج کا فریضہ حسبِ سابق ابوطاہر حافظ زبیر علی زئی کے نام ہے۔

مولانا حکیم محمد صادق سیالکوٹی رحمۃ اللہ علیہ (1986ء) کی شہرہ آفاق معروف ومقبول کتاب ''صلوٰۃ الرسول'' میں 833 احادیث وروایات کی متعلقہ کتب سے تخریج وتحقیق کا فریضہ فضیلۃ الشیخ رحمۃ اللہ علیہ نے سرانجام دیا۔ کتب احادیث سے تخریج مع الابواب کی اور حدیث نمبر یا جلد نمبر اور صفحہ نمبر درج کیا، تاکہ تلاش روایت میں سہولت رہے۔ تخریج کردہ روایات میں سے 103 روایات ضعیف، ضعیف جدًا، جیسا حکم لگا کر غیر مقبول ٹھہرایا، جبکہ مقبول روایات کے بارے میں صحیح، حسن کا حکم لگایا ہے تاکہ صحیح اور ضعیف کی تمیز ہو جائے۔

۸۔ جامع الترمذی

تصنیف: امام الحافظ ابی عیسیٰ محمد بن عیسیٰ الترمذی رحمۃ اللہ علیہ (200-279ھ)

خرج أحادیثه: حافظ ابوطاہر زبیر علی زئی

الناشر: دارالسلام الریاض، صفر 1430ھ۔ فبرایر 2009ھ

جامع الترمذی کی تحقیق وتخریج میں حافظ زبیر علی زئی رحمۃ اللہ علیہ نے تصحیح وتضعیف اور تخریج کا فریضہ سرانجام دیا ہے۔ صحت حدیث وسند کے بارے میں **صحیح، حسن، إسناد صحیح، إسناده حسن، إسناد صحیح موقوف** اور حکم ضعف حدیث وسند کے بارے میں **ضعیف، إسناده ضعیف** اور **إسناده ضعیف جدًا** جیسے احکامات لگائے ہیں۔ پہلے صحت وضعف کے بارے میں حکم، پھر تخریج، جس میں کتاب حدیث کا نام، متعلقہ باب کا ذکر اور آخر میں حدیث نمبر درج کرتے ہیں۔ بخاری ومسلم کی تمام مرفوع روایات آپ رحمۃ اللہ علیہ کے نزدیک صحیح یا حسن درجہ میں مقبول ہیں، لہٰذا ان کا حکم بیان نہیں فرماتے، تاہم متفق علیہ روایات کی نشان دہی کر دیتے ہیں۔

۹۔ جزء علي بن محمد الحميري
(231-323ھ)

حققه و خرّج أحاديثه: أبو طاهر زبير بن مجدد عليزئي

الناشر: دارالطحاوی الریاض / حدیث أكادمي فيصل آباد 1413هـ (الطبعة الاولىٰ)

صفحات: 48

مکتبہ ظاہریہ دمشق میں ابن عساکر (499-571ھ) کی روایت سے موجود جزء علی بن محمد الحمیری کی تحقیق وتخریج کا عظیم کارنامہ محقق العصر حافظ زبیر علی زئی رحمہ اللہ نے سرانجام دیا ہے۔ مختلف نصوص کی مدد سے ضبط نص کے ساتھ ساتھ مصادر و مراجع سے روایات کی تخریج اور اسانید کی تحقیق کا محدثانہ حق ادا کیا ہے۔ اسی تحقیق بلیغ کی بنیاد پر احادیث کی صحت وسقم کا حکم لگایا ہے۔

جزء ھذا میں موجود 57 احادیث وروایات میں سے 46 کے بارے میں حدیث صحیح، حدیث حسن، اسنادہ صحیح، اسنادہ حسن، اسنادہ حسن صحیح، رجال ثقات، رجالہ ثقات، رجالہ ثقات والحدیث صحیح، اسنادہ صحیح موقوف اور حدیث صحیح و اسنادہ ضعیف کا حکم لگایا ہے۔ 13 روایات کے بارے میں اسنادہ ضعیف، اسنادہ ضعیف جداً، اسنادہ ضعیف مرسل، اسنادہ مقطوع اور اسنادہ موضوع ہوگیا، روایت کی صحت و ضعف کے بارے میں ممکنہ خلجان حل ہوگیا ہے۔ ایسی عظیم خدمات کی بدولت اللہ تعالیٰ محدث العصر حافظ زبیر علی زئی رحمہ اللہ کی قبر کو کروٹ کروٹ جنت کا باغیچہ بنائے۔

(آمین ثم آمین)

تنبیہ: شیخ محترم رحمہ اللہ کی وفات کے بعد آپ ہی کے مراجعت شدہ مسودے کو دوبارہ المکتبۃ الاسلامیۃ (لاہور۔ فیصل آباد) کی طرف سے شائع کیا گیا ہے اور اب یہی اشاعت معتبر ہے۔

۱۰۔ حصن المسلم

تالیف: سعید بن علی بن وھف القحطانی حفظہ اللہ

تحقیق وتخریج: حافظ زبیر علی زئی حفظہ اللہ

ترجمہ: عبدالحمید سندھی

ناشر: دارالفکر الاسلامی واہ کینٹ

صفحات: 182

مقدمہ التحقیق میں فضیلۃ الشیخ رقمطراز ہیں: ''راقم الحروف نے اس کتاب میں مذکورہ دعوات واحادیث کی تحقیق کر کے ہر روایت پر صحیح، حسن یا ضعیف وغیرہ کا حکم لگا دیا ہے۔'' (ص 17-18، محررہ 25 جنوری 2011ء، مع مہر ودستخط)

۱۱۔ ریاض الصالحین

تالیف: ابوزکریا یحییٰ بن شرف النووی الدمشقی

ترجمہ وفوائد: حافظ صلاح الدین یوسف حفظہ اللہ

تحقیق وتخریج: حافظ زبیر علی زئی رحمہ اللہ

ناشر: دارالسلام لاہور

ریاض الصالحین میں موجود 1896 احادیث کی تصحیح و تضعیف اور تخریج ہر دو موجود ہیں۔

۱۲۔ سبیل المؤمنین

مؤلف: ڈاکٹر شفیق الرحمٰن حفظہ اللہ

تحقیق وتخریج: فضیلۃ الشیخ حافظ زبیر علی زئی حفظہ اللہ

ناشر: مکتبہ دارالتوحید والسنۃ، لاہور

ڈاکٹر سید شفیق الرحمٰن ﷾ سے بذریعہ موبائل (مورخہ 8 فروری 2014ء بروز ہفتہ بوقت 8:45 رات) رابطہ کرنے پر آپ نے بتایا کہ سبیل المؤمنین کی جملہ احادیث ریاض الصالحین سے منقول ہیں۔

ان کی تحقیق و تخریج فضیلۃ الشیخ رحمہ اللہ نے الگ سے بذاتِ خود نہیں کی بلکہ اُن کی اجازت ورضامندی سے مطبوع ریاض الصالحین تحقیق و تخریج: حافظ زبیر علی زئی سے استفادہ کیا گیا تھا۔ مطبوع ''سبیل المؤمنین'' پر تحقیق و تخریج: فضیلۃ الشیخ حافظ زبیر علی زئی کے بارے میں حقیقت حال کی آگاہی کی خاطر یہ سطور سپردِ قلم کی گئی ہیں اور کتاب ھذا کو فضیلۃ الشیخ رحمہ اللہ کی کردہ تحقیق و تخریج والی کتب کی لسٹ میں شامل کیا گیا ہے۔

۱۳۔ سنن ابن ماجہ

تصنیف: امام ابوعبداللہ محمد بن یزید ابن ماجہ رحمہ اللہ

ترجمہ وفوائد: مولانا عطاء اللہ ساجد

تحقیق و تخریج: حافظ ابوطاہر زبیر علی زئی ﷾

ناشر: دارالسلام لاہور 1428ھ

سنن ابن ماجہ کی 4341 احادیث کی تصحیح و تضعیف اور تخریج ہر دو موجود ہیں۔

۱۴۔ سنن ابی داود

تصنیف: امام ابوداود سلیمان بن اشعث سجستانی رحمہ اللہ

ترجمہ وفوائد: ابوعمار عمر فاروق سعیدی ﷾

تحقیق و تخریج: حافظ ابوطاہر زبیر علی زئی ﷾

ناشر: دارالسلام لاہور، 1427ھ

سنن ابی داود میں موجود 5274 احادیث کی تصحیح و تضعیف اور تخریج ہر دو موجود ہیں۔

۱۵۔ سنن ابی داود

تصنیف: الامام الحافظ ابی داود سلیمان بن الاشعث السجستانی رحمہ اللہ (202-275ھ)

خرج أحاديثه: الحافظ أبو طاهر حافظ زبير علي زئي

الناشر: دارالسلام الریاض، 1430ھ/ 2009م

احادیث کے بارے میں حکم صحت: صحیح، حسن، اسنادہ صحیح، اسنادہ حسن اور حکم ضعف: اسنادہ ضعیف، اسنادہ ضعیف جدًا کی شکل اور تخریج: [حکم] کتاب، باب اور حدیث نمبر کے انداز پر موجود ہے۔

۱۶۔ سنن النسائی

تصنیف: امام ابوعبدالرحمٰن احمد بن شعیب النسائی رحمہ اللہ

ترجمہ وفوائد: فضیلۃ الشیخ حافظ محمد امین ﷾

تحقیق و تخریج: حافظ ابوطاہر زبیر علی زئی ﷾

ناشر: دارالسلام لاہور، 1432ھ

سنن النسائی میں موجود 5761 احادیث کی تصحیح و تضعیف اور تخریج ہر دو کا فریضہ حافظ زبیر علی زئی رحمہ اللہ کی طرف سے سرانجام دیا گیا ہے۔

۱۷۔ سنن النسائی

تصنیف: امام ابوعبدالرحمٰن احمد بن شعیب النسائی رحمہ اللہ

خرّج احادیثه: الحافظ أبو طاهر زبير علي زئي
الناشر: دارالسلام الرياض ، 1430هـ/ 2009ء

تصحیح و تضعیف اور تخریج ہر دو کام محدثانہ پائے پر فضیلۃ الشیخ زبیر علی زئی رحمہ اللہ نے سرانجام دے رکھے ہیں۔

۱۸۔ شرعی احکام کا انسائیکلوپیڈیا

تالیف: ابن بشیر الحسینوی
تخریج و تحقیق: الشیخ حافظ زبیر علی زئی حفظہ اللہ
تقدیم: حافظ صلاح الدین یوسف حفظہ اللہ
ناشر: احیاء السنۃ پبلی کیشنز، قصور، مئی 2009ء

جناب ابن بشیر الحسینوی نے اپنی تالیفی کاوش ''شرعی احکام کا انسائیکلوپیڈیا'' حصہ اول صفحہ 23 پر عرض مؤلف میں وضاحت فرمائی ہے کہ ''اس کی تحقیق و تخریج استاذ محترم حافظ زبیر علی زئی حفظہ اللہ نے کی ہے۔ جزاہ اللہ خیراً۔'' (شیخ کے حواشی کو شامل نہیں کیا گیا)

[مذکورہ بالا حوالہ کے تحت مزید وضاحت فرماتے ہیں کہ نیت کے احکام، وقت کے احکام اور نیند کے احکام کی تخریج و تحقیق محترم حافظ صاحب نے خود نہیں کی ہے، کیونکہ ان مضامین کے علاوہ باقی تمام مضامین ماہنامہ الحدیث حضرو میں شائع ہو چکے ہیں، لیکن ان مضامین میں احادیث پر حکم محترم حافظ صاحب کی مختلف کتب سے منقول ہیں۔ اگر کسی اور کا ہوگا تو وہاں اسی کا نام لکھ دیا جاتا ہے۔ مثلاً شیخ البانی رحمہ اللہ، الحسینوی (ص 23)]

۱۹۔ فتاویٰ اسلامیہ

جمع و ترتیب: فضیلۃ الشیخ محمد بن عبدالعزیز المسند حفظہ اللہ
ترجمہ: مولانا محمد خالد سیف حفظہ اللہ
تحقیق و تخریج: حافظ زبیر علی زئی حفظہ اللہ
ناشر: دارالسلام لاہور

فضیلۃ الشیخ حافظ زبیر علی زئی رحمہ اللہ کی کتب کی فہرست میں ''فتاویٰ اسلامیہ'' پر کام کا ذکر ہے لیکن مطبوعہ ''فتاویٰ اسلامیہ'' میں اس حوالے سے نام تلاش کرنے میں کامیابی نہیں ہوئی۔ حقیقت حال اللہ تعالیٰ ہی بہتر جانتا ہے۔

۲۰۔ فضائل صحابہ رضی اللہ عنہم صحیح احادیث کی روشنی میں

تالیف: حافظ شیر محمد حفظہ اللہ
تحقیق و تخریج: حافظ زبیر علی زئی حفظہ اللہ
ناشر: مکتبہ اسلامیہ لاہور/ فیصل آباد، فروری 2013ء
صفحات: 160

تعارف کتاب ھذا محررہ حافظ زبیر علی زئی مورخہ 3 فروری 2008ء کے مطابق ہے۔

یہ کتاب دراصل ماہنامہ ''الحدیث'' حضرو میں پہلے شمارے جون 2004ء سے دسمبر 2007ء تک شائع ہونے والے مضامین کا مجموعہ ہے۔ بقول حافظ زبیر علی زئی رحمہ اللہ ''ان مضامین میں قرآن مجید اور صحیح روایات کی روشنی میں ثابت شدہ فضائل پیش کیے گئے ہیں۔ بہت سے لوگ فضائل و مناقب میں ضعیف، موضوع اور بے اصل روایات علانیہ بیان کرتے رہتے ہیں اور اللہ کی پکڑ کا انہیں کوئی ڈر نہیں ہوتا...... ہر عالم اور غیر عالم پر ضروری ہے کہ صرف وہی بات بیان کرے جو سچی، صحیح اور ثابت ہو'' (ص 5)

فضائل صحابہ میں 38 مضامین شامل اشاعت ہیں۔ جن میں سے 31 مضامین ''محبت ہی محبت'' نامی کتاب میں

شائع ہو چکے ہیں۔ محقق العصر رحمہ اللہ نے ہر دو کتاب میں اپنے ذوق اور معیار کے مطابق تحقیق و تخریج کا فریضہ ادا کیا ہے۔ فضیلۃ الشیخ رحمہ اللہ نے ''تعارف'' میں کتاب کا نام ''صحیح فضائل کا مجموعہ'' تحریر کیا ہے۔ مضامین کے اعتبار سے یہ نام اقرب الی الصواب ہے۔ (واللہ اعلم بالصواب)

۲۱۔ فضل الاسلام للامام محمد بن عبد الوهاب التيمي (المتوفی:1206ء)

حقق و خرج احاديثه: حافظ زبیر علی زئی رحمہ اللہ

اعتنى به: حافظ ندیم ظہیر حفظہ اللہ

ناشر: المكتبة الاسلامية لاہور/فیصل آباد 1436ھ
مکتبۃ الحدیث حضرو اٹک، الباکستان

صفحات: 45

امام محمد بن عبد الوہاب رحمہ اللہ بقامت کہتر بقیمت بہتر مطبوع رسالہ ''فضل الاسلام'' پر تحقیق و تخریج کا فریضہ حسب ذوق سرانجام دیا ہے۔ رسالہ ھذا میں موجود 61 احادیث و آثار کی تخریج اور صحت و ضعف کے بارے میں حکم لگایا ہے اور یہ حکم لگانے میں محدثین کرام کے ہاں اصول حدیث اور قواعد معتبرہ کو مدنظر رکھتے ہیں۔ اسماء الرجال سے متعلق تعارض پر جمہور کے قول کو ترجیح دیتے ہیں۔ مقبول روایات کے بارے میں حسن، صحیح اور مردود روایات سنده ضعيف، سنده ضعيف جدًا، إسناده ضعيف، لم أجده بالسند الصحيح عنه اور لم أجده مسندا بالسند الصحيح عنه جیسے احکامات لگائے ہیں۔

مقدمہ رسالہ ھذا ص 3 کے آخر پر حافظ زبیر علی زئی کے ساتھ تاریخ 20 مئی 2031ء درج ہے، جبکہ 2031ء کی بجائے 2013ء درست دکھائی دیتا ہے، کیونکہ ص 31 پر [انتهى التحقيق (حافظ زبير علی زئی ، مكة المكرمة) 1 ستمبر 2003ء، تمت المراجعة، 20 مئی 2013ء مکتبۃ الحدیث حضرو، اٹک] مرقوم ہے۔

۲۲۔ محبت ہی محبت

تالیف: حافظ شیر محمد الاثری
تحقیق و تخریج: حافظ زبیر علی زئی
ناشر: مکتبہ اسلامیہ لاہور/فیصل آباد، دسمبر 2006ء
صفحات: 131

کتاب ھذا کے جمیع 31 مضامین ''فضائل صحابہ'' نامی کتاب میں بھی شامل اشاعت ہیں۔ جن کا تعارف ''فضائل صحابہ'' میں ملاحظہ کیا جا سکتا ہے۔

۲۳۔ مشکوٰۃ المصابیح مع الاکمال فی اسماء الرجال

تالیف: امام ولی الدین محمد بن عبداللہ الخطیب التبریزی رحمہ اللہ (م740ھ)
ترجمہ: ابوانس محمد سرور گوہر
تحقیق و تخریج: حافظ زبیر علی زئی
ناشر: مکتبہ اسلامیہ لاہور/فیصل آباد، نومبر 2011ء
جلد اول: 702 صفحات (حدیث 1 تا 2222)
جلد دوم: 733 صفحات (حدیث 2223 تا 4627)
جلد سوم: 792 صفحات (حدیث 4628 تا 6294)
(متن مشکوٰۃ: 1 تا 599 اور الاکمال 601 تا 792)

عوام و خواص میں یکساں معروف و متداول مشکوٰۃ المصابیح کے مذکورہ بالا ترجمے پر فضیلۃ الشیخ زبیر علی زئی رحمہ اللہ نے صرف تحقیق و تخریج کا فریضہ سرانجام دیا ہے جو کہ آپ کی

محدثانہ شان کا منہ بولتا ثبوت ہے۔

آپ نے تحقیق وتخریج کا منہج یوں بیان کیا ہے:

''میرے نزدیک صحیحین (صحیح بخاری اور صحیح مسلم) کی تمام مرفوع مسند متصل روایات بالکل صحیح ہیں اور ان میں سے بعض روایات حسن لذاتہ بھی ہیں، یعنی حجت ہیں۔ نیز صحیحین میں مذکورہ شرط کے مطابق ایک بھی ضعیف روایت نہیں، لہٰذا صحیحین کی احادیث کی صرف تخریج پر اکتفا کیا گیا ہے۔

اوران کے علاوہ روایات کی تخریج وتحقیق کردی ہے اور ضعیف روایات کی وجہ ضعف بھی بیان کردی ہے، تاکہ جو زندہ رہے دلیل دیکھ کر جیئے اور جو مرے تو دلیل دیکھ کر مرے''

(مقدمہ تخریج وتحقیق مشکوٰۃ المصابیح، از حافظ زبیر علی زئی مرقومہ 26 جون 2011ء، ج1 ص13-12)

کتاب ہذا میں احادیث مسلسل نمبر کے تحت درج ہیں۔ پہلے عربی متن اور اس کے نیچے اردو ترجمہ موجود ہے۔ عربی متن کے اختتام پر ہر صفحہ کے اعتبار سے حاشیہ نمبر پایا جاتا ہے۔ اسی حاشیہ نمبر کے تحت نیچے حاشیہ میں تخریج وتحقیق پائی جاتی ہے۔ صحیحین کی روایات صرف رواہ مسلم یا راوہ البخاری اور متفق علیہ، رواہ البخاری، رواہ مسلم کے انداز میں حدیث مع نمبر درج کرتے چلے جاتے ہیں۔ دیگر کتب حدیث سے تخریج کرتے وقت پہلے صحت وضعف کے اعتبار سے حکم لگاتے ہیں اور بعد ازاں تخریج کا حق ادا کرتے ہیں۔ مشکوٰۃ المصابیح کی تخریج میں آپ کی ژرف نگاہی اور جاں کاہی کھل کر سامنے آتی ہے جس سے متون حدیث، اسانید حدیث، اسماء الرجال اور ماخذ و مصادر حدیث پر آپ کی دسترس آشکار ہوتی ہے، اور دکھائی دیتا ہے کہ اللہ تعالیٰ نے سلف صالحین ومحدثین عظام کی یادگار عصر رواں میں پیدا فرمائی تھی، اور آپ کو ''محدث العصر'' کہنے والے حق بجانب ہیں۔

صحت حدیث کے بارے میں **صحیح ، حسن ، سندہ صحیح، اسنادہ صحیح، اسنادہ حسن ، اسنادہ حسن لذاتہ ، حسن ،** جیسے احکامات لگاتے ہیں۔ اور ضعف حدیث کے بارے میں **سندہ ضعیف والحدیث صحیح، ضعیف، سندہ ضعیف، اسنادہ ضعیف، اسنادہ ضعیف جدًا ، اسنادہ ضعیف منکر ، اسنادہ ضعیف جدًا منکر ، اسنادہ موضوع ، اسنادہ ضعیف جدًا موضوع ، لا اصل لہ یا لم اجدہ** جیسے احکامات لگاتے ہیں۔ حسب ضرورت وجہ ضعف اور مختلف مقامات پر موجود جرح وتعدیل نقل کرتے ہیں۔ محدثین کرام سے اپنی اختلافی رائے کا کھل کر اظہار کرتے ہیں۔ جناب زبیر علی زئی رحمہ اللہ کی تحقیق کے مطابق صحت وضعف کے اعتبار سے مشکوٰۃ المصابیح کی احادیث کی تقسیم قدرے یوں سامنے آتی ہے۔ واضح رہنا چاہیے کہ یہ تقسیم فضیلۃ الشیخ رحمہ اللہ نے خود نہیں کی تھی آپ کے احکامات کی تلاش بسیار کے بعد ان کو خود مقبول اور مردود میں تقسیم کیا گیا ہے۔

جلد	احادیث	مقبول	مردود
اول	2222	1617	605
دوم	2405	1805	600
سوم	1667	1150	517
کل احادیث	6294	4672	1722

محدث العصر کی مشکوٰۃ المصابیح پر تحقیق کے بارے میں کردہ محنت شاقہ سے استفادۂ حدیث کے بارے میں

شرح صدر اور بے حد سہولت ہوگئی ہے آیا یہ حدیث صحیح یا ضعیف ہے؟ یہ تحقیق جس تخریج کی بنیاد پر ہوئی ہے اس تخریج کا اندازہ درج ذیل کتب کی انواع واقسام اور تفصیلی فہرست سے لگایا جا سکتا ہے کہ فضیلۃ الشیخ رحمہ اللہ نے کس قدر عرق ریزی اور باریک بینی سے یہ فریضہ سرانجام دیا ہے۔

ابن حبان (الإحسان)، ابن حبان (الموارد)، اتحاف المهره لابن حجر، اثبات عذاب القبر للبيهقى، أحكام القرآن للطحاوى، أحكام النظر لابن القطان الفاسى، احوال الرجال للجوزجانى، أخبار اصبهان لأبى نعيم، اصلاح المال لإبن أبى الدنيا، اطراف المسند، اكمال اكمال المعلم لمحمد بن خلفة الأبي السنوسي، الأحاديث الطوال للطبرانى، الأدب المفرد للبخارى، الأذكار للنووى، الأربعين للنووى، الإستذكار لابن عبد البر، الإستيعاب لابن عبد البر، الإصابه لابن حجر، الإنتقاء لابن عبد البر، الأنوار فى شمائل النبى المختار للبغوى، البحر الزخار للبزار، مسند للروياني (مسند الصحابة للروياني)، البداية والنهاية لابن كثير، البدع والنهى عنها لابن وضاح، التاريخ الكبير للبخارى، الترغيب والترهيب للمنذرى، التفسير للنسائى، التلخيص الحبير لابن حجر، الثقات لابن حبان، الجامع لاخلاق الراوى و آداب السامع للخطيب، الجامع الصحيح للبخارى، الجامع الصحيح لمسلم، الجامع لابن وهب، الجوهر النقى لابن التركمانى، الدراية لابن حجر، الدعاء للطبرانى، الدعوات الكبير للبيهقى، الرد على المريسى للدارمى، الرسالة للشافعى، الزهد لأحمد، الزهد لهناد بن السري، السلسلة الصحيحة للألباني، السلسلة الضعيفة للألباني، السنن الكبرىٰ للبيهقى، السنن الكبرىٰ للنسائى، السنن المأثورة للشافعى، السنة لابن أبى عاصم، السنة للالكائى، السيرة لإبن إسحاق، الشريعة للآجرى، الضعفاء للعقيلى، الطبقات الكبرى لابن سعد، العظمة لأبى الشيخ، العلل المتناهية لابن الجوزى، الفتح المبين لعلى زئى، الفقيه والمتفقه للخطيب، الكاشف للذهبى، الكامل لابن عدى، الكواكب الدرية لعلى زئى، اللآلي المصنوعة للسيوطى، المجروحين لابن حبان، المحلٰى لإبن حزم، المختارة للضياء المقدسى، المدخل للبيهقى، المراسيل لإبن أبى حاتم، المراسيل لأبى داود، المسند لإبن أبي شيبة، المسند لأبى داود الطيالسي، المسند لعبد بن حميد (المنتخب)، المسند للشافعى، المصابيح السنة للبغوى، المطالب العالية لابن حجر، المعجم الأوسط للطبرانى، المعجم الصغير للطبرانى، المعجم الكبير للطبرانى، المعجم لإبن الأعرابى، المنتقى الأخبار لعبد السلام

ابن تيمية ، المنتقى لإبن الجارود، الموضوعات لإبن الجوزى، النكت الظراف لإبن حجر، الوافى بالوفيات للصفدى، انوار الصحيفة لعلى زئى، أخلاق النبي صلى الله عليه وسلم لأبي الشيخ الأصبهانى ، أعلام أهل العصر بأحكام ركعتى الفجرلمحدث عظيم آبادي، بلوغ المرام لإبن حجر، بيان الوهم والإيهام لابن القطان، تاريخ الاسلام للذهبى ، تاريخ بغداد للخطيب ، تاريخ جرجان للسهمى، تاريخ دمشق لابن عساكر، تاريخ واسط لبحشل الواسطى، تجريد أسماء الصحابة للذهبى ، تحفة الأحوذى للمباركفورى، تحفة الأشراف للمزى، تحفة المحتاج لابن الملقن ، تخريج أحياء علوم الدين للعراقى ، تخريج النهاية فى الفتن والملاحم لعلى زئى، تعجيل المنفعة لابن حجر ، تغليق التعليق لابن حجر ، تفسير طبرى/ تفسير ابن جرير، تقريب التهذيب لابن حجر ، تلخيص المستدرك للذهبى ، تنقيح الرواة لأحمد حسن الدهلوى، تهذيب الكمال للمزى ، جامع الأصول لابن اثير، جامع التحصيل للعلائى، جامع العلوم والحكم لابن رجب الحنبلى، جامع المسانيد والسنن لابن كثير، جامع بيان العلم و فضله لابن عبد البر، جزء الحسن بن عرفه، حلية الاولياء لأبى نعيم، دلائل النبوة للبيهقى، ديوان الضعفاء للذهبى ، ذم الدنيا لابن أبى الدنيا، ذم الكلام للهروى ، رياض الصالحين للنووى ، زوائد ابن ماجه للبوصيرى، زوائد المسند لعبد الله بن احمد، سنن ابن ماجه، سنن أبى داود ، سنن الدارمى، سنن الترمذى ، سنن الدار قطنى ، سنن نسائى، سير اعلام النبلاء للذهبى، شرح الترمذى لابن سيد الناس ، شرح الزرقانى ، شرح السنة للبغوى ، شرح صحيح مسلم للنووى ، شرح مشكل الآثار للطحاوى، شعب الايمان للبيهقى ، شمائل للترمذى، صحيح ابن حبان، صحيح ابن خزيمة، علل الحديث لابن أبى حاتم الرازى، عمل اليوم والليلة لابن السنى، عمل اليوم والليلة للنسائى، فتح البارى لابن حجر، فضائل الأوقات للبيهقى، فضائل الصحابة لأحمد، فضائل القرآن للنسائى، قصر الأمل لابن أبى الدنيا، قيام الليل للمروزى، كتاب الأم للشافعى، كتاب الإيمان لابن أبي شيبة، كتاب البعث والنشور للبيهقى، كتاب الثواب لأبى الشيخ ، كتاب الجرح والتعديل لأبى زرعة الرازى، كتاب الزهد للبيهقى، كتاب الصمت لابن أبى الدنيا، كتاب القدر للفريابى، كتاب القضاء والقدر للبيهقى، كتاب المصاحف لابن أبى داود، كتاب المعرفة والتاريخ للفارسى، كتاب الوفاء لابن الجوزى، كشف الأستار للهيثمى ، ابن حبان

(الموارد)، لسان الميزان لابن حجر ، موطا إمام مالك ، مجمع الزوائد للهيثمي ، مختصر الأحكام للطوسي ، مختصر المزني ، مرعاة المفاتيح للمباركفوري ، مساوى الأخلاق للخرائطي ، مسألة التسمية لمحمد بن طاهر المقدسي ، مستدرك حاكم ، مسند أبي يعلى ، مسند أحمد ابن حنبل ، مسند الشاميين للطبراني ، مسند الشهاب للقضاعي ، مسند الفاروق لابن كثير ، مسند حميدي ، مسند علي بن الجعد ، مشكل الآثار للطحاوي ، مصابيح السنة لمحيي السنة البغوي ، مصنف ابن أبي شيبة ، مصنف عبد الرزاق ، معالم السنن للخطابي ، معاني الآثار للطحاوي ، معجم الصحابة لأبي القاسم البغوي ، معرفة الصحابه لأبي نعيم ، مكارم الأخلاق للخرائطي ، ميزان الاعتدال للذهبي ، نصب الراية للزيلعي ، نصر الباري لعلي زئي ، نيل الأوطار للشوكاني ، نيل المقصود لعلي زئي۔

روایت حدیث کے بارے میں محدثین عظام کے ہاں پائی جانے والی احتیاط، محدث العصر کے ہاں بھی بدرجہ اتم پائی جاتی ہے۔جس کا اندازہ قارئین مشکوۃ کو درج ذیل 'تنبیہ' سے بخوبی ہوسکتا ہے۔آپ کے الفاظ میں ''صاحب مشکوۃ کئی مقامات پر حدیث کو جس کتاب کے حوالے سے ذکر کرتے ہیں۔ مثلاً قولہ: رواہ مسلم یا رواہ البخاری تو بعض مقامات پر اصل کتاب کی طرف مراجعت کرنے سے معلوم ہوتا ہے کہ یہ الفاظ من وعن مذکورہ کتاب میں نہیں، بلکہ انہیں بطور مفہوم یا بطور مختلف روایت بیان کیا گیا ہے، لہٰذا حدیث کا حوالہ اصل مذکورہ کتاب سے ملا لینا چاہیے یا پھر مشکوۃ کے ذریعے سے حوالہ لکھتے وقت مشکوۃ کا ہی ذکر کیا جائے، یعنی واللفظ لہ کی صراحت کردی جائے، تا کہ کسی قسم کا اشتباہ باقی نہ رہے۔'' (مقدمہ ا/۱۳)

دوران تخریج میں بصورت حواشی شیخ رحمہ اللہ نے آثار سلف سے بھی بھرپور استفادہ کیا ہےاور حدیث کی سند ضعیف ہونے کی صورت میں اس مفہوم کے لیے آثار نقل کر دیے ہیں جن کی اسناد صحیح/حسن ہیں اور وہ آثار اس ضعیف روایت سے مستغنی کر دیتے ہیں، مثلاً دیکھئے (مشکوۃ 108/1 حاشیہ: 3، 109/1، حاشیہ 1، 331/1 حاشیہ: 2

۲۴۔ معاشرے کی مہلک بیماریاں اوران کا علاج

تالیف: الشیخ احمد بن حجر
ترجمہ: نصیر احمد ملی
تخریج: الشیخ عبدالمحسن السلفی
تحقیق وافادات: علامہ ناصر الدین البانی رحمہ اللہ، حافظ زبیر علی زئی رحمہ اللہ
ناشر: مکتبہ اسلامیہ لاہور/ فیصل آباد، 2013ء
صفحات: 702

کتاب ھذا کی روایات کی تحقیق یعنی صحت وضعف کے احکامات علامہ ناصر الدین البانی رحمہ اللہ اور حافظ زبیر علی زئی رحمہ اللہ کی مختلف کتب کی کردہ تحقیق وتخریج سے مستفاد ہیں۔بعض مقامات پر صرف علامہ البانی رحمہ اللہ کی تحقیق اور بعض پر حافظ زبیر علی زئی رحمہ اللہ کی تحقیق سے فائدہ اٹھایا گیا ہے، نیز بعض مقامات پر ہر دو محدثین کرام کی تحقیق سے ایک

ساتھ فائدہ اٹھایا گیا ہے۔عبدالمحسن سلفی صاحب نے کتاب ہذا میں بہت سے خطوط کا بھی ذکر کیا ہے جن کے ذریعے سے وہ شیخ زبیر علی زئی رحمہ اللہ سے روایت کی تحقیق (صحت وضعف کے اعتبار سے) طلب کرتے تو شیخ محترم جوابی لفافے میں مطلوبہ روایات کی تحقیق ارسال فرما دیتے تھے۔

۲۵۔ منہاج المسلم

تالیف: فضیلۃ الشیخ ابوبکر جابر الجزائری
تحقیق وتخریج: حافظ ابوطاہر زبیر علی زئی
ناشر: دارالسلام لاہور

تصحیح وتضعیف اور تخریج ہر دو حاشیہ نمبر کے ساتھ ہی اسی صفحے پر درج ہیں۔

۲۶۔ نماز میں ہاتھ باندھنے کا حکم اور مقام

تالیف: شیخ محمد رئیس ندوی
تحقیق وتخریج وحواشی: حافظ زبیر علی زئی
مطبوع: ماہنامہ الحدیث حضرو، نومبر 2004ء رمضان 1425ھ جلد 1 شمارہ: 6 ص 37 تا 47، جلد 1، شمارہ 7 ص 21 تا 36، جلد 2 شمارہ 8 ص 1 تا 35۔

''نماز میں ہاتھ باندھنے کا حکم اور مقام'' کے زیرعنوان فضیلۃ الشیخ حافظ زبیر علی زئی کی ذاتی تالیف بھی الگ سے مطبوع ہے۔تعارف کے لیے ملاحظہ فرمائیں مقالہ ھذا میں تصنیف وتالیف کے زیرعنوان: نماز میں ہاتھ باندھنے کا حکم اور مقام

۲۷۔ نماز نبوی

ترتیب: ڈاکٹر سید شفیق الرحمان حفظہ اللہ
تحقیق وتخریج: ابوطاہر حافظ زبیر علی زئی
ناشر: دارالسلام لاہور

مقدمۃ التحقیق محررہ ابو طاہر حافظ زبیر علی زئی محمدی مورخہ ستمبر 1997ء ہے۔ (ص18 تا24) فضیلۃ الشیخ رحمہ اللہ مقدمہ ھذا میں رقم طراز ہیں: ''راقم نے بھی تحقیق وتخریج کے دوران میں اس بات کی بھرپور سعی کی ہے کہ اس میں صرف مقبول احادیث کو لایا جائے۔ اب میری معلومات کے مطابق اس میں کوئی ضعیف روایت نہیں ہے، لیکن چونکہ انسان غلطی اور خطا کا پتلا ہے، لہٰذا اہل علم سے درخواست ہے کہ اگر کسی حدیث کی علت پر مطلع ہوں تو راقم کو آگاہ کریں تاکہ آئندہ ایڈیشن میں اس کی تلافی کی جاسکے۔'' (ص24-23)
تاہم بعد ازاں محدث العصر رحمہ اللہ نے ''نماز نبوی'' پر کردہ تحقیق وتخریج سے برأت کا اظہار کر دیا تھا، کیونکہ بعض روایات کے بارے میں آپ رحمہ اللہ کی تحقیق بدل گئی تھی جس کے بعد شائع کردہ ایڈیشن میں اس جدید تحقیق کو شامل نہ کرنے کا نتیجہ یہ اعلانِ برأت تھا۔

(اللهم أرنا الحق حقًا وارزقنا اتباعه وأرنا الباطل باطلاً وارزقنا اجتنابه)

ب: غیر مطبوع (عربی)

1. أحاديث اثبات عذاب القبر للبيهقي (مخطوط)
تاليف: إمام أبو بكر أحمد بن الحسين البيهقي (المتوفى: ٤٥٨ هـ)

تحقیق و تخریج: حافظ زبیر علي زئي (المتوفی 1435ھـ)

مدیر مکرم حافظ ندیم ظہیر ﷾ کی مہیا کردہ معلومات کے مطابق مکمل تحقیق و تخریج کے ساتھ مخطوط بزبان عربی موجود و محفوظ ہے۔ جس کا تعارف مطبوع کتب: ترجمہ، تحقیق، تخریج...... میں ہدیہ قارئین ہے۔ (ملاقات: رندھاوا ہاؤس سمندری، مورخہ 14/02/2016 بروز اتوار بعد از نماز عصر ہمراہ جناب محمد سرور عاصم ﷾ و محمد وقاص فیصل آبادی ﷾)

2. إرشاد العباد في توثيق نعيم بن حماد
3. الأسانيد الصحيحة في أخبار الإمام أبي حنيفة
4. الأنوار في شمائل النبي المختار

تالیف: محي السنة امام حسین بن مسعود البغوي (المتوفی 516ھـ)

تحقیق و تخریج: حافظ زبیر علی زئی

مدیر مکرم حافظ ندیم ظہیر ﷾ کی مہیا کردہ معلومات کے مطابق مکمل تحقیق و تخریج کے ساتھ مخطوط بزبان عربی موجود و محفوظ ہے۔ محدث العصر ؒ کے کتاب ھذا کے اردو ترجمہ میں بعینہ یہ تحقیق و تخریج مطبوع ہے جس کا تعارف مطبوع کتب: ترجمہ، تحقیق، تخریج...... میں ہدیہ قارئین ہے۔

(ملاقات: رندھاوا ہاؤس......مورخہ 14/02/2016)

5. التقبيل والمعانقة لابن الأعرابي
6. السراج المنير في تحقيق تفسير ابن كثير۔ ولم أكمل هذا الكتاب (مشكوة ١/٦١٦)
7. العقد التمام في تحقيق السير لابن هشام
8. المسند الجامع (بحواله مشكوة 1/517 (2) 2/89 (3))
9. المعجم الصغير للطبراني (غير كامل)
10. النهاية في الفتن والملاحم (مطول)
11. أنوار السبيل في ميزان الجرح والتعديل
12. تلخيص الأحاديث المتواترة
13. تلخيص الكامل لابن عدي
14. جزء رفع اليدين للبخاري (مفصل)
15. جزء في أسماء من كان لا يروي إلا عن ثقة عنده
16. جزء في مؤمل بن إسماعيل
17. شعار أصحاب الحديث

تصنیف: امام أبو أحمد الحاكم الكبير (المتوفی 378ھـ)

تحقیق و تخریج: حافظ زبیر علی زئي

مدیر مکرم حافظ ندیم ظہیر ﷾ کی مہیا کردہ معلومات کے مطابق مکمل تحقیق و تخریج کے ساتھ مخطوط بزبان عربی موجود و محفوظ ہے۔ محدث العصر ؒ کے کتاب ھذا کے اردو ترجمہ میں بعینہ یہ تحقیق و تخریج مطبوع ہے۔ جس کا تعارف، مطبوع کتب: ترجمہ، تحقیق، تخریج...... میں ہدیہ قارئین ہے۔

(ملاقات: رندھاوا ہاؤس......مورخہ 14/02/2016)

18. صحيح ابن خزيمة
19. صحيح التفاسير (غير ماكل)
20. كتاب الأربعين لابن تيمية

تالیف: امام ابن تیمیہ (المتوفی 728ھـ)

تحقیق و تخریج: حافظ زبیر علی زئی

مدیر مکرم حافظ ندیم ظہیر حفظہ اللہ کی مہیا کردہ معلومات کے مطابق مکمل تحقیق وتخریج کے ساتھ مخطوط بزبان عربی موجود و محفوظ ہے۔

محدث العصر رحمہ اللہ کے کتاب ھذا کے اردو ترجمہ میں بعینہ یہ تحقیق وتخریج مطبوع ہے۔ جس کا تعارف، مطبوع کتب: ترجمہ، تحقیق، تخریج...... میں ہدیہ قارئین ہے۔

(ملاقات: رندھاوا ہاؤس......مورخہ 14/02/2016)

21. كتاب الجهاد لابن تيمية

22. كتاب النهاية في الفتن والملاحم (مختصر)

23. كلام الدارقطني في سننه في أسماء الرجال

24. مسند الحميدی

25. مناقب علي والحسنين وأمهما فاطمة الزهراء

26. موطأ إمام مالك / رواية يحيى بن يحيى

27. نيل المقصود في تحقيق و تخريج سنن أبي داؤد

۲) ترجمہ، تحقیق، وتخریج وتعلیقات وفوائد وحواشی

(الف): مطبوع

۱۔ اثبات عذاب القبر

تصنیف: امام ابوبکر احمد بن الحسین البیہقی رحمہ اللہ

ترجمہ وتحقیق: حافظ زبیر علی زئی رحمہ اللہ

مطبوع: ماہنامہ اشاعۃ الحدیث حضرو، رجب 1435ھ/ مئی 2014ء۔ جمادی الاول 1436ھ/فروری 2015ء

جلد: 11، شمارہ: 5، ص 39-30 (قسط: 1)

فضیلۃ الشیخ رحمہ اللہ کے علمی آثار میں امام بیہقی رحمہ اللہ کی کتاب ”اثبات عذاب القبر“ کا ترجمہ، تحقیق وتخریج بھی شامل ہے۔ جلد: 12 شمارہ: 2 ص 21 کے آخر پر اختتام ترجمہ کے بارے میں یوں مرقوم ہے: ”ترجمہ ختم شد (23 / اگست 2002) الریاض: جزیرۃ العرب

آپ کے علمی وارثان نے الحدیث حضرو شمارہ مذکورہ بالا سے قسط وار اشاعت کا اہتمام پایہ تکمیل تک پہنچا دیا ہے۔ (جزاهم الله فاحسن الجزا)

تاحال یہ علمی تراث اہل ذوق کے ہاتھوں تک بذریعہ ”الحدیث“ پہنچ گئی ہے۔ اس طرح قارئین ”اثبات عذاب القبر“ میں موجود روایات کی صحت وضعف کے بارے میں قلبی اطمینان اور شرح صدر کے ساتھ اپنی علمی پیاس بجھا سکیں گے۔

محدث العصر رحمہ اللہ نے صحیح بخاری و مسلم کی روایات کو صحیح تسلیم کرتے ہوئے ان کی صرف تخریج کی ہے، جبکہ کتب حدیث سے تخریج کردہ روایات کے بارے میں پہلے صحت یا ضعف کا حکم بایں الفاظ صحیح، ضعیف یا اسنادہ ضعیف جدًا جیسے مختلف احکام درج کر کے پھر ان کے ماخذ کی تخریج پر راہنمائی فرمائی ہے۔

۲۔ اختصار علوم الحدیث

تالیف: ابوالفداء اسماعیل بن عمر بن کثیر الدمشقی رحمہ اللہ (المتوفی 774ھ)

ترجمہ، تحقیق وحواشی: حافظ زبیر علی زئی

ناشر: مکتبہ اسلامیہ لاہور/ فیصل آباد، اگست 2010ء

صفحات: 176

(کتاب ھذا ص 173 پر) ترجمہ ختم شد/ 6 جمادی الثانی 1427ھ، بروز پیر بمطابق 3 جولائی 2006ء) اور فضیلۃ الشیخ رحمہ اللہ کا نام درج ہے۔ فضیلۃ الشیخ رحمہ اللہ نے ترجمہ، تخریج کے ساتھ اضافی یا اختلافی نوٹ، حواشی میں نقل فرمائے ہیں، اور یہ حواشی آپ رحمہ اللہ کے رسوخ فی اصول الحدیث کا واضح ثبوت ہیں۔ آپ رحمہ اللہ کی یہ ترجمہ وحواشی کی کاوش اصول حدیث کی معرفت میں درک پانے کے مشتاق طالب علموں کے لیے انتہائی مفید ہے۔ تاہم فضیلۃ الشیخ رحمہ اللہ اگر باقاعدہ اصول حدیث پر اپنی کوئی یادگار چھوڑتے تو یہ اس دور کی محدثانہ شان کے مطابق اصول حدیث کی کتاب ہوتی اور اصول حدیث کی کتب کی تاریخ میں یقیناً بلند مرتبہ ہوتی لیکن ماشاء اللہ وما قدر۔

۳۔ اصول دین (کتاب اصل السنۃ واعتقاد الدین)

تالیف: امام ابو محمد عبدالرحمٰن بن ابی حاتم الرازی رحمہ اللہ

تحقیق: شیخ محمد عزیر شمس حفظہ اللہ

ترجمہ: حافظ زبیر علی زئی

مطبوع: ماہنامہ الحدیث حضرو، جولائی 2004ء/ جمادی الاول 1425ھ، جلد 1، شمارہ 2، ص 41 تا 45۔

عربی متن اس نسخے کا ہے جسے الدار السلفیہ ممبئی، الہند نے شیخ محمد عزیر شمس حفظہ اللہ کی تحقیق سے شائع کیا ہے۔

۴۔ اَضواء المصابیح فی تحقیق مشکوٰۃ المصابیح

تالیف: امام ولی الدین محمد بن عبداللہ الخطیب التبریزی رحمہ اللہ

ترجمہ، تخریج، تحقیق وفوائد: حافظ زبیر علی زئی

ناشر: مکتبہ اسلامیہ لاہور/ فیصل آباد، اپریل 2011ء

صفحات: 376

مقدمہ اضواء المصابیح محررہ حافظ زبیر علی زئی مورخہ 16 مئی 2010ء ہے۔ اضواء المصابیح، مشکوٰۃ کی احادیث کی تحقیق وتخریج اور صحیح احادیث کی شرح ہے۔ عربی متن کے بالمقابل اردو ترجمہ پایا جاتا ہے۔ ترجمہ میں متن میں مذکور ماخذ کتب حدیث کے نام کے ساتھ ہی حدیث کی تخریج درج ہے۔ یہ تخریج حدیث نمبر یا جلد نمبر اور صفحہ نمبر کے انداز پر ہے۔ بعض مقامات پر عربی متن اور ترجمہ کے نیچے، تخریج کے زیر عنوان تخریج درج ہے۔ آپ رحمہ اللہ تخریج الحدیث یا تحقیق الحدیث کے زیر عنوان حدیث پر حکم کے علاوہ بعض اوقات دیگر کتب حدیث سے تخریج بھی کرتے ہیں۔ حدیث کے متن کے الفاظ کی حسب ضرورت تنقیح بھی کرتے ہیں۔ اس کے علاوہ اسانید و رواۃ حدیث کا خالص فنی محدثانہ جائزہ، ثقہ ائمہ جرح وتعدیل کے اقوال اور بلند پایہ کتب اسماء الرجال کی مدد سے سرانجام دیتے ہیں۔ جس کے بعد مذکورہ حدیث کی صحت وضعف کی حقیقت نکھر کر سامنے آجاتی ہے۔ فضیلۃ الشیخ رحمہ اللہ کی اس قدر تفصیلی تحقیق مشکوٰۃ المصابیح مترجم ابوانس محمد سرور گوھر، شائع کردہ مکتبہ اسلامیہ لاہور/ فیصل آباد میں نہیں پائی جاتی۔ تفصیلات کے اعتبار سے ہر دو کا بہت نمایاں فرق ہے۔ بعض مقامات پر احکاماتِ صحت وضعف میں بھی فرق پایا جاتا ہے۔ اضواء المصابیح میں بعد ازاں فقہ الحدیث کے زیر عنوان متعلقہ حدیث سے مفید علمی نکات نمبر وار سامنے لائے گئے ہیں جو کہ محدث العصر رحمہ اللہ کے ہمہ جہتی رسوخ فی العلم کا شاہکار ہیں۔ یہ ارشادات عالیہ او

نکات علمیہ قارئین اضواء المصابیح کی راہنمائی کا بہترین مدلل سامان ہیں۔

اضواء المصابیح کی زیرتبصرہ پہلی جلد کتاب الایمان اور کتاب العلم کو محیط ہے۔ جس میں کل 280 احادیث و روایات وآثار پائے جاتے ہیں جن میں سے 96 روایات پر حکم ضعف لگایا گیا ہے۔ حکم ضعف: ضعیف، سندہ ضعیف، سند سخت ضعیف (بلکہ موضوع)، سند ضعیف ومردود، سند سخت ضعیف اور منکر، موضوع، بے سند بے اصل، سند ضعیف، حدیث صحیح یا سند ضعیف، حدیث حسن جیسے احکامات کی شکل میں درج ہے۔ دیگر پر حکم صحت: صحیح، حسن، سند صحیح، سند حسن یا سند حسن لذاتہ کے انداز پر درج ہے۔ جدید انداز تحقیق میں ٹھوس علمی بنیادوں پر اس عظیم شرح پر کام جاری تھا کہ فضیلۃ الشیخ حافظ زبیر علی زئی رحمہ اللہ راہی آخرت ہوگئے۔ (اللھم اغفر له وارحمه) بسا آرزو کہ شرح مشکوٰۃ محدث العصر رحمہ اللہ کے قلم سے پایہ تکمیل تک پہنچتی۔

آپ کی وفات حسرت آیات کے بعد آپ کے مایہ ناز شاگرد حافظ ندیم ظہیر حفظہ اللہ نے حدیث نمبر 445 سے اس عظیم کام کو جاری رکھنے کا اعلان فرمایا ہے۔ یہ آغاز ''الحدیث'' حضرو شمارہ 113 ص 5 پر ہو رہا ہے۔ جس میں تحقیق وتخریج حافظ زبیر علی زئی رحمہ اللہ اور ترجمہ وفوائد: حافظ ندیم ظہیر حفظہ اللہ کی ترتیب سے موجود ہے۔ حافظ ندیم ظہیر صاحب نے وضاحت فرمائی ہے کہ '' محدث العصر حافظ زبیر علی زئی رحمہ اللہ نے مشکوٰۃ کی تحقیق وتخریج ''اضواء المصابیح فی تحقیق مشکوٰۃ المصابیح'' کے نام سے تقریباً بارہ (12) سال پہلے مکمل کر لی تھی۔ جب ماہنامہ الحدیث کا اجراء کیا گیا تو اس کا ترجمہ مع فوائد کا سلسلہ بھی شروع کر دیا، لیکن ابھی 444 احادیث کا ترجمہ اور ان کے فوائد قلمبند کر پائے تھے کہ ہمیں آپ کے علمی سائے سے محروم ہونا پڑا، اور آپ 5 محرم الحرام 1435ھ کو اپنے رفیق اعلیٰ سے جا ملے۔

اللھم اغفر له وارحمه.

میں اپنے آپ کو علمی طور پر اس کا اہل نہیں سمجھتا کہ ''مشکوٰۃ المصابیح'' کا ترجمہ و فوائد لکھوں، لیکن شیخ محترم رحمہ اللہ نے جس محبت وشفقت سے ہماری تعلیم وتربیت کی ہے۔ اس کا تقاضا ہے کہ اس مشن کو آگے بڑھایا جائے یا کم از کم رکنے نہ دیا جائے۔ اسی سوچ کے پیش نظر اور بعض احباب کی حوصلہ افزائی سے اس فقیر الی اللہ تعالیٰ نے ہمت کر لی ہے۔ اللہ مجھے توفیق واستقامت عطا فرمائے۔ آمین [ندیم ظہیر]''

(الحدیث: 113 ص 5)

مطبوعہ اضواء المصابیح میں ص 3 تا 14 فہرست اضواء المصابیح ص 15 تا 18 مقدمہ حافظ زبیر علی زئی مرقومہ 16 مئی 2010ء (یہ مقدمہ محدثانہ انداز پر تحقیق وتخریج کا عکاس ہے۔) ص 9 تا 22 مقدمۃ المؤلف یعنی صاحب مشکوٰۃ کا مقدمہ، ص 23 تا 333 متن اضواء المصابیح، ص 335 تا 355 اطراف الآیات والاحادیث والآثار، ص 356 تا 363 اسماء الرجال اور ص 364 تا 376 اشاریہ پایا جاتا ہے۔ یہ اشاریہ الفابائی ترتیب پر مرتب شدہ ہے جو کہ قارئین کے لیے اضواء المصابیح سے استفادے کے حوالے سے انتہائی مفید کاوش ہے اور کتب حدیث میں اشاریہ تیار کرنے کی عمدہ روایت میں بلند پایہ ہے، کیونکہ اشاریہ کا چناؤ خاصا دقت طلب کام ہوتا ہے۔

۵۔ **الاتحاف الباسم في تحقيق، تخريج و شرح موطأ إمام مالك رواية ابن القاسم** [مُلَخَّص القابسي]

ترجمہ، تحقیق وحواشی: حافظ زبیر علی زئی

ناشر: مکتبہ اسلامیہ لاہور/ فیصل آباد، جنوری 2009ء

صفحات: 664

کتاب ھذا کا ترجمہ 17 جولائی 2007ء کو ختم ہوا اور حواشی کی انتہا 27 مارچ 2008ء کو ہوئی (ص 609) بیرونی ٹائٹل: موطا امام مالک روایۃ ابن القاسم، ترجمہ، تحقیق و حواشی: حافظ زبیر علی زئی، مکتبہ اسلامیہ کا عکاس ہے، جبکہ اندرونی ٹائٹل: الاتحاف الباسم فی تحقیق، تخریج وشرح موطأ امام مالک: روایۃ ابن القاسم [ملخص القابسی]، مکتبۃ الحدیث، حضرو، اٹک الباکستان کا آئینہ دار ہے۔ اور جملہ حقوق والا صفحہ (4) ترتیب یوں پیش کرتا ہے۔

کتاب.........موطأ امام مالک: روایۃ ابن القاسم

ترجمہ، تحقیق وشرح (الاتحاف الباسم)......حافظ زبیر علی زئی

اس تحقیقی کام کے بارے میں جملہ معلومات سے ظاہر ہے کہ فضیلۃ الشیخ رحمہ اللہ نے موطأ امام مالک کی روایۃ ابن القاسم پر تحقیق، تخریج، ترجمہ اور تفقہ کا کام بنام ''الاتحاف الباسم فی تحقیق موطا الامام مالک روایۃ عبدالرحمٰن بن القاسم'' ہدیہ قارئین کیا ہے۔

کتاب ھذا کے صفحہ 41 سے 57 تک مقدمہ الاتحاف الباسم پایا جاتا ہے۔ یہ محدث العصر رحمہ اللہ کے نظریہ حدیث اور اصول حدیث کا آئینہ دار اور علمبردار ہے۔ اتحاف الباسم میں کتب حدیث سے ہر ممکن اصلاح شدہ عربی متن کے بالمقابل اردو ترجمہ درج ہے۔ ''تحقیق'' کے زیر عنوان مذکورہ حدیث و روایت پر حکم صحت وضعف لگاتے ہیں۔ اتحاف الباسم ...... میں موجود 527 احادیث وروایات کے بارے میں محدث العصر رحمہ اللہ وضاحت کرتے ہیں: ''راقم الحروف کی تحقیق کے مطابق موطأ امام مالک کے عبدالرحمٰن بن القاسم والے اس نسخے میں صرف ایک حدیث ضعیف ہے۔ (حدیث نمبر 102) باقی تمام احادیث صحیح یا حسن ہیں۔ والحمدللہ'' (ص54)

مقبول روایات پر آپ صحیح، سندہ صحیح، اسنادہ صحیح، سندہ صحیح لاشک فیہ، سندہ حسن، ضعیف کے لئے سندہ ضعیف کا حکم درج کرتے ہیں۔

تحقیق کے بعد تخریج کے زیر عنوان متفق علیہ، البخاری، مسلم کی وضاحت صحیح بخاری وصحیح مسلم میں موجود روایات کے بارے میں کرتے ہیں۔ اگر کوئی روایت صحیحین میں نہیں تو پھر سنن اربعہ یعنی سنن ابی داود، سنن ترمذی، سنن نسائی اور سنن ابن ماجہ، کتب صحاح مثلاً صحیح ابن خزیمہ، صحیح ابن حبان اور کتب مسانید مثلاً مسند احمد وغیرہ کے حوالوں پر اکتفا کیا گیا ہے۔ (ص54)

تخریج کا آغاز الموطأ (روایۃ یحییٰ بن یحییٰ)، التمہید لابن عبدالبر اور الاستذکار لابن عبدالبر سے کرتے ہیں۔ بعد ازاں کتب حدیث میں سے صحیحین کو ترجیح دیتے ہیں، پھر دیگر کتب حدیث سے تخریج کا فریضہ سرانجام دیتے چلے جاتے ہیں۔ جن میں سنن اربعہ، کتب صحاح اور کتب مسانید کے علاوہ مستدرک حاکم، شرح السنۃ للبغوی، امام بخاری کی خلق افعال العباد، امام نسائی کی السنن الکبریٰ اور عمل الیوم واللیلۃ وغیرہ سے بھی استفادہ کرتے ہیں۔

آخر پر تفقہ کے تحت علوم الحدیث، اسماء الرجال کے

علاوہ فقہ الحدیث کی بنیاد پر نکات علمیہ وفقہیہ کی نمبر وار پیشکش سے عوام الناس کو بآسانی استفادہ کا سامان بہم پہنچاتے ہیں جس میں حسب ضرورت دیگر مصادر ومراجع سے بھی استفادہ کرتے ہیں۔ فکری و عملی زندگی کے لئے راہنمائی اصول و ہدایات سپرد قلم کرتے ہیں۔ محدث العصر رحمہ اللہ کے استاذ محترم حافظ عبدالحمید ازہر حفظہ اللہ کے بقول ''اس کاوش پر جناب حافظ زبیر علی زئی صاحب وفقہ اللہ تمام منسوبین علم حدیث کی طرف سے دعا اور شکریہ کے مستحق ہیں۔'' (ص 40)

''بقول محدث العصر رحمہ اللہ '' اس کتاب ''الاتحاف الباسم فی تحقیق موطأ امام مالک (تلخیص القابسی) روایۃ عبدالرحمٰن بن القاسم'' میں تفقہ کے ساتھ ساتھ علمی و تحقیقی فوائد بھی پیش کیے گئے ہیں۔ تا کہ تفقہ (فقہ الحدیث والقرآن) کے موتیوں کی لڑی سے تحقیق و عمل کی راہیں کھلیں۔ والحمدللہ''

(الاتحاف الباسم ص 69، حاشیہ: 9)

۶۔ انوار السنن في تحقيق آثار السنن

ترجمہ وتحقیق: حافظ زبیر علی زئی رحمہ اللہ

مطبوع: ماہنامہ ضرب حق سرگودھا، شمارہ: 25، مئی 2012ء تا شمارہ: 40 اگست 2013ء، ماہنامہ اشاعۃ الحدیث حضرو، شمارہ نمبر: 117

فضیلۃ الشیخ حافظ زبیر علی زئی رحمہ اللہ کے خاص الخاص شاگرد مدیر ''اشاعۃ الحدیث'' جناب حافظ ندیم ظہیر حفظہ اللہ کے الفاظ میں انوار السنن کا تعارف پیش خدمت ہے:

[انوار السنن فی تحقیق آثار السنن فضیلۃ الشیخ حافظ زبیر علی زئی حفظہ اللہ کی وہ تصنیف لطیف ہے جس میں انھوں نے آثار السنن للنیموی کا ترجمہ و تحقیق کی ہے۔ اور بہترین طرز میں حدیث اور محدثین کرام کا دفاع کیا ہے۔ قارئین آگاہ رہیں کہ آثار السنن خالص تقلیدی مسلک کے پرچار اور دفاع کے لیے لکھی گئی تھی، یہی وجہ ہے کہ اس کی تالیف میں بہت سے مقامات پر خلط مبحث، تصحیح ضعیف، تضعیف صحیح اور قیل وقال کے ذریعے سے سفید کو سیاہ اور سیاہ کو سفید ثابت کرنے کی کوشش کی گئی تھی، لیکن استاذ محترم حفظہ اللہ نے عمیق تحقیق وتنقید کے ذریعے سے تمام مغالطات و مذکورہ چیزوں کا جواب دے کر احقاق حق اور ابطال باطل کا فریضہ سرانجام دیا ہے۔

نیموی صاحب نے جن ضعیف و مردود روایات و آثار سے استدلال کیا تھا، ان کا ضعف مع دلیل واضح کر دیا، نیز جن صحیح احادیث و آثار کو نیموی صاحب نے چھپا لیا تھا، انھیں باحوالہ و تصحیح درج کر کے تقلیدی بیت العنکبوت کے پرخچے اڑا دیے ہیں۔ جزاہ اللہ خیراً

اب اسے (انوار السنن کو) افادۂ عام کے لیے قسط وار ماہنامہ ضرب حق سرگودھا میں شائع کیا جا رہا ہے۔/ حافظ ندیم ظہیر]

(ماہنامہ ضرب حق سرگودھا، شمارہ نمبر 25، مئی 2012ء ص 27)

اس اعلان کردہ پروگرام کے مطابق ضرب حق میں مئی 2012ء میں پہلی قسط اور ستمبر 2013ء شمارہ نمبر 41 میں آخری قسط شائع ہوئی۔ جس میں روایت نمبر 206 تک آثار السنن کا ترجمہ، تحقیق و تخریج اور اس کا ناقدانہ جائزہ بنام انوار السنن بالترتیب ہدیہ قارئین کیا گیا۔ انوار السنن کا غیر مطبوعہ حصہ فضیلۃ الشیخ رحمہ اللہ کے قلم سے مکمل موجود ہے۔ اور فضیلۃ الشیخ رحمہ اللہ کی رحلت کے بعد اب ماہنامہ اشاعۃ الحدیث حضرو، جلد 11 شمارہ 117 رجب 1435ھ/ مئی 2014ء میں روایت نمبر 207 سے قسط وار سلسلہ اشاعت کا اجراء ہوا ہے، اللہ تعالیٰ اپنے فضل و کرم سے اس تحقیقی کاوش کو شائع

کرنا ارزاں فرمائے۔ (آمین ثم آمین)

حافظ زبیر علی زئی رحمہ اللہ آثار السنن کی روایت کی تخریج کر کے صحت وضعف کے بارے میں حکم صحیح، حسن، ضعیف، سند صحیح، سند حسن، سند ضعیف جیسے احکامات لگاتے ہیں، بعد ازاں حسب ضرورت متعلقہ حدیث اور مذکورہ مسئلے کے بارے میں اپنی تحقیقات سپرد قلم کرتے ہیں۔ آثار السنن کی کئی ایک روایات پر انوار السنن کا عنوان ہی قائم کرتے ہیں، گویا وہ روایت اور مستنبط مسئلہ آپ کو قابل قبول ہے۔

۷۔ جزء رفع الیدین

تالیف: امیر المؤمنین فی الحدیث محمد بن اسماعیل البخاری رحمہ اللہ

ترجمہ، تخریج وتعلیق: حافظ زبیر علی زئی رحمہ اللہ

ناشر: مکتبہ اسلامیہ فیصل آباد، اگست 2003ء

صفحات: 130

جزء رفع الیدین کے صفحہ 113 پر ''زبیر علی زئی، الریاض، سعودی عرب، اگست 2002ء'' مرقوم ہے۔ جس سے ظاہر ہوتا ہے کہ یہ تحقیقی کام آپ نے سعودی عرب میں 2002ء میں پایۂ تکمیل تک پہنچایا، جبکہ اسی صفحہ پر محمد زبیر بقلم خود 2003-08-01 الطبعۃ الاولی بھی مرتسم ہے جو کہ الطبعۃ الاولیٰ پر آپ کی تصدیق کا اظہار ہے۔ صفحہ 8 تا 26 جامع مقدمہ تحریر فرما کر اپنا منہج مع فوائد علمیہ پیش کر دیا ہے۔

محقق العصر رحمہ اللہ نے کردہ تحقیق کے لیے مکتبہ ظاہریہ کے صحیح ترین نسخہ (نسخہ ظاہریہ) کو اصل اول قرار دیا ہے، اور جناب مجاہد علی مجاہد جھنگوی کے مخطوطے کو اصل ثانی قرار دے کر بعض عبارات کی اصلاح کی ہے۔ عربی متن کے بالمقابل اردو ترجمہ درج ہے۔ ترجمہ حدیث کے آخر پر حاشیہ نمبر ڈال کر فٹ نوٹ میں اس نمبر کے تحت حکم صحت وضعف درج ہے اور اس کے ساتھ احادیث کی مختصر مگر جامع اور ضروری تخریج کا فریضہ سرانجام دیا ہے۔

کتاب ھذا کی ترقیم کے مطابق اس میں 122 احادیث وآثار موجود ہیں۔ محدث العصر رحمہ اللہ نے خالص محدثانہ شان سے تخریج وتحقیق کے بعد 94 روایات کے بارے میں صحیح یا حسن کا حکم لگایا ہے، جبکہ 28 روایات پر ضعیف، غیر ثابت اور ضعیف، سخت ضعیف اور مردود و باطل جیسا حکم لگایا ہے۔

اس طرح عام قاری کے لیے بھی جزء رفع الیدین سے استفادہ اطمینان بخش ہو گیا ہے۔

۸۔ حاجی کے شب وروز

(المنهاج في يوميات الحاج)

تالیف: ابوعبداللہ خالد بن عبدالناصر

ترجمہ، تحقیق وحواشی: حافظ زبیر علی زئی

ناشر: مکتبہ اسلامیہ لاہور/ فیصل آباد

صفحات: 103

حاجی کے شب وروز المنہاج فی یومیات الحاج کا عربی سے اردو ترجمہ ہے جو کہ آپ نے بمقام منیٰ، مکۃ المکرّمۃ مورخہ 12 ذوالحجہ 1425ھ کو ختم کیا۔ (ص 64)

متن میں ہی تخریج کا فریضہ سرانجام دیا گیا ہے۔ مفید علمی حواشی، متن کے نیچے حاشیہ میں درج ہیں۔ کتاب ھذا کے ص 103 پر فضیلۃ الشیخ رحمہ اللہ کے دستخط اور مہر ثبت ہے۔ الطبعۃ الاولیٰ کے علاوہ تاریخ 2006-05-31 اور 4 جمادی

الاولیٰ 1427ھ بھی درج ہے۔

فضیلۃ الشیخ رحمہ اللہ نے ترجمے میں یا حاشیہ میں حسب موقع اپنے اختلافی نوٹ ثبت فرمائے ہیں جو کہ نوٹ کے شروع میں ''تنبیہ از مترجم'' یا نوٹ کے آخر پر مترجم یا زبیر علی زئی کی شکل میں واضح ہے۔ یہ اختلافی نوٹ تحقیقات حدیث یا مسائل فقہ ہر دو حوالے سے پائے جاتے ہیں۔

مترجم کتاب ھذا کے ص 7 اور 8 پر فضیلۃ الشیخ رحمہ اللہ کے قلم سے پیش لفظ محررہ 16 ربیع الثانی 1426ھ ہے۔ جس میں آپ نے واضح کیا ہے کہ ترجمے کے علاوہ اس میں بہت سے فوائد اور معلومات کا اضافہ کر دیا ہے اور آخر پر جامع فہرست بھی دے دی ہے۔ (ص 8)

المنہاج فی یومیات الحاج کا ترجمہ ص 9 سے شروع ہو کر ص 75 پر مکمل ہو رہا ہے۔ ص 76 سے 83 تک فاضل مترجم رحمہ اللہ کی طرف سے ''بعض ضروری اور مفید مسائل'' کے تحت 41 مسائل حج ہدیۂ قارئین ہیں۔ ہر مسئلہ نہ صرف باحوالہ پیش کیا ہے بلکہ ہر حوالے کی صحت کے بارے میں حکم بھی موجود ہے۔

فضیلۃ الشیخ رحمہ اللہ نے آخر میں ص 84 سے 91 تک امام ابوبکر محمد بن ابراہیم بن المنذر النیسابوری رحمہ اللہ (متوفی 318ھ) کی کتاب ''الاجماع'' سے حج کے 82 اجماعی مسائل کا ترجمہ ومفہوم پیش خدمت کیا ہے۔ ترجمہ کتاب، ذاتی طور پر پیش کردہ مسائل کی فہرست اور منقولہ اجماعی فہرست سے عیاں ہے کہ آپ واقعتاً جامع العلوم العقلیہ والنقلیہ تھے۔ علوم الحدیث میں رسوخ کی طرح فقہی مسائل میں بھی بڑا ادراک رکھتے تھے۔

(ذلك فضل الله يوتيه من يشاء)

۹۔ سنت کے سائے میں (في ظلال السنة)

از قلم: حافظ زبیر علی زئی رحمہ اللہ

ترجمہ: حافظ ندیم ظہیر

مطبوع: ماہنامہ اشاعۃ الحدیث حضرو، ربیع الثانی 1435ھ/ فروری 2014ء جلد 11، شمارہ: 2 مسلسل شمارہ نمبر 144 ص 38-39

فاضل مترجم جناب حافظ ندیم ظہیر صاحب نے ''سنت کے سائے میں'' کا تعارف ان الفاظ میں بیان فرمایا ہے: ''تقریباً 1419ھ میں محدث العصر حافظ زبیر علی زئی رحمہ اللہ نے ایک عربی جریدے ''سیاحۃ الامۃ میں فی ظلال السنۃ'' کے نام سے فقہ الحدیث لکھنے کا آغاز کیا، پھر یہ سلسلہ ایک عرصے تک جاری رہا اور بہت مقبول بھی ہوا۔ ہم اسی مفید سلسلے کو اردو قالب میں ڈھال کر ہدیہ قارئین کر رہے ہیں۔ شیخ محترم کا اسلوب یہ تھا کہ کوئی ایک حدیث باسند نقل کر کے اس کی تخریج وتحقیق کرتے، پھر فقہ الحدیث کے تحت مسائل استنباط کرتے، بعض اوقات غریب الحدیث کی بھی وضاحت فرما دیتے تھے۔ اللھم اغفر له وارحمه

(الحدیث حضرو: 114 ص 38)

آپ رحمہ اللہ کے آثار علمیہ میں سے فقہ الحدیث پر منفرد کام کی قسط وار طبع اشاعۃ الحدیث حضرو، شمارہ: 114 سے شروعات ہو چکی ہیں۔ دعا ہے کہ یہ قسط وار کام جلد از جلد کتابی صورت میں طبع ہو اور محدث العصر رحمہ اللہ کے علم وفضل کا یہ گوشہ یعنی فقہ الحدیث میں آپ کی مہارت آشکار ہو۔ (آمین ثم آمین)

تنبیہ: بعد کی اقساط کا ترجمہ حافظ ندیم ظہیر صاحب کے

شاگرد حافظ فرحان الٰہی صاحب کے قلم سے ہو رہا ہے۔

۱۰۔ شرح حدیث جبریل

تالیف: الشیخ عبدالمحسن العباد

ترجمہ و تحقیق: حافظ زبیر علی زئی

ناشر: مکتبہ اسلامیہ لاہور/ فیصل آباد، اپریل 2006ء

صفحات: 166

کتاب ھذا کے ص 125 پر 6 اگست 2005ء/ 30 جمادی الثانی 1426ھ، نیز حافظ زبیر علی زئی مسجد اہل حدیث گاؤں بیاڑ تحصیل کلکوٹ ضلع دیر بالا شمالی پاکستان مذکور ہے۔(جس سے ظاہر ہوتا ہے کہ کتاب ھذا کے تکمیل ترجمہ کے مقام اور تاریخ کا بیان ہے۔)

اسی صفحہ پر اس کے نیچے، لیکن الگ سے ہٹ کر فضیلۃ الشیخ زبیر علی زئی رحمہ اللہ کے دستخط ثبت ہیں اور شرح حدیث جبریل، الطبعۃ الاولیٰ مورخہ 9 صفر 1427ھ مرقوم ہے۔

جو کہ اس کتاب کے ترجمہ و تحقیق کو فضیلۃ الشیخ کی طرف سے ذمہ داری قبول کرنے کا اعلان ہے۔ شرح حدیث جبریل میں ص 126 تا 144 قطف الجنی الدانی شرح مقدمہ ابن ابی زید القیروانی کا ترجمہ بھی شامل اشاعت ہے۔

کتاب ھذا میں فاضل مترجم رحمہ اللہ کے قلم سے پیش لفظ موجود نہیں اور کسی جگہ سے یہ صراحت پانے میں کامیابی نہیں ہوئی کہ تخریج روایات ترجمہ شدہ ہے یا آپ رحمہ اللہ نے یہ فریضہ سرانجام دیا ہے۔ تاہم بعض مقامات پر آپ رحمہ اللہ کے حواشی موجود ہیں جو کہ مشکل اور مبہم عبارات یا اہم اور ضروری امور کی توضیحات کا عمدہ نمونہ ہیں۔

۱۱۔ شعار اصحاب الحدیث

تصنیف: امام ابو احمد الحاکم الکبیر رحمہ اللہ

(متوفی 378ھ)

ترجمہ و تحقیق: حافظ زبیر علی زئی رحمہ اللہ

مطبوع: مقالات، جلد 2 صفحہ 51 تا 85

فضیلۃ الشیخ رحمہ اللہ نے امام ابو احمد الحاکم الکبیر کی کتاب شعار اصحاب الحدیث کی امام صاحب تک سند صحیح تسلیم کرتے ہوئے اس کے ترجمے و تحقیق کا بیڑا اٹھایا۔ یہ کتاب ایمان و عقیدہ اور نماز کے مسائل کے بارے میں بقامت کہتر بقیمت بہتر تصنیف ہے، اور ترجمے کے ساتھ فضیلۃ الشیخ رحمہ اللہ کی تحقیق سونے پر سہاگا ہے، کیونکہ آپ نے ہر حدیث کی تخریج کے ساتھ ساتھ اس کی صحت و ضعف کے بارے میں حکم لگا کر قارئین کے لیے استفادہ بارے ایمان و ایقان والی سہولت بہم پہنچا دی ہے۔ اور صحیح، حسن، ضعیف اور موضوع ہر طرح کی روایت کی حیثیت جلی حکم سے نمایاں کر دی ہے۔(اللھم تقبل منه جميع حسناته)

۱۲۔ شمائل ترمذی

تالیف: امام ابو عیسیٰ محمد بن عیسیٰ الترمذی

(210/209-279ھ)

ترجمہ و تحقیق و فوائد: حافظ زبیر علی زئی

ناشر: مکتبہ اسلامیہ لاہور/ فیصل آباد، اکتوبر 2011ء

صفحات: 467

محدث العصر حافظ زبیر علی زئی رحمہ اللہ کی تحریر کے مطابق مورخہ 12 جون 2011ء بروز بدھ بوقت گیارہ بج کر

5 منٹ پر شمائل ترمذی کی ترجمانی، تحقیق وتخریج اور شرح و فوائد کی تکمیل ہوئی۔ والحمدللہ

1۔ فضیلۃ الشیخ رحمہ اللہ نے 723ہجری کے لکھے ہوئے شمائل ترمذی کے نسخے کو اصل بنایا اور 1261ھ کے لکھے ہوئے دوسرے نسخے کے علاوہ دیگر مطبوعہ نسخوں کی مدد سے بعض عبارات کی اصلاح کی ہے۔

2۔ امام ترمذی رحمہ اللہ کے اصل مصادر سے مذکورہ احادیث تلاش کر کے اصل کتابوں کے حوالے دے دیے ہیں۔

3۔ شمائل ترمذی کی جو احادیث صحیح بخاری اور صحیح مسلم (صحیحین) میں موجود ہیں۔ وہ سب صحیح اور مقبول ہیں اور دیگر احادیث پر صحیح، حسن یا ضعیف و مردود ہونے کے لحاظ سے حکم لگادیا ہے اور عند الضرورت وجہ ضعف بھی بیان کر دی ہے۔

4۔ شمائل ترمذی کا اردو ترجمہ بلکہ لفظی ترجمہ کی بجائے مفہوم واضح کرنے والی ترجمانی کرنے کے ساتھ صحیح و حسن احادیث کی شرح و فوائد بھی لکھ دیے ہیں تاکہ عوام وطلباء زیادہ سے زیادہ فائدہ اٹھا سکیں۔

آخر کتاب پر ص 421 تا 464 اطراف الآیات و الاحادیث والآثار، راویان حدیث (صحابہ رضی اللہ عنہم) اور رجال کی فہارس کے علاوہ مسائل و موضوعات کا اشاریہ بھی پیش کر دیا ہے۔

شمائل ترمذی میں محدث العصر رحمہ اللہ نے متن حدیث کے بعد اردو ترجمہ درج کرنے کے بعد تحقیق وتخریج کی ذیلی سُرخی قائم کرتے ہوئے ہر حدیث کی تصحیح و تضعیف کے ساتھ ساتھ تخریج کا فریضہ سر انجام دیا ہے۔ حسبِ ضرورت احادیث کی اسانید اور متون پر خالص محدثانہ انداز میں تحقیق و تخریج کا حق ادا کرنے کی سعی بلیغ کی ہے۔ شرح و فوائد کے زیر عنوان سلسلہ نمبر کے تحت فقہ الحدیث پر مشتمل نکات علمیہ و عملیہ سامنے لائے ہیں۔

آپ کی تحقیق کے مطابق شمائل ترمذی میں 417 احادیث ہیں۔ 320 احادیث پر آپ نے صحیح متفق علیہ، صحیح، حسن، سندہ صحیح اور سندہ حسن جیسے حکم لگائے ہیں اور 97 احادیث پر سندہ ضعیف، سندہ ضعیف جداً، سندہ ضعیف والحدیث صحیح اور سندہ ضعیف والحدیث حسن کا حکم لگایا ہے۔

۱۳۔ عبادات میں بدعات اور سنت نبوی سے ان کا رد

تالیف: عمرو بن عبدالمنعم بن سلیم حفظہ اللہ

ترجمہ وتحقیق: حافظ زبیر علی زئی رحمہ اللہ

ناشر: مکتبہ قدوسیہ لاہور، 2005ء

صفحات: 320

دین اسلام میں بدعت گمراہی گردانی گئی ہے، لہٰذا بدعات سے آگاہی دین کے نام پر پیش آمدہ ممکنہ گمراہی سے آگاہی ہے۔ جس کا علم ہونا لازم ہے، تاکہ اہل اسلام و صاحب ایمان بدعت میں پڑنے اور گمراہ ہونے سے بچ سکیں۔ اسی غرض و غایت سے الشیخ عمرو بن عبدالمنعم بن سلیم حفظہ اللہ کی ایسی اہم کتاب کے ترجمہ و تحقیق کا بیڑا فضیلۃ الشیخ حافظ زبیر علی زئی رحمہ اللہ نے اٹھایا تھا اور حتی المقدور اس کا حق ادا کر دکھایا۔

کتاب ھذا کے ترجمہ کے ساتھ ساتھ حاشیہ میں 328 احادیث و روایات کی متعلقہ کتب سے علی الابواب تخریج کی ہے۔ روایت کا نمبر یا جلد نمبر اور صفحہ نمبر کی سہولت

بھی فراہم کر دی ہے۔ احادیث کے بارے میں صحت و ضعف کا حکم بھی لگایا ہے۔ آپ کی تحقیق کے مطابق 328 روایات میں سے 45 روایات پر ضعیف یا موضوع کا حکم ہے، جبکہ باقی روایات آپ کے نزدیک صحیح، سندہ صحیح، اسنادہ صحیح، حسن، حسن لذاتہ، سندہ حسن یا اسنادہ حسن کے درجے میں ہیں۔

کتاب ھذا کی تخریج وتحقیق کی غرض و غایت کے بارے میں آپ لکھتے ہیں:

''احادیث کی باحوالہ تخریج بھی کی ہے اوران پر صحت وضعف کے لحاظ سے حکم بھی لگا دیا ہے تاکہ عام قارئین کو آسانی رہے۔ ضعیف روایات کے ضعف بھی مختصراً عرض کر دیے ہیں اور بعض مقامات پر فاضل مصنف سے اختلاف کی صورت میں حواشی بھی لکھے ہیں اور بعض مفید حواشی کا اضافہ کیا ہے۔ والحمدللہ'' (ص 18)

۱۴۔ فضائل جہاد

(الأربعون فی الحث علی الجهاد لابن عساکر)

تالیف: حافظ ابوالقاسم ابن عساکر الدمشقی

(499-571ھ)

ترجمہ، تحقیق وفوائد: حافظ زبیر علی زئی

ناشر: مکتبہ اسلامیہ لاہور/ فیصل آباد، اپریل 2012ء

صفحات: 195

فضیلۃ الشیخ زبیر علی زئی رحمہ اللہ نے کتاب ھذا پر درج ذیل مختلف کام سرانجام دیے ہیں:

1۔ متون واسانید کی تصحیح
2۔ احادیث وروایات کی تحقیق وتخریج
3۔ فوائد: احادیث سے مستنبط فوائد کو مناسب مقامات پر جمع کر دیا ہے
4۔ راویان حدیث کا تعارف
5۔ عربی عبارات پر اعراب لگا دیے گئے ہیں
6۔ مفصل اور جامع مقدمہ لکھا جس میں حافظ ابن عساکر، کتب جہاد اور جہاد کے بارے میں معلومات جمع کر دیں۔
7۔ آغاز کتاب کی فہرست کے ساتھ کتاب کے آخر میں آیات، احادیث و آثار، اسماء الرجال اور اہم موضوعات (اشاریہ) کی فہرستیں مرتب کر کے درج کر دی ہیں۔

حافظ ابن عساکر رحمہ اللہ نے کتاب ھذا میں فضائل جہاد پر چالیس احادیث جمع کی ہیں اور آغاز پر 40 احادیث حفظ کرنے کے بارے میں مشہور عام حدیث نقل کی ہے:

((مَنْ حَفِظَ عَلٰی أُمَّتِيْ أَرْبَعِيْنَ حَدِيْثًا فِيْمَا يَنْفَعُهُمْ مِنْ أَمْرِ دِيْنِهِمْ ، بُعِثَ يَوْمَ الْقِيَامَةِ مِنَ الْعُلَمَاءِ ، وَفَضْلُ الْعَالِمِ عَلَى الْعَابِدِ سَبْعِيْنَ دَرَجَةً ، اَللّٰهُ أَعْلَمُ بِمَا بَيْنَ كُلِّ دَرَجَتَيْنِ .)) (ص 38)

محدث العصر حافظ زبیر علی زئی رحمہ اللہ نے اس روایت کو موضوع قرار دیا ہے۔ آپ کے الفاظ میں: ''حافظ ابن عساکر کی پیش کردہ یہ روایت موضوع ہے۔ اس کا راوی عمرو بن الحصین کذاب و متروک ہے اور اس روایت کے تمام شواہد سخت ضعیف و مردود ہیں۔ اس باب میں صراحتاً صرف آثار سلف صالحین ہیں۔ جن کی وجہ سے متعین تعداد میں یعنی چالیس حدیثیں جمع کرنا، لکھنا اور پڑھنا پڑھانا جائز ہے۔'' (ص 40)

اس کتاب کی چالیس احادیث میں سے آپ رحمہ اللہ کے نزدیک 33 احادیث مقبول ہیں جن پر متفق علیہ، صحیح یا

حسن کا حکم لگایا ہے اور 7 روایات مردود ہیں جن پر ضعیف، ضعیف جداً یا موضوع کا حکم لگایا ہے۔ آپ کی تحقیق کے مطابق کتاب ھذا کی حدیث نمبر 61 (موضوع) صرف اسی کتاب میں ہے۔ (ص95)

۱۵۔ فضائل درود وسلام

(فضل الصلاۃ علی النبي ﷺ)

تالیف: امام اسماعیل بن اسحاق القاضی رحمہ اللہ
(199-282ھ)

ترجمہ وتحقیق: حافظ زبیر علی زئی رحمہ اللہ

ناشر: مکتبہ اسلامیہ لاہور/ فیصل آباد، فروری 2010ء

صفحات: 168

فضیلۃ الشیخ حافظ زبیر علی زئی رحمہ اللہ نے کتاب ھذا کے شروع میں ص 9 تا 14 پر درود وسلام کی 21 صحیح احادیث و آثار پر مشتمل راہنما تحریر ھدیہ قارئین کی ہے۔ بعد ازاں ص 15 تا 23 پر درود وسلام کی ضعیف روایات مع مدلل جرح قلمبند کی ہیں۔ ص 24 تا 29 پر صحیح احادیث وروایات کی مدد سے 23 مسائل درود پر محدثانہ انداز میں راہنمائی فرمائی ہے۔

ص 30 تا 32 پر انتہائی اختصار مگر صحیح روایات کی مدد سے سیرت رحمۃ للعالمین ﷺ کے چند پہلو سامنے لائے ہیں۔

ص 33 تا 36 پر کتاب کی سند کی تحقیق کی توثیق کا فریضہ سرانجام دیا ہے، اس کے بعد فضیلۃ الشیخ رحمہ اللہ نے کتاب کے ترجمے کے علاوہ متن کی اصلاح اور مفید تخریج کے ساتھ ہر حدیث اور اثر پر تحقیقی حکم لگایا ہے، تاکہ عام لوگوں کے سامنے بھی صحیح اور ضعیف روایات واضح ہو جائیں۔ تحقیق کے زیر عنوان محدثانہ انداز میں اسانید ومتون پر ضروری بحث کی ہے اور فوائد کے تحت واجبی طور پر فقہ الحدیث پر آگاہی فرمائی ہے۔

کتاب ھذا میں نمبر شمار کے مطابق 107 جبکہ حقیقت میں 108 (1 / 42 اور 2 / 42) احادیث وآثار پائے جاتے ہیں۔ ان میں سے محدث العصر رحمہ اللہ کے نزدیک مقبول صرف 45 ہیں جن پر صحیح، سند صحیح، حسن یا سند حسن کا حکم لگایا ہے، جبکہ 63 روایات مردود ہیں۔ جن پر ضعیف، سند ضعیف، سند سخت ضعیف، سند مرسل ہونے کی وجہ سے ضعیف، سند منقطع ہونے کی وجہ سے ضعیف یا اس کی سند میں نظر ہے جیسے احکامات لگائے ہیں۔

۱۶۔ کتاب الاربعین

تالیف: شیخ الاسلام ابن تیمیہ رحمہ اللہ

ترجمہ، تحقیق وفوائد: حافظ زبیر علی زئی

نظر ثانی: حافظ عبد الحمید ازھر رحمہ اللہ

ناشر: مکتبہ اسلامیہ لاہور/ فیصل آباد، دسمبر 2012ء

صفحات: 184

شیخ الاسلام امام ابن تیمیہ رحمہ اللہ (661-728ھ) نے اپنے مختلف اساتذہ سے چالیس حدیثوں کا ایک مجموعہ تیار کیا۔ جس کا ترجمہ مع فوائد فضیلۃ الشیخ حافظ زبیر علی زئی رحمہ اللہ نے قارئین کی خدمت میں پیش کیا ہے۔ آپ نے ترجمہ حدیث کے بعد تحقیق وتخریج کے زیر عنوان حدیث پر تصحیح وتضعیف کے بارے میں اپنا حکم درج کیا ہے۔ اربعین میں سے 33 احادیث کے صحت پر صحیح، حسن یا سندہ صحیح کا حکم ہے اور 7 روایات کے بارے میں سندہ ضعیف یا سندہ ضعیف جداً

کا حکم لگایا ہے۔ علاوہ ازیں مختلف کتب سے ہر حدیث کی حسب ضرورت تخریج کی ہے۔ بعد ازاں شرح وفوائد کے زیرعنوان نمبر وار فقہ الحدیث یا فوائد حدیث سامنے لائے ہیں۔ یہ فوائد تفسیر، حدیث، فقہ، عقائد، تاریخ الغرض ہر طرح کے قیمتی افادات کو جامع ہیں، اور محدث العصر رحمۃ اللہ علیہ کی علوم اسلامیہ پر جامعیت اور علوم الحدیث پر کاملیت عیاں ہوتی ہے، آخر پر راوی حدیث کا تعارف مختصر مگر جامع انداز میں صحیح اسانید سے باحوالہ پیش کرتے ہیں۔

۱۷۔ نبی کریم صلی اللہ علیہ وسلم کے لیل ونہار

تالیف: امام حسین بن مسعود البغوی (516ھ)

ترجمہ وتحقیق: حافظ زبیر علی زئی رحمۃ اللہ علیہ

ناشر: حدیبیہ پبلیکیشنز لاہور

صفحات: 560

کتاب ھذا کی تکمیل ومراجعت کے بارے میں مرقوم ہے: ''انتهى الكتاب والحمد لله : 8 ستمبر 2003ء 4:22 بعد العصر المسجد النبوی (المدینۃ المنورۃ) حافظ زبیر علی زئی مراجعت ختم 17 مارچ 2007ء''

نبی کریم صلی اللہ علیہ وسلم کے لیل ونہار میں کل 1257 احادیث موجود ہیں۔ جناب زبیر علی زئی رحمۃ اللہ علیہ کی تحقیق کے مطابق ان میں سے 1023 مقبول ہیں۔ ان مقبول روایات میں سے صحیح البخاری یا صحیح مسلم کی احادیث کی تخریج پر حکم کی ضرورت محسوس نہیں کرتے ہیں۔

تاہم ہر دو میں موجود احادیث پر متفق علیہ کا حکم نقل کیا ہے۔ دیگر کتب حدیث کی روایات کے بارے میں صحیح، اسنادہ صحیح، حسن، اسنادہ حسن جیسے احکامات کے ساتھ ساتھ تخریج کا فریضہ سرانجام دیا ہے، جبکہ 234 روایات مردود ہیں۔ جن کے بارے میں آپ نے ضعیف، ضعیف جداً، ضعیف منکر، ضعیف مرسل، ضعیف لارسالہ، اسنادہ ضعیف، اسنادہ ضعیف جداً اور موضوع جیسے احکامات درج فرمائے ہیں۔

۱۸۔ نصر الباري في تحقيق جزء القرأة للبخاري

تالیف: امیر المومنین فی الحدیث محمد بن اسماعیل البخاری رحمۃ اللہ علیہ

ترجمہ، تخریج وتعلیق: حافظ زبیر علی زئی رحمۃ اللہ علیہ

ناشر: مکتبہ اسلامیہ لاہور/ فیصل آباد، مئی 2013ء

صفحات: 350

نصر الباری کی طبعہ ثالثہ آپ کی حیات مستعار کی آخری طبع ہے جس میں جزء القراءۃ للبخاری کے سارے متن کا مقارنہ ایک قدیم مخطوطے کے ساتھ بھی کر دیا گیا ہے، اور اس نسخے کو آپ نے سابقہ مطبوع نسخوں سے بہت بہتر قرار دیا ہے۔ یہ آپ کی 6 مارچ 2013ء کی تحریر ہے۔

(ص 344)

نماز کے مشہور اختلافی مسئلے قراءۃ خلف الامام کے بارے میں امام بخاری رحمۃ اللہ علیہ کی تالیف محدثین کے ہاں بہت مقبول ٹھہری ہے اور محدثین نے اپنے اپنے ذوق کے مطابق اس پر کام کیا ہے۔ محدث العصر رحمۃ اللہ علیہ نے مخطوط اور مطبوع نسخوں کے علاوہ دیگر مصادر کی مراجعت سے ناسخ وکاتب حضرات کی سند ومتن میں پیدا کردہ انطاً واغلاط کی تصحیح کر دی ہے۔

عربی متن کے بالمقابل اردو ترجمہ پیش کیا ہے۔ عربی

متن اور ترجمے کے بعد تخریج کے زیر عنوان پہلے روایت پر حکم اور بعد ازاں تخریج کا حق ادا کیا ہے۔ حسب ضرورت خالصتاً محدثانہ انداز میں رواۃ کے زیر عنوان فقہ الحدیث کی بنیاد پر ضروری نکات نمبر وار سامنے لائے ہیں۔ اس طرح عام قاری صحت روایت کے ساتھ اس کے فوائد سے بھی بآسانی آگاہ ہو جاتا ہے۔

محدث العصر رحمہ اللہ کی تحقیق انیق کے مطابق جزء القراءۃ للبخاری میں موجود 300 احادیث و روایات میں سے 259 کے بارے میں صحیح، حسن کا حکم یا سکوت ہے، جبکہ 41 احادیث و روایات کے بارے میں ضعیف، ضعیف جدًا یا اسنادہ ضعیف کا حکم درج ہے۔

ب: غیر مطبوع

1. ترجمہ و تحقیق کتاب التقبیل والمعانقہ لابن الاعرابی*
2. ترجمہ و تحقیق مسند الحمیدی (نسخہ ظاہریہ)

۳) تصنیفات و تالیفات:

(الف) مطبوع

ا۔ البوارق المرسلة على ظلمات التبصرة

تالیف: حافظ زبیر علی زئی رحمہ اللہ

ناشر: جماعت اہل الحدیث علاقہ چھچھ ضلع اٹک، 25 شعبان 1415ھ

صفحات: 25

البوارق المرسلہ ...... درحقیقت جواب الجواب کا جواب ہے۔ قاری چن محمد کی طرف سے ''غیر مقلدین سے چند معروضات'' نامی تحریر سامنے آنے پر فضیلۃ الشیخ رحمہ اللہ نے ''معروضات کے جوابات'' کے زیر عنوان جواب تحریر فرمایا۔ جس کے جواب میں قاری چن محمد نے ''معروضات کے بے تکے جوابات پر تبصرہ'' نامی تحریر پیش کی۔ جس کے جواب میں آخر کار فضیلۃ الشیخ رحمہ اللہ نے ''البوارق المرسلہ علی ظلمات التبصرۃ'' نامی جواب سپرد قلم کیا اور جناب قاری چن محمد کی ترک تقلید و دیگر مسائل کے بارے میں معروضات کا ٹھوس علمی و تحقیقی دندان شکن جواب پیش کر دیا جس کا مذکورہ بالا ایک ہی محدود ایڈیشن ھدیہ قارئین ہوا۔ بعد ازاں تا حال یہ رسالہ کسی دوسرے نام سے شائع کیا گیا اور نہ یہ تحریر ماہنامہ الحدیث یا مقالات وغیرہ ہی میں شامل اشاعت کی گئی ہے۔

۲۔ الفتح المبين في تحقيق طبقات المدلسين

تصنیف: حافظ زبیر علی زئی رحمہ اللہ

الناشر: مکتبہ اسلامیہ لاہور/ فیصل آباد 1434ھ

صفحات: 246

محدث العصر حافظ زبیر علی زئی رحمہ اللہ کی اس تصنیف لطیف اور تحقیق انیق کے صفحہ 211 پر ''کتبہ ابو معاذ زبیر بن مجدد علیزئی۔ 6 جمادی الاول 1434ھ'' محررہ ہے۔ مسئلہ تدلیس حافظ زبیر علی زئی رحمہ اللہ کا معاصرین و متاخرین سے اہم ترین اختلافی اصولی مسئلہ تھا۔ جس کے بارے میں ''اپنے بھی خفا بیگانے بھی ناخوش'' والا معاملہ تھا۔ اور مسئلہ تدلیس پر کتاب ھذا کا ایڈیشن آپ کے آخری مؤقف کا

* اللہ تعالی کی توفیق سے یہ کتاب شائع ہو کر داد تحسین وصول کر چکی ہے۔ وللہ الحمد

علمبردار ہے۔

یہ تصنیف اساسی طور پر حافظ ابن حجر (852ھ) کی کتاب "تعریف أهل التقدیس بمراتب الموصوفین بالتدلیس" المشهور باسم "طبقات المدلسین" کے فوائد کا اہم ترین مجموعہ ہے جو کہ متن کے نیچے صفحہ وار، حاشیہ نمبر کے ساتھ مندرج ہیں۔ ان فوائد میں حافظ زبیر علی زئی، حافظ ابن حجر سے راوی کے مدلس ہونے یا تدلیس سے بری ہونے کے بارے میں اختلاف کرتے ہیں۔ اسی طرح مدلس راوی کے طبقہ کے بارے میں بھی اختلاف کرتے ہیں، مثلاً "بريء من التدليس" کے لیے ملاحظہ ہو ص23 اسحاق بن راشد، ص21 الحسین بن واقد...... الی آخرہ۔ اسی طرح حافظ زبیر علی زئی نے حافظ ابن حجر کے نزدیک

المرتبة الاولیٰ کے 33 مدلسین میں سے 22

المرتبة الثانية کے 33 مدلسین میں سے 13 اور

المرتبة الثالثة کے 50 مدلسین میں سے 5 رواۃ کو

تدلیس سے بری قرار دیا ہے، لیکن المرتبة الرابعة کے 14 اور المرتبة الخامسة کے 24 رواۃ میں سے کسی ایک کو بھی تدلیس سے بری قرار دے کر حافظ ابن حجر سے اختلاف نہیں کیا، حافظ ابن حجر کے مطابق طبقات المدلسین میں 154 رواۃ مدلسین میں سے ہیں، جبکہ حافظ زبیر علی زئی نے ان میں سے 39 رواۃ کو تدلیس سے بری قرار دیا ہے۔ اور یہ تحقیق آپ کے علم اسماء الرجال اور علل الحدیث میں دقت نظر اور مضبوط گرفت کا بین ثبوت ہے۔

الفتح المبین میں حافظ زبیر علی زئی نے حافظ ابن حجر سے رواۃ کے قائم کردہ طبقات کے بارے میں بھی اختلاف کیا ہے۔ حافظ زبیر علی زئی نے المرتبة الاولیٰ کے 33 رواۃ میں سے 5 المرتبة الثانية کے 33 میں سے 19، المرتبة الثالثة کے 50 میں سے 7، المرتبة الرابعة کے 14 میں سے 6 اور المرتبة الخامسة کے 24 میں سے 2 رواۃ کو حافظ ابن حجر کے ذکر کردہ مراتب سے مختلف مراتب بیان فرمائے ہیں اور نئے مراتب رواۃ میں حافظ ابن حجر کے مقابلے میں ترقی وتنزل ہر دو پائے جاتے ہیں۔

الفتح المبین کے صفحہ 172 تک طبقات المدلسین لابن حجر پر حواشی زبیر علی زئی موجود ہیں۔ صفحہ 173 سے تا آخر صفحات پر مسئلہ تدلیس کے بارے میں بعض کتب منقول ہیں۔ تفصیلات کے طالب کتاب ھذا کی طرف رجوع کرنے میں بہت مفید معلومات سے اپنے دامن مالا مال کریں گے۔ (ان شاءاللہ العزیز)

الفتح المبین کے صفحہ 219 تا 223 حکم التدلیس فی اصول الحدیث اور صفحہ 224 تا 226 الزوائد کے زیر عنوان محدث العصر رحمہ اللہ کا مسئلہ تدلیس پر مدلل مؤقف پایا جاتا ہے۔

الفتح المبین کی الطبعة: شوال 1426ھ میں صفحہ 2 پر مراجعة: الشیخ ارشاد الحق اثری حفظہ اللہ مرقوم ہے۔ فضیلۃ الشیخ اثری صاحب سے فون (بتاریخ 2014-02-06 بوقت 12:30 دوپہر) پر رابطہ کرنے پر فرمایا کہ میں نے اپنے بعض ملاحظات جناب زبیر علی زئی رحمہ اللہ کے گوش گزار کیے تھے اور انہوں نے قبول کرتے ہوئے ان کے مطابق مسودہ میں اصلاح فرمائی تھی۔

۳۔ القول الصحیح فیما تواتر في نزول المسیح

المعروف: نزول مسیح علیہ السلام حق ہے

تالیف: حافظ زبیر علی زئی

مطبوع: ماہنامہ الحدیث حضرو جلد 1 اگست 2004ء/ جمادی الثانی 1425ھ شمارہ 3 (ص 37 تا 46)، شمارہ 4 (ص 35 تا 44) شمارہ 6 (ص 23 تا 36)

ماہنامہ الحدیث حضرو میں تین قسطوں میں شائع شدہ یہ تصنیف و تالیف بقامت کہتر بقیمت بہتر کی بہترین مثال ہے۔ تیسری اور آخری قسط کے آخر پر 22 جمادی الثانی 1412ھ بمطابق 2 جنوری 1992ء تحریر شدہ ہے۔ یہ تینوں قسطیں ''نزول مسیح علیہ السلام حق ہے المعروف القول الصحیح فیما تواتر في نزول المسیح '' کے زیر عنوان شائع شدہ ہیں، جبکہ آپ کی پیش کردہ فہرست کتب میں یہ نام برعکس ترتیب سے مجرد ہی مرقوم ہے یعنی " القول الصحیح فیما تواتر في نزول المسیح " اور پہلی قسط کے پہلے پیراگراف میں ''نزول عیسیٰ علیہ السلام حق ہے'' بھی لکھا ہوا ہے۔

فضیلۃ الشیخ رحمہ اللہ کی یہ کاوش بظاہر ابوالخیر اسدی کی کتاب ''اسلام میں نزول مسیح کا تصور'' کا محدثانہ رد دکھائی دیتا ہے یہ رد آیات قرآنیہ، احادیث صحیحہ اور فہم سلف صالحین کا عکاس ہے۔ اور قبل از قیامت سیدنا عیسیٰ علیہ السلام کے بطور امتی نزول کا علم بردار ہے۔ آپ رحمہ اللہ کے الفاظ درج ذیل ہیں: ''جس میں قرآن، صحیح احادیث، اجماع اور آثار سلف صحابہ رضی اللہ عنہم کی روشنی میں عیسیٰ بن مریم الناصری علیہما السلام کے آسمان سے نازل ہونے کا ثبوت پیش کیا گیا ہے اور منکرین کے اعتراضات کے دندان شکن جوابات دیے گئے ہیں۔''

(الحدیث شمارہ:3 ص 37)

مزید برآں آپ رحمہ اللہ رقم طراز ہیں: ''اس کتاب کی تصنیف کے بعد جناب انور شاہ کشمیری کی کتاب "التصریح بما تواتر في نزول المسیح " کا علم ہوا۔ کتاب حاصل کر کے پڑھی، بہترین کوشش ہے، تاہم کنز العمال وغیرہ سے بلا تحقیق حدیثیں نقل کی گئی ہیں، لہٰذا اس میں صحیح، حسن، ضعیف اور موضوع روایات بھی موجود ہیں۔'' (الحدیث شمارہ:3 ص 37)

۴۔ القول المتین فی الجهر بالتأمین

تالیف: حافظ زبیر علی زئی

ناشر: نعمان پبلیکیشنز، 2013ء

صفحات: 112

القول المتین کے بارے میں فضیلۃ الشیخ رحمہ اللہ رقم طراز ہیں: ''راقم الحروف نے آمین بالجہر کے بارے میں بہت عرصہ پہلے ایک رسالہ لکھا تھا جو الآثار راولپنڈی میں شائع ہوا تھا۔ اب یہی رسالہ اپنی اصل کاپی سے اضافہ اور اصلاح کے ساتھ دوبارہ شائع کیا جا رہا ہے۔'' (ص 19)

رسالہ ھذا میں مؤلف گرامی نے آمین بالجہر کے دلائل اور مانعین کے شبہات کا ازالہ فرمایا ہے۔ نیچے دلائل کے طور پر پیش کردہ 6 روایات کو طویل و مدلل محدثانہ جرح و تعدیل کی کسوٹی سے گزارا ہے اور مانعین جہری آمین کے حوالے سے ''حدیث اور اہلحدیث'' نامی کتاب کے باب ''اخفاء التامین'' کی فوٹو سٹیٹ مصغر (Reduce) کر کے ''دیوبندی'' کا لفظ لکھ کر جواب دیا گیا ہے۔

ص 19 پر آپ کا اعلان ہے ''کہ میری صرف وہی کتاب معتبر ہے جس کے ہر ایڈیشن کے آخر میں میرے دستخط و تاریخ موجود ہوں، اس شرط کے بغیر کسی شائع شدہ کتاب کا میں ذمہ دار نہیں ہوں۔ و ما علینا الا البلاغ

(22 دسمبر 2003ء، بعد از مراجعتِ ثانیہ 14 ستمبر 2006ء)

اور ص 67 پر آپ کی تصنیف لطیف کے مسئلہ مختلفہ کے حق میں دلائل پیش کرنے کا اختتام ہے اور یہاں تین تاریخیں محررہ ہیں: ''1989-11-23 بروز جمعرات، مراجعۃ الطبعۃ الثانیۃ 15 ستمبر 2006ء، الطبعۃ الثالثۃ 19 مارچ 2013ء''

کتاب ھذا کے 69 سے 96 تک ''حدیث اور اہلحدیث'' کتاب کے رسالے ''اخفأ التامین'' کا مکمل جواب اپنے مخصوص انداز میں سپردِ قلم کیا ہے۔ ص 97 تا 99 اطراف الاحادیث والآثار اور ص 100 تا 109 فہرست راویان حدیث و آثار ہدیہ قارئین ہیں۔ ص 110 تا 112 حافظ زبیر علی زئی کی اردو وعربی 78 مطبوع وغیر مطبوع اور مخطوط ومفقود تصانیف کی ایک طویل فہرست قارئین کی معلومات کا عمدہ سامان ہے۔

۵۔ الكواكب الدرية في وجوب الفاتحة خلف الإمام فی الصلوٰة الجهرية (المعروف) مسئلہ فاتحہ خلف الامام

تالیف: محدث العصر حافظ زبیر علی زئی رحمہ اللہ

ناشر: نعمان پبلیکیشنز 2013ء

صفحات: 152

کتاب ھذا کی طبع اول 80 صفحات پر مشتمل ہے اور ناشر جماعت اہلحدیث حضرو (اٹک) ہے سن اشاعت جنوری 1997 ہے (ص 2) جبکہ ص 78 پر آپ کا اسم گرامی ابو طاہر زبیر بن مجدد علی زئی المحمدی۔ حضرو ضلع اٹک مرقوم ہے۔

کتاب ھذا مذکورہ بالا تعارفی طبع 2013ء میں طبع اول ص 7 تا 103 پر موجود ہے جس میں ص 15 تا 31 مقدمۃ التحقیق شامل ہے۔ ص 105 تا 152، قوی الکلام فی وجوب الفاتحہ خلف الامام کے زیر عنوان ''حدیث اور اہلحدیث'' نامی کتاب کے باب ترک القرأۃ خلف الامام کا مکمل جواب حوالہ قرطاس ہے۔ محدث العصر رحمہ اللہ کی ہر تحریر محدثانہ اسلوب کی علمبردار ہوتی ہے جو کہ عصر حاضر میں قرون اولیٰ کے محدثین کی تحریروں کی یاد تازہ کرتی ہے۔

ص 152 پر حافظ زبیر علی زئی (11 جون 2004ء) مرقوم ہے۔ اس کے نیچے الکواکب الدریۃ فی وجوب الفاتحہ خلف الامام فی الصلوٰۃ الجہریۃ (طبعۃ جدیدۃ مع مراجعۃ و زیادات) حافظ زبیر علی زئی مع دستخط اور مہر ثبت ہے جس کے نیچے 7 جمادی الثانیہ 1428ء محررہ ہے، جو کہ کتاب ھذا وطبع ھذا کی آپ کی طرف سے قبولیت کی شرائط پر پورا اترنے کی قطعی دلیل ہے۔ جس سے کتاب میں موجود روایات کی تحقیق یعنی صحت وضعف بھی آپ کو قبول ہے اور اس اختلافی مسئلہ میں آپ کی رائے کا واضح اعلان ہے کہ جہری اور سری نمازوں میں سورۂ فاتحہ پڑھنا، امام، مقتدی اور اکیلے سب پر ضروری ہے۔

۶۔ امین اوکاڑوی کا تعاقب

تالیف: حافظ زبیر علی زئی

ناشر: نعمان پبلیکیشنز، مئی 2005ء

صفحات: 88

مقدمۃ الکتاب ص 5 پر فاضل مؤلف رحمہ اللہ واضح کرتے ہیں کہ یہ کتاب ''امین اوکاڑوی کا تعاقب'' ایک کھلا خط ہے جسے امین اوکاڑوی صاحب کی زندگی میں ان کی خدمت میں بھیجا تھا مگر وہ اس کتاب کی اصل شرط کے مطابق جواب نہ دے سکے۔ اب افادۂ عام کے لیے اسے تصحیح وتنقیح

کے ساتھ شائع کیا جا رہا ہے۔ اس کھلے خط کا پس منظر فضیلۃ الشیخ رحمہ اللہ کے شاگرد خاص حافظ ندیم ظہیر حفظہ اللہ یوں بیان کرتے ہیں: ''زیر نظر کتاب کا پس منظر کچھ اس طرح ہے کہ فضیلۃ الشیخ حافظ زبیر علی زئی حفظہ اللہ نے تراویح آٹھ رکعات سنت ہیں کے موضوع پر ''نور المصابیح'' ایک رسالہ لکھا جو کہ عوام و خواص میں بہت مقبول ہوا۔ اسی رسالہ پر عادت سے مجبور ہو کر اوکاڑوی صاحب نے ہرزہ سرائی کی تو جواب میں استاد محترم نے اس کے اوہام و فریب کی قلعی اتار کر عوام الناس پر حقیقت حال کو ''اوکاڑوی کا تعاقب'' کی صورت میں آشکار کیا۔'' (ص4)

کتاب ھذا کا عمومی انداز اگرچہ رکعات تراویح کے بارے میں اختلافی رسائل کا رد اور جواب الجواب کا حامل ہے، لیکن محدث العصر رحمہ اللہ کا خاص جرح و تعدیل کا رنگ ہر جگہ نمایاں ہے کیوں کہ آپ رحمہ اللہ کے نزدیک تاریخی روایات بھی معیار صحت سے گری ہوئی قابل قبول نہیں تھیں۔ کتاب ھذا کے ص 73 تا 83 فضیلۃ الشیخ رحمہ اللہ کا وجہ جواب ٹھہرنے والا رسالہ ''نور المصابیح فی مسئلۃ التراویح'' شامل کتاب ہے جس میں آپ رحمہ اللہ نے نبی کریم صلی اللہ علیہ وسلم، خلفائے راشدین اور صحابہ کرام رضی اللہ عنہم اجمعین کے علاوہ جمہور علماء بشمول علمائے احناف سے نماز تراویح کا گیارہ رکعات سنت ہونا ثابت کیا ہے۔

۷۔ انوار الصحیفۃ فی الأحادیث الضعیفۃ من السنن الأربعۃ

تصنیف: حافظ زبیر علی زئی رحمہ اللہ

الناشر: المکتبۃ الإسلامیۃ لاھور / فیصل آباد 1423ھ

صفحات: 726

مقدمہ انوار الصحیفۃ محررہ حافظ زبیر علی زئی رحمہ اللہ مورخہ 5 محرم 1425ھ ہے۔ مقدمہ میں ص 5 تا 9 آپ رحمہ اللہ نے اصول حدیث کی روشنی میں اپنا منہج علمی و تحقیقی بالتفصیل بیان کیا ہے۔ جس میں آپ نے واضح کیا ہے کہ اس عظیم تصنیف میں سنن اربعہ یعنی سنن ابی داود، سنن ترمذی، سنن نسائی اور سنن ابن ماجہ کی ضعیف روایات الگ الگ یکجا کر دی ہیں۔ ہر کتاب کی اپنی ترتیب سے علی الابواب موجود روایات میں سے ضعیف روایات کے اطراف ذکر کیے ہیں۔ لیکن اس 'طرف حدیث' سے قبل ماخذ ٹھہرنے والی سنن سے حدیث نمبر بھی درج کرتے ہیں۔ [اور مشہور محدث علامہ البانی رحمہ اللہ کے ساتھ حکم حدیث میں اختلاف ہونے کی صورت میں حدیث نمبر سے پہلے ''O'' یا ''Ō'' رموز کا استعمال کرتے ہیں جس سے اہل علم و تحقیق کے لئے مزید تحقیق کی راہیں کھلیں گی اور دونوں عظیم محدثین کے مابین تحقیق حدیث میں وجۂ اختلاف جاننے میں مدد ملے گی] اس کے سامنے سطر کے آخر پر راوی صحابی کا اسم گرامی قلمبند کرتے ہیں، دوسری سطر میں سند پر لگایا گیا حکم درج کرتے ہیں۔ اور اس کے بالمقابل سطر کے آخر پر متعلقہ باب نقل کرتے ہیں۔ تیسری سطر سے ضعیف راوی کا نام اور حسب ضرورت وجہ ضعف بیان کرتے ہیں اور اپنے ماخذ کا حوالہ بھی درج کرتے ہیں۔ اگر مذکورہ روایت سنن اربعہ میں سے کسی اور میں بھی موجود ہو تو اس کا حوالہ بھی د، ت، ن اور جہ علی الترتیب سنن ابی داود، سنن ترمذی، سنن نسائی اور سنن ابن ماجہ کے لیے استعمال کر کے حدیث نمبر کے ساتھ اس کتاب میں حدیث تک رسائی آسان کر دیتے ہیں۔

تنبیہ کے تحت فضیلۃ الشیخ رحمہ اللہ واضح کرتے ہیں کہ

سنن اربعہ کی جو احادیث، مَیں کتاب ھذا یعنی انوار الصحیفہ ...... میں درج نہیں کرتا وہ تمام احادیث میرے نزدیک صحیح اور حسن ہیں اور قابل حجت ہیں۔

انوار الصحیفہ میں ص 11 تا 185 سنن ابی داود کی حافظ زبیر علی زئی رحمہ اللہ کے نزدیک ضعیف روایات بنام ''ضعیف سنن ابی داود'' جمع کی گئی ہیں۔ روایات کی تعداد 1275 ہے۔ ان روایات پر آپ رحمہ اللہ نے ضعیف، ضعیف جدًا، اسنادہ ضعیف، اسنادہ ضعیف جدًا، ضعیف لشذوذہ، اسنادہ ضعیف/ شاذ، اسنادہ ضعیف لا رسالہ، اسنادہ ضعیف لانقطاعہ اور اسنادہ ضعیف وھو حدیث منکر جیسے احکامات ضعف لگائے ہیں۔

ص 187 تا 317 سنن ترمذی کی ضعیف روایات بنام '' ضعیف سنن الترمذی'' جمع کی گئی ہیں۔ روایات کی تعداد 979 ہے۔ ان روایات پر آپ رحمہ اللہ نے ضعیف، ضعیف جداً، اسنادہ ضعیف، اسنادہ ضعیف جدًا، شاذ، اسنادہ ضعیف موقوف، ضعیف ھذا اللفظ، اسنادہ ضعیف جدًا۔ موضوع، اسنادہ موضوع، موضوع اور لا اصل لہ جیسے احکاماتِ ضعف لگائے ہیں۔ ص 319 تا 371 سنن نسائی کی ضعیف روایات بنام ''ضعیف سنن النسائی'' جمع کی گئی ہیں۔ روایات کی تعداد 391 ہے۔ ان روایات پر آپ رحمہ اللہ نے ضعیف، اسنادہ ضعیف، شاذ، ضعیف لشذوذہ، اسنادہ ضعیف لا رسالہ اور اسنادہ ضعیف لانقطاعہ جیسے احکامات ضعف لگائے ہیں۔

ص 373 تا 533 سنن ابن ماجہ کی ضعیف روایات بنام ''ضعیف سنن ابن ماجہ'' جمع کی گئی ہیں۔ روایات کی تعداد 1276 ہے۔ ان روایات پر آپ رحمہ اللہ نے ضعیف، ضعیف جداً، اسنادہ ضعیف، اسنادہ ضعیف جدًا، اسنادہ ضعیف لانقطاعہ، موضوع، اسنادہ موضوع اور اسنادہ ضعیف جدًا موضوع جیسے احکامات ضعف لگائے ہیں۔

ص 537 تا 669 سنن اربعہ کے مجموعی اطراف الحدیث کی الفابائی ترتیب پر فہرست کی تیاری کا فریضہ بھی سر انجام دیا ہے۔ اس فہرست کے ساتھ متعلقہ صفحہ انوار الصحیفہ موجود ہے، جس کی بدولت بآسانی متعلقہ حدیث تک رسائی ممکن ہے۔ انوار الصحیفہ کے آخر پر ص 671 تا 726 فہرس اسماء الرجال بھی حروف ہجا کی ترتیب سے سنن اربعہ کے رموز اور متعلقہ صفحہ نمبر کے ساتھ مکمل کی گئی ہے۔ انوار الصحیفہ ...... کا دوسرا ایڈیشن مع الأدلۃ کے اضافے کے ساتھ 1434ھ میں ہی شائع ہو گیا تھا۔ آپ رحمہ اللہ نے حیات مستعار میں انوار الصحیفہ کی طبع سوم پر بھی کام مکمل کر لیا تھا۔ جو کہ انٹرنیٹ پر موجود ہے۔ (اسم الکتاب: انوار الصحیفۃ فی الأحادیث الضعیفۃ من السنن الأربعۃ مع الأدلۃ الطبعۃ الثالثۃ: رجب 1434ھ [2013ء]) لیکن طبع سے تاحال آراستہ نہیں ہو پائی۔ فضیلۃ الشیخ رحمہ اللہ اپنی تحقیق اسانید و رجال کا برملا اظہار کرنے کے باوجود اصلاح احکام صحت و ضعف کے متلاشی و متمنی رہا کرتے تھے اور حق واضح ہونے پر اپنے حکم سے رجوع کرنے میں کوئی خفت و ملامت محسوس نہیں فرمایا کرتے تھے۔ الطبعۃ الثالثۃ کے مذکورہ بالا انٹرنیٹ ایڈیشن میں 'المعرفۃ] ص 4 پر 'محدث العصر رحمہ اللہ' کی تحقیقی دیانتداری کی جھلک ہدیہ قارئین ہے:

محدث العصر رحمہ اللہ کی تحقیق میں بعض احادیث (ا) پہلے ضعیف بعد ازاں تحقیق مزید اور مراجعت کے نتیجے میں صحیح یا

حسن اور (ب) پہلے صحیح یا حسن اور بعدازاں ضعیف ٹھہریں۔

آپ رحمہ اللہ نے جدید تحقیق پر راہنمائی کی غرض سے انٹرنیٹ (الطبعۃ الثالثۃ ص 4) پر یہ چارٹ پیش کیا تھا۔ اس میں بریکٹ [ ] سے پہلے والی احادیث نمبر سابق ایڈیشنوں میں اور [ ] کے اندر الطبعۃ الثالثۃ کے حوالے سے ہدیہ قارئین کیے گئے ہیں:

أرقام الأحاديث التي صارت صحيحة و حسنة بعد مراجعتها. والحمد لله

د ٢٥٤٠، ٢٩٠٣، ٣٣٧١، ٣٦٢٧، ٣٩٢٤، ٤٦٩١،

٥٠٩٥، ٥١٥٦، ٥٢٠٣، ٥٢١٣ [الطبعة الثالثة :

١٤٢٤، ٣١٦٦، ٤٥٣٧]

ت ١٠٥٥، ١٠٧٤، ١٢٢٨، ١٦١٦، ٣٢٧٩، ٣٦٧٩

[٤٦٣، ٢٨٦٩، ٣٧١٧ب، ٣٩٣٧]

ن ٧٢٩، ٩٨٦، ٥٥٦٨ [٤٧٨١]

جه ٧٦٢، ٢٢١٧، ٢٦٩٨، ٣٧٠٠ [١٦٢، ١١٧٣]

أرقام الأحاديث الضعيفة التى أضيفت فى أنوار الصحيفة بعد المراجعة.

د ٢٧٩٦، ٢٨١٠، ٤٧٨٠،

[الطبعة الثالثة : ٥٦٧، ١١٠٥،]

ت ٢٤٥، ١٠٥٥، ١٤٩٦، ١٦٩٠، ٢٥٣٢، ٢٨١٠،

٣٤٥٢، ٣٦٤٤

[٧٥١، ٨٧١، ٢٠٥٥، ٣٠٩٢، ٣٥١٤]

ن ١٧٠، ٢٩٠، ٣١٠٨، ٥٣٢٤، ٥٣٧٤

[١٩٢٤، ٢٧٠٣، ٢٧٠٤]

جه ١٠٩٨، ٣١٢٨، ٣٥٦٧ [٩٢٥، ٢٩٢٨، ٣٤٨٩]

انوار الصحیفہ درحقیقت فضیلۃ الشیخ حافظ زبیر علی زئی رحمہ اللہ کے متون حدیث اور علل و اسماء الرجال میں مہارت و ممارست میں بلند پایہ ہونے کو اہل علم کے سامنے لانے والا شاہکار ہے۔

٨۔ انوار الطریق فی رد ظلمت فیصل الحلیق

تصنیف: حافظ زبیر علی زئی

ناشر: مکتبۃ الحدیث حضرو، ضلع اٹک، رمضان 1431ھ/ بمطابق ستمبر 2010ء (طبع اول)

صفحات: 227

مسئلہ رفع الیدین کے بارے میں فضیلۃ الشیخ رحمہ اللہ کے ماہنامہ الحدیث حضرو (عدد 67، 69) میں شائع شدہ مضامین کا جواب فیصل خان نامی شخص نے دینے کی کوشش کی۔ جس کا جواب فقرات کی صورت میں کتاب ھذا کی شکل میں دیا گیا۔ فیصل خاں موصوف داڑھی منڈے تھے، اس لیے جواب کتاب کے نام میں فیصل الحلیق شامل ہے۔ یہ ابھی تک باقاعدہ مطبوع نہیں ہوئی، تاہم www.ircpk.com سے استفادہ کی سبیل بن جاتی ہے۔ مسئلہ تدلیس کتاب ھذا کا مرکز و محور دکھائی دیتا ہے، کیونکہ فہرست کے 14 میں سے 10 عنوانات کا تعلق براہ راست مسئلہ تدلیس سے ہے اور مسئلہ تدلیس کے بارے میں محدث العصر رحمہ اللہ اپنا موقف بانگ دہل بیان کرتے تھے، اور اس بارے کوئی لچک یا رواداری کے روادار نہ تھے۔ آپ کے نزدیک مدلس راوی کا عنعنہ کسی طور قابل قبول نہ تھا، چاہے وہ مدلس راوی کس طبقے سے تعلق رکھتا تھا۔ اسی اصول پر کتاب ھذا میں احادیث کی صحت و ضعف کا فیصلہ بالتفصیل دلائل سے ہدیہ قارئین کیا گیا ہے۔

۹۔ اہل حدیث ایک صفاتی نام

تصنیف: حافظ زبیر علی زئی

ناشر: مکتبہ اسلامیہ لاہور/ فیصل آباد، جنوری 2013ء

صفحات: 156

محدث العصر رحمہ اللہ نے محد ثانہ شان کے مطابق مدلل و اپنے تحقیقی ذوق اور تصنیفی انداز پر ''اہل حدیث'' ایک صفاتی نام ہونا ثابت کیا ہے جو کہ قرآن وحدیث کا عین ہے اور متبع قرآن وحدیث کی عین نمائندگی کرتا ہے اور دیگر تمام شخصی، علاقائی و جزوی قسم کی نمائندہ نسبتوں سے بہتر اور قدیم ثابت کیا ہے۔

دلائل کا مستند ہونا مبرہن ہے اور آپ کے ذوق تحقیق کا آئینہ دار ہے۔

۱۰۔ بدعتی کے پیچھے نماز کا حکم

تالیف: حافظ زبیر علی زئی

ناشر: مکتبۃ الہدیٰ لاہور، مارچ 2012ء (اشاعت دوم)

صفحات: 96

کتاب ھذا کے صفحہ 90 پر فضیلۃ الشیخ رحمہ اللہ کے دستخط اور مہر ثبت ہے اور تاریخ 14 فروری 2012ء درج ہے۔ قلم سے کتاب کا لکھا ہوا نام: بدعتی کے پیچھے نماز کا حکم، مکتبہ الحدیث حضرو اور طبعہ ثانیہ بھی موجود ہے۔ اسی صفحہ پر کتاب ھذا جو کہ دراصل ایک سوال کا جواب گردانی جاسکتی ہے اس جواب کا خلاصۃ التحقیق بایں الفاظ بیان کرتے ہیں:

''غالی بدعتیوں کے پیچھے نماز نہیں ہوتی بلکہ عام بدعتیوں کے پیچھے بھی نماز نہیں پڑھنی چاہیے، نیز اہل حدیث کو چاہیے کہ وہ صرف صحیح العقیدہ اماموں کے پیچھے نماز پڑھیں اور نمازوں کو فاسد و غیر مقبول ہونے سے بچائیں۔''

(9 جولائی 2010ء)

۱۱۔ تعدادِ رکعات قیام رمضان کا تحقیقی جائزہ

تالیف: حافظ زبیر علی زئی رحمہ اللہ

ناشر: مکتبہ اسلامیہ لاہور/ فیصل آباد، دسمبر 2011ء

صفحات: 111

قیام رمضان کے مقدمہ ص 14 میں فاضل مؤلف رحمہ اللہ نے اس کا تعارف بایں الفاظ کروایا:

'' راقم الحروف نے اپنے مختلف مضامین میں جنھیں اس کتاب میں یکجا کر دیا گیا ہے۔ کتاب وسنت اور اجماع کو پیش نظر رکھتے ہوئے انتہائی انصاف اور غیر جانبداری کے ساتھ اصول محدثین سے ثابت کردہ، رمضان اور غیر رمضان میں، سال کے بارہ مہینوں میں عشاء کی نماز سے فارغ ہونے کے بعد صبح کی اذان تک گیارہ رکعات قیام سنت ہے، وتر کے بعد احیاناً دو رکعات اس عموم سے مستثنیٰ ہیں، ہماری تحقیق میں حالت حضر میں یہ دو رکعات سیدنا امام اعظم محمد رسول اللہ صلی اللہ علیہ وسلم کا خاصا ہیں، تاہم اگر کوئی انھیں عام سمجھے اور عمل پیرا ہو تو مجتہد ماجور ہے۔ واللہ اعلم

''تراویح'' کے موضوع پر اس کتاب کو آپ ان شاء اللہ ان تمام کتابوں کے رد کے لیے کافی پائیں گے جنھیں تقلید پرستوں نے اپنے اپنے نظریات کی تائید کے لیے لکھ اور پھیلا رکھا ہے۔ و ما علینا إلا البلاغ

حافظ زبیر علی زئی (1993ء طبع جدید 2006ء)''

''قیام رمضان'' کے ص 15 تا 27 پر آپ کی تالیفا

''نور المصابیح فی مسئلة التراویح'' بلاکم و کاست موجود ہے۔ کتاب ھذا کے صفحہ 111 پر حافظ زبیر علی زئی رحمہ اللہ کے دستخط و مہر ثبت ہے۔ اور ساتھ الطبعة الاولیٰ (طبعہ جدیدہ مع مراجعت) درج ہے۔ تاریخ دستخط 15 شعبان 1427ھ مرقوم ہے۔

۱۲۔ توفیق الباری فی تطبیق القرآن وصحیح البخاری

تالیف: حافظ زبیر علی زئی رحمہ اللہ

ناشر: مکتبة الحدیث، دسمبر 2008ء

صفحات: 96

تقدیم توفیق الباری (ص 6-8) محررہ حافظ زبیر علی زئی مورخہ 11 اکتوبر 2008ء ہے۔ کتاب ھذا کی تالیف کے بارے میں آپ رحمہ اللہ رقم طراز ہیں: ''مخالفین صحیح بخاری وامام بخاری اور حاسدین کے اسی سلسلے میں دیوبندیوں کی تنظیم اشاعة التوحید والسنة کے احمد سعید ملتانی چتروڑ گڑھی مماتی نے صحیح بخاری اور امام بخاری کے خلاف ''قرآن مقدس اور بخاری محدث'' کے نام سے ایک کتاب لکھی جس کا یہ مدلل، جامع و دندان شکن جواب آپ کے ہاتھوں میں ہے۔'' (ص 8)

مزید وضاحت یوں کرتے ہیں: ''حال ہی میں ایک جاہل منکر حدیث نے ''قرآن مقدس اور بخاری محدث'' نامی کتاب لکھ کر صحیح بخاری کی چوّن (54) احادیث پر مجرمانہ حملہ کیا ہے۔ راقم الحروف کی یہ کتاب ''توفیق الباری فی تطبیق القرآن وصحیح البخاری'' اس منکرِ حدیث کے اعتراضات اور حملوں کا جامع و مسکت جواب ہے۔ والحمد للہ رب العالمین'' (ص15)

''قرآن مقدس اور بخاری محدث'' علامہ احمد سعید خان ملتانی، ناشر: مولانا محمد منظور معاویہ جامع مسجد علی، کاشف پارک گوجرانوالہ جس میں ص 1 تا 12 مقدمہ ہے جو کہ 10 نمبرات پر مشتمل ہے۔ اس کے بعد تا آخر قرآن مقدس کے زیر عنوان قرآن سے کشید کردہ اپنی فکر اور اس کو بطور برعکس امام بخاری کا بخاری شریف میں پیش کردہ مواد اور رویۂ 'محدث بخاری' کے زیر عنوان پیش کیا گیا ہے، قرآن مقدس کے 54 نمبرات ہیں۔

توفیق الباری ...... میں '' قرآن مقدس اور بخاری محدث'' کا حوالہ ''......محدث'' اور اس کے مصنف کا تذکرہ ''معترض'' یا ''منکر حدیث'' وغیرہ کے الفاظ سے کیا گیا ہے، اور دورانِ عبارت ہی یہ نقل کر کے جواب دیتے چلے جاتے ہیں، انکارِ حدیث کے ہلاکت آفرین راہ کے راہی اگر خیر الھدیٰ کے سچے طالب ہوں تو توفیق باری سے ''توفیق الباری'' وافر مستند و مدلل سامان ہدایت فراہم کرتی ہے۔ دفاع حدیث میں خادم حدیث فضیلة الشیخ حافظ زبیر علی زئی رحمہ اللہ کی یہ کاوش محدثانہ شان کی حامل ہے۔

توفیق الباری ......اور صحیح بخاری پر اعتراضات کا علمی جائزہ ہر دو کو ''صحیح بخاری کا دفاع'' کے نام سے یکجا بھی شائع کیا گیا ہے۔

۱۳۔ دین میں تقلید کا مسئلہ

تالیف: حافظ زبیر علی زئی رحمہ اللہ

ناشر: مکتبہ اسلامیہ لاہور/ فیصل آباد، فروری 2012ء (اشاعت دوم)

صفحات: 236

اگر چہ کتاب ھذا کا براہ راست خدمات حدیث سے تعلق دکھائی نہیں دیتا، لیکن آپ کی محدثانہ شان کتاب کی سطر سطر سے عیاں ہے۔ طبع دوم کتاب ھذا کا پیش لفظ فضیلۃ الشیخ رحمہ اللہ کا محررہ 12 اگست 2007ء بمطابق 27 رجب 1427ھ ہے۔

۱۴۔ سیرت رحمۃ للعالمین ﷺ کے درخشاں پہلو

تالیف: محدث العصر حافظ زبیر علی زئی رحمہ اللہ

جمع وترتیب: حافظ ندیم ظہیر

ناشر: مکتبہ اسلامیہ لاہور/ فیصل آباد، 2014ھ

صفحات: 110

بقول حافظ ندیم ظہیر: ''زیر نظر کتاب 'سیرت رحمۃ للعالمین ﷺ کے درخشاں پہلو' استاذ محترم رحمہ اللہ کی اُن تحریروں کا مجموعہ ہے جو آپ نے وقتاً فوقتاً مجلۃ الحدیث میں شائع کی تھیں۔'' (ص6)

رواۃ کو جرح وتعدیل کی باریک چھلنی سے گذارنا اور روایات کو تحقیق وتنقید کے کڑے معیار پر پرکھنا آپ رحمہ اللہ کا امتیازی وصف تھا جو کہ اس مجموعہ سیرت میں بھی نہ صرف نمایاں ہے، بلکہ کوئی ایک روایت بھی اس معیار سے ہٹ کر ڈھونڈنے سے بھی نہ ملے گی۔

۱۵۔ سیف الجبار فی جواب ظہور وثنار

تالیف: حافظ زبیر علی زئی رحمہ اللہ

ناشر: مکتبۃ الحدیث حضرو، ضلع اٹک

صفحات: 125

سیف الجبار درحقیقت فضیلۃ الشیخ حافظ زبیر علی زئی رحمہ اللہ کی کتاب بدعتی کے پیچھے نماز اور عقائد علمائے دیوبند کے سلسلے میں حافظ زبیر علی زئی اور حافظ ثنار احمد دیوبندی کے درمیان خط کتابت کی کتابی شکل ہے۔

یہ کتاب مطبوع شکل میں مقالات جلد5 ص367 تا 464 پر موجود ہے۔

سیف الجبار کے بعض مضامین ''بدعتی کے پیچھے نماز کا حکم''، طبع مارچ 2012ء کے ص50 تا 75 موجود ہیں۔

۱۶۔ صحیح بخاری پر اعتراضات کا علمی جائزہ

تالیف: حافظ زبیر علی زئی رحمہ اللہ

ناشر: مکتبہ اسلامیہ لاہور/ فیصل آباد، جنوری 2008ء

صفحات: 125

تقدیم (ص 7-8) محررہ حافظ زبیر علی زئی رحمہ اللہ کے بقول: ''راقم الحروف نے زیر نظر کتاب ''صحیح بخاری پر اعتراضات کا علمی جائزہ'' میں بعض منکرین حدیث کے صحیح بخاری پر اعتراضات کے جوابات دیے ہیں، جو ماہنامہ الحدیث حضرو میں شائع ہو چکے ہیں۔

رمضان 1428ھ کے آخر عشرے میں ایک منکر حدیث ڈاکٹر شبیر احمد کی کتاب ''اسلام کے مجرم'' پڑھنے کا اتفاق ہوا تو اس کتاب میں صحیح بخاری کی جن احادیث پر حملہ ہوا تھا، اس کا مسکت ومدلل جواب بھی لکھ دیا تا کہ حق کا بول بالا ہو اور باطل کا منہ کالا ہو۔

آخر میں دعا گو ہیں کہ اللہ تعالیٰ اس کتاب ''صحیح بخاری پر اعتراضات کا علمی جائزہ'' کو اپنے فضل وکرم سے قبول فرمائے اور میری مغفرت کا ذریعہ بنائے۔ (آمین)''

فضیلۃ الشیخ رحمہ اللہ نے کتاب ھذا میں امیر المومنین فی

الحدیث امام بخاری کا محدثانہ شان کے ساتھ دفاع کا حق ادا کیا ہے۔

آپ رحمہ اللہ کا غالب رجحان چونکہ روایتی تھا نہ کہ درایتی، اس لئے یہ کتاب بھی اسی رجحان کی عکاس ہے لیکن مستند روایات اور مدلل جوابات سے مزین ہے تاکہ سلیم الفطرت لوگ صحیح روایات کی مدد سے ان کے بارے میں اپنی فکر صحیح کر پائیں۔

۱۷۔ صحیح بخاری کا دفاع

- توفیق الباری فی تطبیق القرآن وصحیح البخاری
- صحیح بخاری پر اعتراضات کا علمی جائزہ

تالیف: حافظ زبیر علی زئی رحمہ اللہ

ناشر: مکتبہ اسلامیہ لاہور/ فیصل آباد، فروری 2012ء

صفحات: 348

''صحیح بخاری کا دفاع'' دراصل 'توفیق الباری.....' اور 'صحیح بخاری پر اعتراضات.....' ہر دو کا مجموعہ ہے۔ از اول تا صفحہ 220 ''توفیق الباری فی تطبیق القرآن وصحیح البخاری'' پائی جاتی ہے۔ توفیق الباری..... کی سابقہ الگ سے طبع میں تقدیم محررہ 11 اکتوبر 2008ء ہے، جبکہ طبع ھذا مقدمہ طبع ثانیہ محررہ 18 دسمبر 2011ء ہے۔ مواد کتاب میں پہلی طبع کے علاوہ اضافہ بھی شامل اشاعت ہے۔ مثلاً خاص دلیل کے مقابلے میں عام دلیل پیش کرنا غلط ہے۔ (ص 14 تا 30) حدیث کو قرآن پر پیش کرنے والی روایت موضوع ہے۔ (ص 192 تا 196) کیا امام ابو حنیفہ تابعی تھے؟ (ص 196 تا 201) نیز کتاب ھذا میں پہلے احمد سعید چتروڑ گڑھی کی کتاب سے متعلقہ صفحہ سکین کر کے پیش کیا گیا ہے، پھر اس کا جواب ہے جبکہ پہلے الگ سے شائع شدہ ایڈیشن میں یہ سکین کا سلسلہ نہ تھا۔ اس سکین کی بدولت کتاب ھذا میں ناقدانہ تجزیہ کی ثقاہت عین الیقین کی طرف بڑھ گئی ہے۔

''صحیح بخاری کا دفاع'' کے ص 221 تا 345 پر 'صحیح بخاری پر اعتراضات کا علمی جائزہ' نامی کتاب پائی جاتی ہے۔ فضیلۃ الشیخ رحمہ اللہ کی یہ کتاب الگ سے 2008ء سے مطبوع ہے۔ ص 343 تا 345 ''حدیث کو قرآن پر پیش کرنے والی روایت موضوع ہے'' کے زیر عنوان فضیلۃ الشیخ رحمہ اللہ نے اس موضوع پر محدثانہ طور پر معلومات سپرد قلم کی ہیں اور توفیق الباری میں بھی اسی عنوان کے تحت معلومات درج ہیں، لیکن ہر دو مقام مختلف معلومات کے حامل ہیں۔ مطبوع ''صحیح بخاری کا دفاع'' میں شامل ہر دو کتاب سے متعلقہ الگ الگ فہرست عنوانات سے متعلقہ صفحات کی درستگی لائق توجہ ہے۔ امید واثق ہے آئندہ ایڈیشن میں اصلاح کر دی جائے گی۔ (ان شاء اللہ)

۱۸۔ فتاویٰ علمیہ المعروف توضیح الاحکام

تالیف: حافظ زبیر علی زئی

ناشر: مکتبہ اسلامیہ لاہور/ فیصل آباد جلد اول اکتوبر 2009ء جلد دوم مارچ 2010ء، جلد سوم 2015ء

صفحات: جلد اول: 695

جلد دوم: 592

جلد سوم: 335

''توضیح الاحکام'' سوال و جواب کا مجموعہ ہے، جو وقتاً فوقتاً فضیلۃ الشیخ حافظ زبیر علی زئی حفظہ اللہ سے پوچھے گئے اور وہ مختلف رسائل و جرائد میں چھپتے رہے ہیں، ماہنامہ شہادت

اسلام آباد اور ماہنامہ الحدیث حضرو میں زیادہ تر شائع شدہ ہیں۔ یہ عقائد، عبادات، معاملات، عقوبات اور تحقیق روایات کے بارے میں پوچھے گئے سوالات پر مشتمل ہیں۔ آپ کے خاص میدان اصول و تحقیق کے بارے میں سوالات کو اہم فائدہ گردانتے ہوئے ''اصول، تخریج وتحقیق الروایات اور متفرق'' کے نام سے شامل اشاعت کیا گیا ہے۔

صاحب فتاویٰ علمیہ کے تلمیذ محترم حافظ ندیم ظہیر حفظہ اللہ کے بقول ''فتاویٰ علمیہ المعروف توضیح الاحکام (جلد دوم) اسی سلسلے کی ایک کڑی ہے۔ جس میں عقائد و عبادات کے علاوہ ایسے سوالات کے جوابات بھی قلمبند ہیں، جنھیں عموماً نظر انداز کر دیا جاتا ہے، کیونکہ وہ مشقت طلب اور ذخیرۂ کتب کو کھنگالنے کے متقاضی ہوتے ہیں۔

تحقیق و تنقید کے تحت کچھ ایسے مسائل بھی زیر بحث آئے ہیں جو شاید بعض لوگوں پر ناگوار گزریں لیکن احقاقِ حق اور ابطال باطل کا یہی تقاضا ہے۔'' (ص 16 حرف اول)

فتاویٰ علمیہ میں بھی آپ کی تحقیقی شان اور محدثانہ ذوق غالب ہے اور ہم عصر فتاویٰ میں فتاویٰ علمیہ اس پہلو سے بلند تر مقام پر فائز دکھائی دیتا ہے اور یہ فضیلۃ الشیخ حافظ زبیر علی زئی رحمہ اللہ کے رسوخ فی الحدیث کے علاوہ اصابت فکر، ملکۂ اجتہاد اور قوتِ استنباط و استخراج میں بکثرت عطائے ربانی کی بدولت ہے۔ (ذلك فضل الله يؤتيه من يشاء)

۱۹۔ فتنۂ انکار حدیث کا نیا رُوپ

تالیف: ابو طاہر زبیر علی زئی
ناشر: جماعۃ المسلمین (غیر مسعودی) کراچی
صفحات: ص 26 تا 38 (کل 13 صفحات)

بقامت کہتر بقیمت بہتر یہ قیمتی کتابچہ ڈاکٹر ابو جابر عبداللہ دامانوی کی تالیف لطیف، حدیث عائشہ رضی اللہ عنہا میں تلبیس ''باطل فرقوں کی ریشہ دوانیاں'' ص 1 تا 25 کے ساتھ ص 26 تا 38 پر جماعۃ المسلمین کراچی کی طرف سے مطبوع ہے۔

یہ جماعۃ المسلمین، مشہور زمانہ جماعت المسلمین آف مسعود احمد صاحب بی ایس سی کی جماعت سے الگ ہے۔ اور اس جماعۃ المسلمین کے امیر کے طور پر ڈاکٹر ابو جابر عبداللہ دامانوی کا نام مرقوم ہے، جبکہ فضیلۃ الشیخ ابو طاہر محمد زبیر علی زئی (ایم اے علوم اسلامیہ) مہتمم جامعۃ التوحید والسنۃ پیرداد حضرو ضلع اٹک کے بارے میں امیر جماعۃ المسلمین صوبہ پنجاب و سرحد مرقوم ہے۔

اس نایاب رسالہ میں محدث العصر رحمہ اللہ نے حبیب الرحمٰن کاندھلوی صاحب کی چار جلدوں پر مشتمل کتاب 'مذہبی داستانیں اوران کی حقیقت' کے چند تحقیقی کرشموں کا بالاختصار جائزہ لیا ہے۔ جناب کاندھلوی صاحب نے ایک طرف ضعیف و موضوع روایات اور کذاب رواۃ کی نقاب کشائی کی ہے، تو دوسری طرف بہت سے ثقہ و عادل راویوں اور صحیح و حسن روایات کو بھی مجروح قرار دیا ہے۔

ہر شخص کی دلائل کی بنیاد پر بات قبول وردّ کی جاسکتی ہے۔ اسی اصولِ تحقیق کے تحت فضیلۃ الشیخ رحمہ اللہ نے کاندھلوی صاحب کی مذکورہ بالا کتاب کا مختصر تحقیقی جائزہ لیا ہے اور حقیقت کو آشکار کیا ہے کہ درحقیقت یہ مقبول ہے اور یہ مردود ہے۔ اس مختصر کتابچہ کے بارے میں دریا کو کوزہ میں بند کرنا، کی بجائے شاید 'سمندر کو کوزہ میں بند کرنا' کے الفاظ کے ذریعے سے بہتر نمائندگی ممکن دکھائی دیتی ہے۔

۲۰۔ مختصر صحیح نماز نبوی

تالیف: حافظ زبیر علی زئی رحمۃ اللہ

ناشر: مکتبہ اسلامیہ لاہور/ فیصل آباد، ستمبر 2006ء

صفحات: 32

کتاب ھذا کے ص 32 الطبعۃ الاولیٰ محررہ ہے جس پر فضیلۃ الشیخ کے دستخط اور مکتبہ زبیریہ کی مہر ثبت ہے۔ دستخط کی تاریخ 2006/09/24 بمطابق 30 شعبان 1427ھ ہے، جبکہ ھدیۃ المسلمین طبع اکتوبر 2012ء میں شامل مختصر صحیح نماز نبوی (ص 91 تا 121) پر الطبعۃ الرابعۃ محررہ ہے جس پر فضیلۃ الشیخ کے دستخط اور مکتبہ زبیریہ کی مہر ثبت ہے۔ دستخط کی تاریخ 2008/02/28 بمطابق 20 صفر 1429ھ ہے۔ طبعہ رابعہ میں طبعہ اولیٰ کے مسائل نماز شامل متن میں کوئی فرق نہیں ہے۔ تاہم بعض حواشی میں ستار یا تنبیہ کے زیر عنوان بعض مختصر مگر مفید حواشی کا اضافہ پایا جاتا ہے۔

مختصر صحیح نماز نبوی تکبیر تحریمہ سے سلام تک صحیح احادیث کی بنیاد پر نمبروار مسلسل نماز انتہائی مختصر مگر جامع انداز میں ترتیب دی گئی ہے اور اصلاح نماز میں صحیح احادیث کی بنیاد پر خادم حدیث محدث العصر حافظ زبیر علی زئی رحمۃ اللہ کی عمدہ کاوش بقامت کہتر بقیمت بہتر کے مصداق ہے۔ کتاب ھذا کی ثقاہت پر حاشیہ میں پائی جانے والی تحقیق و تخریج شاہد عدل ہے۔

۲۱۔ مقالات (تحقیقی، اصلاحی اور علمی)

تالیف: حافظ زبیر علی زئی

ناشر: مکتبہ اسلامیہ لاہور/ فیصل آباد

جلد	صفحات	طبع
اول	644	مارچ 2008ء
دوم	618	ستمبر 2009ء
سوم	670	2010ء
چہارم	637	2011ء
پنجم	627	2012ء
ششم	611	2013ء

فضیلۃ الشیخ رحمۃ اللہ کے مختلف تناظر میں مختلف اوقات میں حوالۂ قرطاس کردہ اور مختلف رسائل و جرائد بالخصوص ماہنامہ الحدیث حضرو میں شائع شدہ مقالات و مضامین یکجا کتابی صورت میں ہدیہ قارئین کیے گے ہیں جو کہ فاضل مؤلف رحمۃ اللہ کے خواب کی تعبیر ہے، اگرچہ بعد از قدرے تاخیر ہے۔

محقق العصر رحمۃ اللہ کے نزدیک ''کتاب وسنت کے بعد اہل حق کا (ہر زمانے میں) اجماع شرعی حجت ہے۔ ادلہ شرعیہ سے اجتہاد کا جواز ثابت ہے اور اجتہاد کی کئی اقسام ہیں، مثلاً:

1. آثار سلف صالحین کو ترجیح دینا
2. مصالح مرسلہ
3. صحیح قیاس وغیرہ

یہاں دو باتیں ہمیشہ یاد رکھیں:

1. کتاب وسنت کا وہی مفہوم معتبر ہے جو سلف صالحین سے بلا خلاف ثابت ہے۔
2. اگر کوئی قول صراحتاً اللہ اور رسول (قرآن و حدیث) کے خلاف ہو تو ایسا ہر قول مردود ہے چاہے جس کا بھی قول ہو اور ہمیشہ قرآن و حدیث اور اجماع کو ہر قول پر

مقدم کیا جائے گا۔'' (مقالات ج2 ص10)

فضیلۃ الشیخ رحمہ اللہ نے ہمیشہ ان اصولوں کے مطابق علمی وتحقیقی مضامین سپردِ قلم کیے جن میں خاص طور پر دائمی اصول حدیث اور علم اسماء الرجال کی غیر جانبدارانہ تحقیق مدنظر رہی۔ مقالات جلد 1 تا 6 کے مضامین میں الحدیث حضرو کے شمارہ 111، نومبر 2013ء تک منتخب مضامین حافظ زبیر علی زئی رحمہ اللہ شامل ہیں۔ مقالات کے جملہ مضامین اعلیٰ تحقیقی معیار سے کمتر کام کرنے پر مطمئن نہیں ہوئے۔ جس کا نتیجہ ہے کہ آپ کا ہر مضمون بیش بہائی معلومات کا جامع اور ثقہ ومستند روایات کا حامل ہوتا ہے۔ محدث العصر نے بے سند دور میں باسند روایت سے ہٹ کر کچھ قبول کرنا گوارہ نہیں کیا اور سند بھی قابل اعتماد ثقہ رواۃ اور قابل قبول صیغۂ تحدیث سے مروی ہونا شرط ہے۔

یہ علمی مقالات عقائد، عبادات، سیر والتاریخ، اصول حدیث، تذکرۃ الرواۃ جیسے مختلف موضوعات کے تحت ہر جلد میں ترتیب دیے گئے ہیں۔ قارئین کرام کی سہولت کی غرض سے یہ تبویب وترتیب حتی الوسع عام فہم انداز کی آئینہ دار ہے۔ ان مجلدات کے بعض مقالات فضیلۃ الشیخ رحمہ اللہ کی دیگر کتب، مثلاً: القول الصحیح فیما تواتر فی نزول المسیح، اہل حدیث ایک صفاتی نام، ارشاد العباد في توثیق نعیم بن حماد، جزء فی مؤمل بن اسماعیل میں بھی شامل ہیں۔

مقالات جلد 6 ص 593 تا 611 فہرست مقالات (1 تا 6) ہدیہ قارئین کی گئی ہے۔ مقالات 1 تا 6 کے وہ تمام عناوین حروف تہجی کے اعتبار سے یکجا کر دیے گئے ہیں جو مقالات کی مختلف جلدوں میں صفحات کی زینت بنے ہوئے ہیں، تاکہ ایک ہی نظر میں مطلوبہ مضمون تک بآسانی رسائی ہو سکے۔

۲۲۔ نصر المعبود فی الرد علیٰ سلطان محمود

تالیف: حافظ زبیر علی زئی

مطبوع: مقالات جلد2 ص 573 تا618

حافظ زبیر علی زئی رحمہ اللہ کی یہ تالیف درحقیقت سلطان محمود نامی صاحب کی طرف سے آمدہ اشتہار ''غیر مقلدین کی خدمت میں گزارش'' کا مختصر جواب ہے جو کہ ص573 تا590 پر نصر المعبود فی الرد علی سلطان محمود کے زیر عنوان اور ص 591 تا615 پر ضمیمہ الذیل المحمود علی نصر المحمود کے زیر عنوان سپردِ قلم کیا گیا ہے۔

۲۳۔ نماز میں ہاتھ باندھنے کا حکم اور مقام

تالیف: حافظ زبیر علی زئی

ناشر: مکتبہ اسلامیہ لاہور/فیصل آباد 2013ء

صفحات: 96

محقق العصر رحمہ اللہ نے کتاب ھذا میں دلائل صحیحہ صریحہ سے ثابت کیا ہے کہ نماز میں ارسال الیدین، وضع الیدین تحت السرۃ، فوق السرۃ کی بجائے وضع الیدین علی صدر ہی نبوی عمل ہے، لہٰذا نماز میں ہاتھ باندھنے اور صحیح مقام جاننے کے لئے محدثانہ اصول و معیار پر روایات کا تحقیقی وتنقیدی جائزہ لیا گیا ہے جو کہ محدث العصر رحمہ اللہ کی ہر مسئلہ میں پختہ روایت تھی کہ جرح و تعدیل کے کڑے معیار سے گزار کر متعلقہ مسئلہ پر روایات ہدیہ قارئین کرتے تھے۔

(اللھم تقبل منہ

ص 19 تا 31 پر اثبات التعدیل فی توثیق مؤمل بن اسماعیل نامی آپ کا رسالہ بھی شامل اشاعت ہے۔

۲٤۔ نور العينين في اثبات رفع اليدين عند الركوع وبعده فى الصلوٰة

تالیف: حافظ زبیر علی زئی

ناشر: مکتبہ اسلامیہ لاہور/ فیصل آباد اکتوبر 2012ء

صفحات: 600

نور العینین فی مسئلہ رفع الیدین عند الرکوع و بعدہ فی الصلوٰۃ کی اشاعت اول ربیع الثانی 1413ھ میں ناشر: جماعۃ اہل الحدیث حضرو (علاقہ چھچھ) ضلع اٹک (ص 1) اور ص 4 کے مطابق ناشر: مکتبہ اسلامیہ (الدار السلفیہ لنشر التراث الاسلامی سولجر بازار) کراچی کے تحت ہوئی۔ اس اشاعت بار اول کے صفحات 176 ہیں اور متن کتاب ص 172 تک ہے۔ باقی صفحات اعلانات برائے کتب کے لئے مختص ہیں۔ یہ طبع بخط کاتب ہے۔

بعد ازاں کمپوز شدہ طبع اول اپریل 2002ء میں ناشر: محمد سرور عاصم، مکتبہ اسلامیہ فیصل آباد کے زیر اہتمام معرض وجود میں آئی اور اس کے صفحات 271 ہیں۔ کتاب ھذا کے معیار تحقیق، انداز تالیف اور قارئین کے ہاں شرفِ قبولیت کا اندازہ اس بات سے لگایا جاسکتا ہے کہ مکتبہ اسلامیہ کی طرف سے طبع دوم جون 2002ء میں ہی سامنے آ گئی جس کے صفحات 271 ہیں۔ مختلف ایڈیشن منظر عام پر آتے رہے حتیٰ کہ زیر ملاحظہ طبع، اکتوبر 2012ء سے تعلق رکھتی ہے اور اس کے صفحات 600 ہیں، طبع ھذا میں نام کی تبدیلی (نور العینین فی مسئلہ رفع الیدین کی بجائے نور العینین فی اثبات رفع الیدین ......) اور ضخامت میں اضافہ فضیلۃ الشیخ علی زئی رحمہ اللہ کی مسلسل تحقیق کا آئینہ دار ہے۔ تحقیق جستجو و لگن آپ کی طبیعت ثانیہ کا درجہ رکھتی تھی اور تحقیق جدید و تنقیح مزید کے نتیجے میں اگر اصول حدیث کے تحت اسے سابقہ مؤقف سے رجوع کی نوبت آتی تھی تو اس پر ہرگز پس و پیش سے کام نہ لیتے تھے، بلکہ علانیہ اولین فرصت میں بغیر کسی قسم کے خوف کو خاطر میں لائے اعلان حق کر گزرتے تھے۔ مثال دیکھئے: کتاب ھذا ص 49۔55 ابو الزبیر اور حمید الطّویل مدلس راویوں کی روایات کے بارے میں رجوع فرمایا ہے (ذلك من فضل الله تعالیٰ) جدید تحقیق اور مؤلف سے رجوع سے کتب کی جدید کمپوزنگ اور اشاعتی مراحل ناشر حضرات پر بڑے گراں گذرتے ہیں، لیکن بفضل اللہ تعالیٰ برادر عزیزم محمد سرور عاصم (عاصمه الله من كل شر) اس سعادت کو بخوبی اور خوش دلی سے نبھاتے چلے آرہے ہیں۔

(اللهم زد فزد)

اس خوئے خیر کا نتیجہ تھا کہ فضیلۃ الشیخ رحمہ اللہ تادم مرگ ان سے راضی تھے اور صحت، سلامتی والی زندگی میں بار بار اس کا اظہار کرتے رہتے تھے کہ سرور صاحب! ہمارا تعلق موت کے سوا کوئی توڑ نہیں سکتا اور جو کہا وہ مرحوم نے کر کے دکھایا کہ مکتبہ اسلامیہ سے تعلق خاطر قائم کرنے کے بعد اس پر حرف نہیں آنے دیا اور کسی دوسرے ناشر طباعتی ادارے کی طرف نگاہ التفات تادم مرگ نہیں اٹھی۔

کتاب ھذا کی آخری طبع کے آخر پر ''طبعہ جدیدہ 13 ستمبر 2012ء محررہ ہے، طبع میں زیادات واضافے کے علاوہ سابقہ تسامح وغیرہ کی تصحیح اور بعض کی توضیح کر دی گئی ہے اور بعض جگہ علمی فائدہ جانتے ہوئے تکرار کو بحال رکھا گیا ہے اور حافظ ندیم ظہیر حفظہ اللہ کے مطابق آپ کا یہی ایڈیشن معتبر

ہے‘‘ (تقدیم ص 12 محررہ 26 رجب 1427ھ)

راقم السطور نے مکتبہ اسلامیہ کی طرف سے اپریل 2007ء میں طبع ہونے والے پہلے ایڈیشن کی تعارفی سطور میں لکھا تھا: ’’حافظ زبیر علی زئی ﷾ نے خالص محدثانہ انداز میں اس سنت متواترہ پر قدیم و جدید اور نادر و نایاب مطبوع وغیر مطبوع مصادر و مراجع کھنگال کر دلائل و براہین کے اس قدر انبار لگا دیے ہیں کہ قلب سلیم بے اختیار رفع الیدین کی سنت ثابتہ کو اپنانے پر آمادہ ہو جاتا ہے۔ ضد اور ہٹ دھرمی کا علاج تو کسی کے پاس نہیں ہوتا۔

مانعین رفع الیدین کی جملہ روایات و آثار کو محدثین کے کڑے اصول روایت و درایت کی چھلنی سے گذار کر چھلنی چھلنی کر دیا ہے۔ دعویٰ نسخ ہو یا منافی سکون کا شوشہ، غیر فقیہ رواۃ کا غیر درایتی نکتہ ہو یا عدم دوام کا چٹکلہ، سنت غیر مؤکدہ ہونے کی تحقیق ہو یا ترک بھی جائز ہونے کی تدبیر، رکوع جاتے وقت ہاتھوں کی جسمانی مناسبت رہنے کی موشگافی ہو یا بے بنیاد مناظروں کی کہانی خادم حدیث نبوی زبیر علی زئی نے خالص تحقیقی انداز میں ہر ایک کے تار و پود بکھیر کر رکھ دیے ہیں۔‘‘

یہی تحقیقی معیار ہی اس تالیف کا امتیاز ہے۔، نور العینین ...... کی تالیف محدث العصر ﷫ کی مقبول روایات و آثار کی تصحیح و تنقیح اور مردود روایات و آثار کی تضعیف و تردید میں جامع تر کاوش ہے۔ مسئلہ مذکورہ کے حوالے سے شاید ہی کسی ایک کتاب میں اس قدر مستند اور مدلل روایات کی جمع و تحقیق فضیلۃ الشیخ ﷫ کے علاوہ کسی دوسرے خادم حدیث کا مقدر ٹھہری ہو (این سعادت بزور بازو نیست)

اس تحقیق کی کہانی نے دو عشرے کا زمانی سفر طے کیا ہے اور تحقیقی معیار کی ثقاہت اور جامعیت کے درجات بھی بلند پائے ہیں۔ محدث العصر ﷫ اس دنیا سے اس حال میں رخصت ہوئے ہیں کہ ایک زمانہ آپ ﷫ کے بلند پایہ ذوق تحقیق اور ثقاہت علمی کا قائل ہے۔ تحقیق کی لیلیٰ کا مجنوں رخصت ہوا لیکن اس کا جوش جنون رنگ لائے گا اور زمانہ مستند مدلل مواد ہی قبول کرنے پر مجبور ہوگا۔ فضیلۃ الشیخ ﷫ اسی آوازہ حق کے علمبردار تھے۔

(اللهم اغفر له وارحمه)

ملاحظہ: کتاب ھذا ص 49 پر غیر جانب دارانہ تحقیق کے زیر عنوان پہلے پیراگراف کی آخری لائن ’’مثلاً رفع الیدین کے حق میں دو روایتوں کو پیش نہیں کیا گیا‘‘

میرے خیال میں فضیلۃ الشیخ ﷫ کے رجوع کے بعد اصلاح طلب ہے امید واثق ہے کہ آپ ﷫ کے وارث علمی خاص الخاص شاگرد حافظ ندیم ظہیر ﷾ آئندہ طبع کے حوالے سے توجہ فرمائیں گے۔ ان شاء اللہ

۲۵۔ نور القمرين في اثبات رفع اليدين

احادیث نبویہ و آثار صحابہ سے رفع الیدین کا ثبوت

تالیف: ابو الطاہر محمد زبیر علی زئی آف حضرو (اٹک)

ناشر: جماعت اہل الحدیث حضرو، اٹک

جنوری 1997ء (طبع اول)

صفحات: 64

جناب زبیر علی زئی ﷫ کی مراجعت (23 رجب 1427ء) کے ساتھ مکمل طور پر آپ ﷫ کی کتاب نور العینین ...... میں ص 275 تا 340 شامل اشاعت ہے۔ مسئلہ رفع الیدین پر محدث العصر ﷫ کی تحقیقات کا تفصیلی تعارف نور العینین میں سپرد قلم ہے۔

٢٦۔ نور المصابیح في مسئلة التراويح

تصنیف: حافظ زبیر علی زئی

ناشر: نعمان پبلیکیشنز مئی 2005ء

صفحات: (72 تا 83) در کتاب: ''امین اوکاڑوی کا تعاقب''

نور المصابیح فی مسئلہ التراویح الگ سے شائع شدہ تک رسائی نہیں ہو سکی، تاہم نور المصابیح ...... فضیلۃ الشیخ رحمہ اللہ کی تالیف لطیف ''تعداد رکعات قیام رمضان'' میں ص 15 تا 27 اور ''امین اوکاڑوی کا تعاقب'' میں ص 72 تا 83 اور ''آٹھ رکعت تراویح سنت ہے'' از ڈاکٹر ابو جابر عبداللہ دامانوی، طبع: مکتبۃ الدعوۃ السلفیہ مٹیاری ضلع حیدر آباد سندھ، دسمبر 1999ء میں ص 9 تا 24 پر بھی موجود ہے۔ نفس مضمون نام سے واضح ہے اور محدث العصر رحمہ اللہ کا انداز تالیف بھی یکساں طور پر ہر جگہ محققانہ و محدثانہ دکھائی دیتا ہے۔

اختلافی مسائل پر آپ رحمہ اللہ کی جملہ چھوٹی بڑی کتب متعلقہ مسائل پر صحیح یا حسن روایات و آثار کا مجموعہ ہیں اور بعض کتب میں متعلقہ مسائل پر فریق مخالف کے دلائل کا محدثانہ معیار اور جرح و تعدیل کے ہتھیار سے ٹھوس رد بھی شامل ہے۔ ہر روایت کی تحقیق و تخریج بہر حال کرتے ہیں اور یہ تحقیق و تخریج کا فریضہ فضیلۃ الشیخ رحمہ اللہ اپنے اعلیٰ تحقیقی ذوق اور بلند پایہ محدثانہ اسلوب کے مطابق ہی کرتے ہیں۔ کسی ایک مقام پر بھی تحقیق کے اعتبار سے ان چھوٹی چھوٹی کتب کی ثقاہت کا پایہ بھی کمتر ہونے نہیں پاتا۔

٢٧۔ ہدیۃ المسلمین (نماز کے اہم مسائل مع مکمل نماز نبوی)

تالیف: حافظ زبیر علی زئی

ناشر: مکتبہ اسلامیہ لاہور/ فیصل آباد اکتوبر 2012ء

صفحات: 136

ہدیۃ المسلمین (صفحات: 96) مکتبۃ السنۃ سولجر بازار کراچی کے زیر اہتمام ربیع الاول 1420ھ کو شائع ہوئی، جس میں نظر ثانی از محمد افضل خلیل احمد الاثری تھی۔ جناب اثری صاحب نے نظر ثانی کے ساتھ ساتھ بعض حواشی بھی شامل اشاعت کیے تھے۔

ہدیۃ المسلمین (صفحات: 128) طبع مئی 2005ء، مکتبہ اسلامیہ لاہور/ فیصل آباد میں جناب حافظ ندیم ظہیر صاحب مقدمہ میں رقم طراز ہیں: ''جب استاذ محترم حافظ زبیر علی زئی صاحب کو اطلاع ملی کہ اثری صاحب کتاب پر حاشیہ لکھنا چاہتے ہیں تو استاذ محترم نے دوٹوک الفاظ میں پیغام بھیجا کہ میری کتاب پر قطعاً حاشیہ نگاری نہ کی جائے۔'' (ص 8) اور ص 10 کے مطابق ''راقم الحروف، اثری صاحب کے حواشی سے برأت کا اعلان کرتا ہے۔ حافظ زبیر علی زئی (7/10/1999ء)۔'' حافظ زبیر علی زئی صاحب نے کتاب کی اشاعت کے بعد بنام ''ناشر ہدیۃ المسلمین'' کے حواشی پر تبصرہ لکھ کر یہ اعلان برأت کیا تھا بقول حافظ ندیم ظہیر صاحب ''لہٰذا سابقہ ایڈیشن کو اب کالعدم تصور کیا جائے'' (ص 10)

زیر ملاحظہ طبع اکتوبر 2012ء ص 121 پر فضیلۃ الشیخ کی مہر ثبت ہے اور ساتھ ''الطبعۃ الرابعۃ: مختصر صحیح نماز نبوی، زبیر علی زئی 28، 2008ء (صفر 1425ھ)'' محررہ ہے۔

ہدیۃ المسلمین کی طبع ھذا میں پیش لفظ محررہ حافظ صلاح

الدین یوسف ﷾ مورخہ ربیع الاول 1419ھ مطابق جولائی 1988ء ہے۔ (ص5) مقدمہ (ص6-10) محررہ حافظ ندیم ظہیر مورخہ 5/ 8/ 2004ء ہے۔ ہدیۃ المسلمین درحقیقت ''ھدیۃ المسلمین فی جمع الأربعین من صلاۃ خاتم النبیین ﷺ یعنی نماز کی صحیح و مستند چالیس حدیثیں ہیں جن کی مدد سے پیارے نبی ﷺ کی پیاری نماز صحیح احادیث کی روشنی میں بیان کی گئی ہے اور ہدیۃ المسلمین کی وجہ تالیف ''چالیس حدیثیں از محمد الیاس'' نامی کاوش تھی۔ فضیلۃ الشیخ ﷫ کی تحقیق کے مطابق الیاس صاحب نے ضعیف وغیر صحیح روایات کا بھی سہارا لیا تھا، اس لئے انھوں نے صحیح روایات کی بنیاد پر نماز نبوی سے متعلقہ مسائل پر جامع رہنما تالیف کا بیڑا اٹھایا، علاوہ دیگر اضافوں کے مختصر صحیح نماز نبوی ﷺ کی ہدیۃ المسلمین میں شمولیت سے کتاب کی جامعیت وافادیت بڑھ گئی ہے اور کتاب مذکور ہر لحاظ سے ''نماز سے متعلقہ مسائل'' کو محیط ہے۔ والحمد للہ (ص10)

ہدیۃ المسلمین محدث العصر کی احادیث وآثار صحیحہ کی بنیاد پر اسلام کے بنیادی رکن نماز کے بارے میں اہم ترین کاوش ہے۔ تاہم آپ اس موضوع پر ایک تفصیلی کتاب لکھنے کا ارادہ رکھتے تھے (واحسرتاہ)

تاہم آپ ﷫ نے نماز میں ہاتھ باندھنے کا حکم اور مقام، مسئلہ فاتحہ خلف الامام، رفع الیدین، آمین بالجہر اور بدعتی کے پیچھے نماز کا حکم جیسے مسائل نماز بارے الگ الگ تحقیقی بنیادوں پر قیمتی معلوماتی تالیفات چھوڑیں ہیں۔

۲۸۔ یمن کا سفر

تالیف: حافظ زبیر علی زئی

مطبوع: مقالات جلد 2 صفحہ 489 تا 527

یمن کا سفرنامہ فضیلۃ الشیخ ﷫ کا اپنے سعودی کفیل ابو ہشام منصور بن مبارک بن عمر باعطیہ کے ہمراہ شوال 1425ھ میں کردہ سفر کی تفصیلات کا مجموعہ ہے۔

اس سفر میں فضیلۃ الشیخ ﷫ کو یمن کے مختلف شہروں کی سیاحت، یمنی اہل علم کی ملاقات کے ساتھ ساتھ جیل کی ہوا بھی کھانا پڑی۔

سفر کی صعوبتیں اور جناب زبیر علی زئی ﷫ کی استقامت اور توکل علی اللہ کی بھرپور روداد ایمان کی تازگی کا ایک عمدہ ذریعہ ہے۔

ب: غیر مطبوع

1. اکاذیب آل دیوبند
2. القنابل الذریۃ فی ابطال أصول الفرقۃ المسعودیۃ (مقالات: 1/ 457)
3. انوار الظلام فی مسئلۃ الفاتحہ خلف الامام
4. عصر حاضر کے چند کذابین کا تذکرہ

٤) تحقیق ونظر ثانی، تقریظ ومقدمہ:

ا۔ آپ کے مسائل اور ان کا حل (کتاب و سنت کی روشنی میں)

تالیف: ابوالحسن مبشر احمد ربانی

نظر ثانی وتقریظ: حافظ زبیر علی زئی

ناشر: مکتبہ قدوسیہ لاہور، 2004ء

جلد اول: 550 صفحات

کتاب ھذا میں اظہار تشکر (ص 16-17) از عابد بشیر میں درج ہے کہ ''اس کتاب کی نظر ثانی محقق العصر علم

رجال کے ماہر فضیلۃ الشیخ حافظ ابو طاہر زبیر علی زئی ﷾ نے کی۔ان کا کہنا ہے کہ اس کتاب میں کوئی روایت ایسی نہیں جو بالاتفاق ضعیف ہو۔پوری کتاب میں آٹھ روایات ایسی ہیں جن سے انہیں تحقیقی اختلاف ہے (ص16)

ص (18۔19) پر محقق العصر فضیلۃ الشیخ حافظ ابو طاہر زبیر علی زئی ﷾ کے قلم سے تقریظ موجود ہے۔جس میں آپ کا فقہی منہج بایں الفاظ واضح ہے کہ ''اسلام قرآن و حدیث کا نام ہے یہ دونوں باہم لازم و ملزوم ہیں اور بلا انقطاع قیامت تک لازم و ملزوم رہیں گے۔اور اسی پر امت کا اجماع ہے۔ قرآن و حدیث سے ثابت ہے کہ اجماع امت شرعی حجت اور دلیل ہے اور یہ قطعاً غیر ممکن اور محال ہے کہ امت کبھی گمراہی پر جمع ہو جائے۔۔۔۔۔۔نصوص صریحہ کی عدم موجودگی میں نصوص عامہ و آثار صحابہ وغیرہا پر اجتہاد کا دروازہ اُن علماء کے لیے کھلا ہے جو ہمہ تن اپنے رب کو راضی کرنے کی تحقیق و جستجو میں مصروف ہیں۔'' (ص18)

تقریظ کے آخر پر حافظ زبیر علی زئی اور تاریخ 2 اکتوبر 1997ء درج ہے۔

۲۔ آئینہ دیوبندیت

تالیف: ابو نعمان محمد زبیر صادق آبادی
تقدیم و نظر ثانی: حافظ زبیر علی زئی
ناشر: مکتبۃ الحدیث حضرو، اٹک، جون 2013ء
صفحات: 709

کتاب ھذا کے صفحہ 12 تا 24 تقدیم از حافظ زبیر علی زئی رحمہ اللہ پائی جاتی ہے۔نظر ثانی کے حوالے سے آپ کا اس ذمہ داری یوں عیاں ہے۔''جناب محترم محمد زبیر صادق آبادی ﷾ کی کتاب ''آئینہ دیوبندیت'' پیش خدمت ہے۔ اسے میں نے شروع سے لے کر آخر تک لفظاً لفظاً پڑھا ہے اور اللہ تعالیٰ کے فضل و کرم سے یہ کتاب بیحد مفید ہے، بشرطیکہ ضد و عناد اور تعصب کو چھوڑ کر اس کا مطالعہ کیا جائے۔واللّٰہ یهدی من يشاء إلى صراط مستقيم '' (ص24 تقدیم)

۳۔ آل دیوبند کے 300 جھوٹ

تالیف: حافظ زبیر علی زئی
ناشر: مکتبۃ الہدیٰ لاہور، مارچ 2012ء
(اشاعت دوم)
صفحات: 160

دیوبندی مکتبہ فکر کے مختلف اہل علم مثلاً امین اوکاڑوی، حبیب اللہ ڈیروی، الیاس گھمن، اسماعیل جھنگوی، چن محمد دیوبندی، احمد سعید ملتانی و دیگراں کی عبارات میں منقول حوالہ جات میں اور اصل ماخذ ٹھہرنے والی کتب کی عبارات میں الفاظ و فقرات یا حوالہ جات میں کھلا تضاد تلاش کر کے ثابت کیا گیا ہے کہ مذکورہ علماء جھوٹ کے مرتکب ٹھہرے ہیں۔ بعض اہل علم حوالہ جات نقل کرنے میں بہت متساہل ہوتے ہیں۔اکثر نقل ہی نہیں کرتے اور جو نقل کرتے ہیں وہ اصل سے تقابل کی زحمت گوارہ نہیں کرتے، جبکہ فضیلۃ الشیخ رحمہ اللہ بہت ہی محتاط تھے نہ خود غلط حوالہ دینا پسند کرتے اور نہ ہی کوئی غلط حوالہ برداشت کرتے تھے،اسی روش کا ثمرہ یہ تالیف ہے۔

۴۔ اسلامی وظائف

تالیف: شیخ الحدیث مولانا عبد السلام بستوی رحمہ اللہ
تخریج، تحقیق و تسہیل: حافظ ندیم ظہیر

تقدیم ونظر ثانی: حافظ زبیر علی زئی

ناشر: مکتبہ اسلامیہ لاہور/ فیصل آباد، اگست 2011ء

صفحات: 416

مقدمۃ التحقیق: اسلامی وظائف (ص16 تا 21)

محررہ حافظ زبیر علی زئی مورخہ 8 دسمبر 2010ء ہے جس میں دعا کی اہمیت، کتب وظائف واذکار از متقدمین، متاخرین و عصر حاضر کی کاوشوں کے علاوہ اسلامی وظائف کا واجبی سے تعارف کے بعد اپنے شاگرد خاص حافظ ندیم ظہیر ﷾ کی تخریج وتحقیق کے بارے میں کردہ محنت پر خوشی کا اظہار فرمایا ہے۔ فضائل ومناقب میں فضیلۃ الشیخ ﷫ اور آپ کے شاگرد رشید ہر دو کے ہاں ضعیف روایات سے استدلال کی کوئی گنجائش نہیں۔ فضیلۃ الشیخ ﷫ کے الفاظ میں ''میرا اور حافظ ندیم ظہیر ﷾ کا منہج ایک ہی ہے، نیز راقم الحروف نے اس کتاب کا مطالعہ کیا ہے اوران کی تحقیقات کو غور سے دیکھا ہے۔ یہ بہت اچھا اور مفید کام ہے۔ والحمدللہ''

(ص21)

احادیث کی تخریج اور تحقیق کے بارے میں بھی اپنے اطمینان کا یوں اظہار فرمایا ہے:

''میرے شاگرد، دوست اور پیارے بھائی محترم حافظ ندیم ظہیر ﷾ نے ''اسلامی وظائف'' کی تحقیق وتخریج اور نظر ثانی کا عظیم کام سرانجام دیا ہے اورصحت وضعف کے لحاظ سے حکم لگا کر صحیح، حسن اور ضعیف روایات کی نشاندہی کردی ہے، تاکہ عام قارئین کو سہولت رہے اور وہ صحیح وحسن احادیث پر عمل کرسکیں۔'' (ص20)

۵۔ التبيين في مسئلة التعجين

تحریر: محمد علی خاصخیلی (ایم ایس سی)

ناشر: انٹرنیٹ پر موجود ٹائٹل پیج سے غائب ہے۔

دیکھئے: www.sirat-e-mustaqeem.com

صفحات: 63 (انٹرنیٹ پر موجود نسخہ/ کاپی کے مطابق)

جناب محمد علی خاصخیلی صاحب شکر گزار ہیں ''خاص طور پر جناب حافظ زبیر علی زئی صاحب، جنھوں نے نظر ثانی کے بعد تقریظ تحریر فرمائی (ص 3)'' یہ تقریظ (ص1) پر موجود ہے۔ فضیلۃ الشیخ ﷫ رقم طراز ہیں کہ ''میرے بھائی جناب محمد علی صاحب نے مسئلۃ تعجین پر ایک تحقیقی رسالہ تحریر کیا ہے۔ جس کا میں نے شروع سے آخر تک مطالعہ کیا ہے''

(تقریظ: محررہ 99-10-02)

تقریظ کے آخر پر جناب محمد علی صاحب کے لیے جزائے خیر کے ساتھ یہ دعا بھی کرتے تھے کہ اللہ تعالیٰ ''ہمیں احادیث کی تحقیق میں اصول حدیث وقواعد کی پابندی کرنے کی توفیق بخشے آمین'' محدث العصر ﷫ کے بقول ''نماز میں ہاتھوں پر اعتماد کر کے کھڑے ہونا چاہیے یا پھر مٹھی بند کر کے کھڑے ہونا چاہیے۔ صحیح احادیث سے یہی ثابت ہوتا ہے کہ نماز میں دونوں ہاتھوں پر اعتماد کرنا چاہیے، اصول حدیث کی روشنی میں مٹھیوں پر اعتماد کرنے والی حدیث ضعیف ہے'' (تقریظ)

۶۔ الدین الخالص

تصنیف: ڈاکٹر ابوجابر عبداللہ دامانوی ﷾

مقدمہ: حافظ زبیر علی زئی

مطبوع: ماہنامہ الحدیث حضرو، جلد 4 شمارہ؟ 36، مقالات، جلد1 ص150 تا155

یہ مقدمہ مقالات حافظ زبیر علی زئی جلد اول صفحہ 150 تا 155 موجود ہے۔

الدین الخالص نامی کتاب تک رسائی نہیں ہوسکی۔ یہ معلومات مقالات سے اخذ کردہ ہیں۔ جن سے ظاہر ہوتا ہے کہ الدین الخالص نام کی مناسبت کے برعکس عذاب قبر کے اثبات اور منکرین عذاب قبر کی تردید والی کتاب ہے۔

(ص155)

۷۔ الصحيفة فى الأحاديث الضعيفة

من سلسلة الاحاديث الصحيحة للألباني

مصنف: ابومحمد خرم شہزاد

نظر ثانی: فضیلۃ الشیخ حافظ زبیر علی زئی رحمہ اللہ

فضیلۃ الشیخ ابوالحسن مبشر احمد ربانی حفظہ اللہ

ناشر: مکتبہ اسلامیہ لاہور/فیصل آباد، دسمبر 2010ء

صفحات: 197

تعارف الصحیفہ (ص 7 تا 9) محررہ حافظ زبیر علی زئی مورخہ 17 نومبر 2009ء ہے۔ فضیلۃ الشیخ رحمہ اللہ رقمطراز ہیں کہ ”ہمارے دوست جناب ابومحمد خرم شہزاد صاحب نے اپنی استطاعت کے مطابق شیخ البانی رحمہ اللہ کی کتاب سلسلہ صحیحہ کا مطالعہ کیا تو کئی روایات کو تحقیق کے بعد ضعیف پایا، جن میں سے پچاس روایتیں اس مجموعہ میں پیش خدمت ہیں۔

راویوں پر کلام وغیرہ میں اُن سے بعض مقامات پر اختلاف کیا جاسکتا ہے لیکن یہ حقیقت ہے کہ ”الصحیفة فی الاحادیث الضعیفة“ میں مذکورہ تمام روایات اپنے تمام شواہد ومتابعات کے ساتھ ضعیف ہی ہیں اور انھیں صحیح یا حسن قرار دینا غلط ہے۔“ (ص8)

تعارف الصحیفہ کے آخر پر فضیلۃ الشیخ رحمہ اللہ دعا گو ہیں کہ ”اللہ تعالیٰ سے دعا ہے کہ خرم شہزاد کو سلف صالحین کے فہم کے مطابق کتاب وسنت واجماع اور آثار کی دعوت پھیلانے اور اس پر ہمیشہ عمل پیرا ہونے کی توفیق عطا فرمائے آمین“ (ص9)

۸۔ الفرقة الجديدة جماعت المسلمین کے بانی مسعود احمد بی ایس سی کا علمی محاسبہ

تالیف: ڈاکٹر ابوجابر عبداللہ دامانوی

مقدمہ: ابوطاہر زبیر علی زئی

ناشر: مکتبہ اہلحدیث ٹرسٹ (رجسٹرڈ) اہلحدیث چوک، کورٹ روڈ، کراچی بار سوم، اپریل 1995ء

کتاب ھذا کے ص6 پر تقریظ (ابو طاہر محمد زبیر علی زئی) اور ص7 تا 19 مقدمہ (ابو طاہر زبیر بن مجدد علی زئی) کی شکل میں ہر دو موجود ہیں۔

یہ مقدمہ فضیلۃ الشیخ رحمہ اللہ کے مقالات جلد 5 صفحہ 124 تا 143 پر بھی پایا جاتا ہے۔

جس کے بارے میں فضیلۃ الشیخ رحمہ اللہ تنبیہ: کے تحت آگاہ کرتے ہیں کہ ”تنبیہ: یہ مضمون پہلے الفرقة الجديدة“ کے شروع میں شائع ہوا تھا اور اب اصلاح، ترمیم وفوائد زائدہ کے ساتھ اسے دوبارہ شائع کیا جارہا ہے۔“

(6 اکتوبر 2011ء)

۹۔ امت اور شرک کا خطرہ

تالیف: ابوالاسجد محمد صدیق رضا

تقریظ: حافظ زبیر علی زئی

مقدمہ: نعمان پبلیکیشنز، نومبر 2010ء

صفحات: 144

تقریظ محررہ حافظ زبیر علی زئی مورخہ 28 اکتوبر 2008ء ص 5 تا 7 موجود ہے۔ فضیلۃ الشیخ رحمہ اللہ کے بقول ”عصر حاضر میں بعض اہل بدعت نے یہ عجیب و غریب اور کتاب و سنت کے خلاف دعویٰ کر دیا ہے کہ امت مسلمہ میں شرک کبھی نہیں ہوگا۔!!

برادر محترم ابوالاسجد محمد صدیق رضا حفظہ اللہ نے ان مبتدعین کی تردید کے لیے قلم اٹھایا اور کتاب و سنت کے دلائل جمع کر کے ایک عظیم الشان کتاب ترتیب دے دی جسے قسط وار ماہنامہ الحدیث حضرو میں شائع کیا گیا اور اب یہ کتاب آپ کے ہاتھوں میں ہے۔ والحمدللہ“ (ص 6)

۱۰۔ تفسیر ابن کثیر

تصنیف: امام المفسرین حافظ عماد الدین ابو الفدا اسماعیل بن عمر بن کثیر الدمشقی رحمہ اللہ (المتوفی 774ھ)

ترجمہ: امام العصر مولانا محمد جونا گڑھی

تخریج: کامران طاہر

تحقیق و نظر ثانی: حافظ زبیر علی زئی

ناشر: مکتبہ اسلامیہ لاہور/ فیصل آباد، مئی 2008ء

مجلدات: 5 جلدیں

تفسیر ابن کثیر کے ہر صفحہ سے متعلقہ آیات و آثار کی تخریج اسی صفحہ پر متن کے نیچے درج ہے اور صفحہ وار تخریج نمبر پائے جاتے ہیں۔ بخاری و مسلم کی روایات کے علاوہ دیگر کتب کی روایات پر محدث العصر رحمہ اللہ کی تحقیق کے نتیجے میں ہر روایت کی صحت و ضعف واضح ہے اور قارئین کے لئے روایات کے بارے میں قبول و رد کے حوالے سے شرح صدر کا وافر سامان بہم پہنچایا دیا گیا ہے۔

۱۱۔ جعلی جزء کی کہانی اور علمائے ربّانی الجزء المفقود یا الجزء المصنوع

مرتب: حافظ ندیم ظہیر

تحقیق و افادات: مولانا ارشاد الحق اثری، حافظ زبیر علی زئی، مولانا محمد یحییٰ گوندلوی، مولانا محمد داؤد ارشد

ناشر: مکتبہ اسلامیہ لاہور/ فیصل آباد، جولائی 2006ء

صفحات: 120

” الجزء المفقود من الجزء الأول من المصنف“ عربی میں اور ”مصنف عبدالرزاق کی پہلی جلد کے دس گم گشتہ ابواب“ اردو میں شائع ہوئے ہیں یہ نو دریافت جزء اصلی ہے یا وضعی؟ اس بارے میں فضیلۃ الشیخ رحمہ اللہ نے محدثانہ اصول پر اس جزء کے وضعی ہونے کی حقیقت واضح کی ہے۔ اس بارے میں فضیلۃ الشیخ رحمہ اللہ کی تحریریں ص 11 تا 33 موجود ہیں۔

۱۲۔ حدیث اور اہل تقلید (جلد اول)

تالیف: ابوصہیب محمد داؤد ارشد

ناشر: مکتبہ اہل حدیث فیصل آباد جولائی 2010ء

تقریظ بر کتاب ”حدیث اور اہل تقلید“ محررہ حافظ زبیر علی زئی، مورخہ 15 جون 2009ء ہے۔

۱۳۔ حصن المسلم

تالیف: سعید بن علی بن وھف القحطانی

ترجمہ: محمد اختر صدیق

تحقیق، تخریج و تصحیح: حافظ ندیم ظہیر

ناشر: مکتبہ اسلامیہ لاہور/ فیصل آباد

صفحات: 176 (پاکٹ سائز)

کتاب ھذا کی پیپر بیک محررہ حافظ زبیر علی زئی مورخہ 20 شعبان 1433ھ ہے۔ فضیلۃ الشیخ رقم طراز ہیں:

''میرے خاص الخاص شاگرد حافظ ندیم ظہیر حفظہ اللہ نے میرے منہج اور تحقیق کے مطابق اس کتاب کی تحقیق و تخریج کی ہے اور محنت شاقہ و مساعی جمیلہ سے اس کتاب کو چار چاند لگا دیے ہیں۔ میں نے اس تخریج و تحقیق کو بغور دیکھا ہے۔ نظر ثانی اور مراجعت کی ہے اور اسے صحیح و بے حد مفید پایا ہے۔''

آخر میں دعا گو ہیں'' کہ مؤلف کتاب، حافظ ندیم ظہیر حفظہ اللہ اور مکتبہ اسلامیہ کے مدیر محترم محمد سرور عاصم حفظہ اللہ کو اس عمل عظیم پر جزائے خیر عطا فرمائے (آمین)''

حافظ ندیم ظہیر حفظہ اللہ کی کردہ تحقیق و تخریج کے مطابق حصن المسلم میں 43 ضعیف روایات بھی شامل ہیں۔ حصن المسلم فضیلۃ الشیخ حافظ زبیر علی زئی رحمہ اللہ کی تحقیق و تخریج سے دار الفکر الاسلامی واہ کینٹ سے شائع شدہ ہے۔ استاد اور شاگرد ہر دو کی تحقیق و تخریج ذاتی کاوش ہے۔ باہم چربہ یا نقل کا معاملہ نہیں۔ (ھذا ما عندی واللہ اعلم بالصواب)

۱۴۔ دعا میں ہاتھ اٹھانے کی شرعی حیثیت (احادیث صحیحہ کی روشنی میں)

تحریر: فضل اکبر (کاشمیری)

نظر ثانی: حافظ زبیر علی زئی

برائے رابطہ: عمر خان روڈ کیماڑی کراچی نمبر 7

جناب فضل اکبر کاشمیری صاحب کا یہ کتابچہ 48 صفحات پر مشتمل ہے جو کہ محمد سہیل صاحب کی کتاب کا جواب ہے۔ ٹائٹل کے مطابق حافظ زبیر علی زئی رحمہ اللہ نے اس پر نظر ثانی فرمائی ھی، جبکہ صفحہ 1 پر شروع ہونے والی تحریر کا آغاز ہوتا ہے۔ از قلم: محقق دوراں، ذہبی زماں مولانا محمد زبیر محمدی حفظہ اللہ اور صفحہ 3 پر تحریر ھذا کے خاتمہ پر حافظ زبیر علی زئی مرقوم ہے۔

فضیلۃ الشیخ رحمہ اللہ نے تحریر ھذا میں دعا کی اہمیت پر آگاہی فرمائی ہے اور دعا میں ہاتھ اٹھانے کے بارے میں اپنا مؤقف ان الفاظ میں واضح کرتے ہیں: '' چونکہ مطلق دعا میں ہاتھ اٹھانا ثابت ہے تو اس سے استدلال کرتے ہوئے فرض نماز کے بعد بھی کبھی کبھار ہاتھ اٹھائے جا سکتے ہیں۔ فرائض کے بعد اجتماعی دعا کرنا یہ کسی صحیح حدیث سے ثابت نہیں...... تاہم درخواست یا کسی عذر کی بنیاد پر کبھی کبھار یہ اجتماعی دعا، عام دلائل کی رو سے جائز ہے۔'' (ص 3)

۱۵۔ رسول اللہ صلی اللہ علیہ وسلم کا یوم پیدائش اور مروجہ جشن عید میلاد النبی صلی اللہ علیہ وسلم

تحقیق و ترتیب: مولانا غلام مصطفیٰ ظہیر امن پوری

ناشر: النور اکیڈمی/ مکتبہ ثنائیہ سرگودھا

صفحات: 32

رسالہ ھذا کے ص 3 تا 4 پر تقریظ از قلم محدث العصر حافظ زبیر علی زئی حضرو (اٹک) محررہ 30 مئی 2000 موجود ہے۔ جس میں بدعت اور اہل بدعت کے بارے میں اسلامی تعلیمات اور اہل علم کے رویے پر انتہائی ٹھوس'' مختصر اور بہت ہی قیمتی معلومات سپرد قلم کی گئی ہیں جو کہ فضیلۃ الشیخ رحمہ اللہ کے علم و فضل کا منہ بولتا ثبوت ہیں۔

۱۶۔ صحیح بخاری

تصنیف: امیر المومنین فی الحدیث ابو عبد اللہ محمد بن اسماعیل البخاری

ترجمہ وتشریح: مولانا محمد داؤد راز

تقدیم ونظر ثانی: شیخ الحدیث ابو محمد حافظ عبدالستار الحماد

مقدمہ: حافظ زبیر علی زئی

تخریج: فضیلۃ الشیخ احمد زھوۃ، فضیلۃ الشیخ احمد عنایۃ

ناشر: مکتبہ اسلامیہ لاہور/ فیصل آباد، جولائی 2009ء

مجلدات: 8 جلدیں

کتاب اللہ قرآن مجید کے بعد ائمہ کرام، محدثین عظام امت کے نزدیک صحیح ترین گردانی جانے والی کتاب ''صحیح بخاری'' کی اہمیت افادیت کے پیش نظر ہر دور میں اہل علم اس کی خدمت گزاری میں شرف پاتے چلے آرہے ہیں۔ زیر ملاحظہ طبع میں بھی نامور خدام حدیث ترجمہ، تشریح، تقدیم و نظر ثانی اور تخریج میں شامل ہیں۔ فضیلۃ الشیخ حافظ زبیر علی زئی رحمہ اللہ کا مقدمہ (ص 58 تا 76) محررہ 10 اپریل 2009ء ہے۔ یہ مقدمہ امام بخاری اور صحیح بخاری کا مختصر تعارف (ص 58 تا 61) احناف (بریلوی، دیوبندی مکاتب فکر) کے نزدیک صحیح بخاری کا مقام (ص 61 تا 65) صحیح بخاری پر منکرین حدیث کے حملے (ص 65 تا 67) صحیح حدیث حجت ہے چاہے خبر واحد ہو یا متواتر (ص 67 تا 69)، حدیث وحی ہے (ص 69 تا 70) فتنہ انکار حدیث (70 تا 71) حدیث پر منکرین حدیث کے حملے اور ان کا سد باب (71۔72) عہد نبوی میں کتابت حدیث (72۔73) عہد صحابہ میں کتابت حدیث (73 تا 74) تابعین عظام اور تدوین حدیث (ص 74۔75) عہد تبع تابعین میں کتابت حدیث (75۔76) اور قرآن کے علاوہ لکھنے سے ممانعت والا حکم منسوخ ہے۔ (76)

یہ جامع مانع مقدمہ دریا کو کوزہ میں بند کرنے کے مترادف ہے۔ فضیلۃ الشیخ رحمہ اللہ نے جامع علم وفضل اور اپنے نظریہ حدیث کی روشنی میں واضح کر دیا ہے کہ حدیث وحی ہے اور اس کا بالاتفاق تلقی بالقبول کے طور پر صحیح ترین ذخیرہ صحیح بخاری کی صورت میں امت مسلمہ کے ہاتھوں میں موجود ومحفوظ ہے۔

محدث العصر رحمہ اللہ کے ہاں صحیح بخاری کی نہ صرف تمام مرفوع مسند روایات صحیح، مقبول اور حجت ہیں بلکہ بخاری کے مدلسین کی معنعن روایات بھی تصریح سماعات، معتبر متابعات اور صحیح شواہد پر مبنی ہیں، لہٰذا صحیح بخاری من حیث الکل صحیح روایات کا ذخیرہ بے مثل لائق ایمان وعمل ہے۔ رسول اللہ ﷺ پر ایمان اور حدیث پر عمل پیرا ہونے کے لئے صحیح ترین مجموعہ حدیث مسلمانوں کے ہاتھوں میں ہے کیونکہ ''رسول اللہ ﷺ کی وفات کے بعد آپ کی اطاعت صرف صحیح اور مقبول حدیث کے ذریعے سے ہی ممکن ہے۔''

آخر میں آپ دعا گو ہیں کہ اللہ تعالیٰ تمام مسلمانوں کو احادیث صحیحہ پر عمل کی توفیق نصیب فرمائے۔ (آمین)

۱۷۔ صحیح بخاری کا مطالعہ اور فتنہ انکار حدیث

تالیف: حافظ ابو یحییٰ نور پوری

نظر ثانی: فضیلۃ الشیخ حافظ زبیر علی زئی

اشراف: فضیلۃ الشیخ غلام مصطفیٰ ظہیر امن پوری

ناشر: دار الاسلاف

صفحات: 528

جناب مؤلف ''اظہار تشکر'' میں رقم طراز ہیں: ''اس طرح میں محدث العصر مولانا حافظ زبیر علی زئی کا بھی شکر گزار ہوں، جنہوں نے اپنی گوناگوں علمی مصروفیات سے خصوصی وقت نکال کر اس کتاب کو مکمل طور پر حرف بحرف پڑھا اور میری بہت زیادہ عزت افزائی کی۔'' (ص34)

ص28 تا 30 حافظ زبیر علی زئی کے قلم سے حرفِ نظر ثانی: حدیث کا دفاع کرنے والے زندہ ہیں! محررہ 19 جولائی 2010ء موجود ہے۔ جس میں آپ رحمہ اللہ رقم طراز ہیں کہ ''میں نے حافظ ابو یحییٰ نور پوری صاحب کی اس ساری کتاب کو لفظ بلفظ پڑھا ہے اور دین حق کے دفاع میں انتہائی مفید پایا ہے جس کے جواب الجواب سے منکرین حدیث ہمیشہ عاجز رہیں گے۔ (ان شاء اللہ)'' (ص 29)

۱۸۔ عقیدہ عذاب قبر

تحریر: ڈاکٹر ابو جابر عبداللہ دامانوی

مقدمہ: جناب زبیر علی زئی صاحب

شائع کردہ: مدرسہ ام المؤمنین حفصہ بنت عمر فاروق اعظم (للبنات) 36/614 کیماڑی کراچی۔

طبع دوم: نومبر 2000ء

صفحات: 96

مقدمہ ص4 تا 7 موجود ہے۔ آغاز (ص4) پر جناب زبیر علی زئی صاحب لکھا ہے، جبکہ آخر (ص7) پر زبیر بن مجدد علیزئی، ضرو، کپڑا بازار ضلع اٹک مرقوم ہے۔ آپ رحمہ اللہ کے الفاظ ''گمراہوں باطل پرستوں کی ایک جماعت...... نے ب قبر کا انکار کیا ہے، جبکہ یہ عقیدہ صحیح اور متواتر احادیث سے قطعیت کے ساتھ ثابت ہے۔'' (ص4)

اپنے دعویٰ کو مدلل طور پر باحوالہ ثابت کیا ہے۔

محدث العصر رحمہ اللہ کا مذکورہ بالا مقدمہ ''الدین الخالص'' نامی کتاب پر تحریر کردہ مقدمہ سے مختلف ہے۔ اسی بنا پر الگ سے تعارف مقدمہ ھذا ہدیہ قارئین ہے۔

۱۹۔ مشہور واقعات کی حقیقت

تالیف: ابو عبدالرحمٰن الفوزی

مترجم: محمد صدیق رضا

نظر ثانی: حافظ زبیر علی زئی

تقریظ: ابوالحسن مبشر احمد ربانی

ناشر: مکتبہ اسلامیہ لاہور/ فیصل آباد، اگست 2011ء

صفحات: 180

''تقدیم'' محررہ حافظ زبیر علی زئی مورخہ 30 اکتوبر 2007ء ہے۔ معروضات مترجم میں جناب ابو الاسجد محمد صدیق رضا رقم طراز ہیں کہ ''من لم یشکر الناس لم یشکر اللّٰہ'' کے پیش نظر بندہ تہہ دل سے استاذ گرامی الشیخ حافظ زبیر علی زئی صاحب کا مشکور ہے کہ آپ نے اس پر نظر ثانی فرمائی، نیز بعض مقامات پر ''تنبیہ'' یا ''تنبیہ بلیغ'' کے عنوان سے فاضل مؤلف سے اختلاف یا کسی علمی و تحقیقی نکتہ کا اضافہ بھی فرمایا ہے۔''

''تنبیہ'' یا ''تنبیہ بلیغ'' کے عنوان سے جو عبارت بین القوسین پائی جاتی ہے۔ یہ استاذی المحترم حافظ زبیر علی زئی صاحب کی وضاحتیں ہیں۔ عموماً اس کے آخر میں بھی آپ زع یا زبیر علی زئی لکھا پائیں گے۔'' (ص16)

۲۰۔ مقالات الحدیث

نگارشات: مختلف اہل علم وفضل
تحقیق ونظر ثانی: حافظ زبیر علی زئی
ناشر: مکتبہ اسلامیہ لاہور/ فیصل آباد، 2011ء (اشاعت اول)

صفحات: 691

مقالات الحدیث ماہنامہ الحدیث حضرو میں 2004 تا 2010ء مختلف اہل علم وقلم کے شائع شدہ قابل ذکر تحقیقی وعلمی مضامین کا مجموعہ ہے۔ ان مضامین پر محدث العصر حافظ زبیر علی زئی رحمۃ اللہ علیہ کی تحقیق ونظر ثانی نہ صرف اس پر مستزاد بلکہ سونے پر سہاگا کے مصداق ہے۔

۲۱۔ مقالات راشدیہ (جلد ششم)

ازقلم: شیخ العرب والعجم الشیخ ابو محمد بدیع الدین شاہ الراشدی رحمۃ اللہ علیہ
اعداد: الشیخ افتخار احمد تاج الدین الازہری حفظہ اللہ
تقدیم: حافظ زبیر علی زئی رحمۃ اللہ علیہ
ناشر: نعمانی کتب خانہ لاہور، فروری 2014ء
صفحات: 624

فضیلۃ الشیخ حافظ زبیر علی زئی رحمۃ اللہ علیہ کی وفات کے بعد ان کے اپنے استاد محترم شیخ العرب والعجم ابو محمد بدیع الدین شاہ راشدی رحمۃ اللہ علیہ کے بارے میں پہلے سے شائع شدہ مضمون بطور ''تقریظ'' (ص 5 تا 13) شائع کیا گیا ہے۔ جبکہ جلد اور سرورق پر ''تقدیم'' لکھا ہوا ہے۔

۲۲۔ نور من نور اللہ

تصنیف وتالیف: ڈاکٹر ابو جابر عبداللہ دامانوی
تقدیم: حافظ زبیر علی زئی

اصل کتاب تک رسائی ممکن نہیں ہوسکی، تاہم مقالات ج 4 ص 555 تا 557 پر یہ مقدمہ موجود ہے۔ یہ بھی ظاہر ہوتا ہے کہ یہ تحریر بطور تقدیم 2 مئی 2010ء کی تحریر کردہ ہے۔

3- ماہنامہ الحدیث حضرو اٹک

اسلامی رسائل وجرائد کی دنیا میں خالصتاً ٹھوس علمی و تحقیقی معیار پر بزبان اردو ماہنامہ الحدیث حضرو کا آغاز جلد 1 شمارہ 1 جون 2004ء سے ہوا۔

جس کے بارے میں فاضل مدیر حافظ زبیر علی زئی رحمۃ اللہ علیہ نے ''کلمۃ الحدیث'' کے تحت اصول ومقاصد بیان فرمائے۔ یہ تحریر ''الحدیث'' نام کے پس پردہ سوچ پر راہنمائی کے لئے بھی مدد ومعاون ٹھہرے گی۔ آپ کے بقول:

اصول ومقاصد

اللہ تعالیٰ نے ''احسن الحدیث'' (قرآن مجید) نازل فرمایا۔ (الزمر:23

رسول اللہ صلی اللہ علیہ وسلم نے فرمایا: ((نضّر اللہ امرأ س
منا حدیثًا فحفظه حتی یبلغه......)) ''اللہ تعا
شخص کے چہرے کو تر وتازہ رکھے جس نے ہم
حدیث سنی پھر اسے یاد رکھا حتیٰ کہ آگے پہنچادی۔
(ابو داود: 3660 واسنادہ صحیح، الترمذی: 2656 وقال
4105 وصححہ ابن حبان: 72، 73)

عز

معلوم ہوا کہ رسول اللہ ﷺ کے قول (وفعل اور تقریر) کو بھی حدیث کہا جاتا ہے۔

اسلام کی بنیاد انھی دو حدیثوں (قرآن اور حدیث رسول) پر ہے، قرآن و حدیث سے اجماع کا حجت ہونا ثابت ہے۔ (مثلاً دیکھئے سورۃ النساء: 115، والمستدرک للحاکم 1/116 ح 399 وسندہ صحیح)'' (الحدیث ج 1 ش 1، ص 4)

اور اصول و مقاصد کی تفصیلات کے بارے میں یوں رقم طراز ہیں:

''ہم [ماہنامہ] ''الحدیث حضرو'' کا یہ سلسلہ جاری کر رہے ہیں جس میں درج ذیل اصول و مقاصد کو ہمیشہ پیش نظر رکھا جائے گا۔ ان شاء اللہ العزیز

① قرآن وحدیث اور اجماع کی برتری

② سلف صالحین کے متفقہ فہم کا پرچار

③ صحابہ، تابعین، تبع تابعین، محدثین اور تمام ائمہ کرام سے محبت

④ صحیح وحسن روایات سے استدلال اور ضعیف و مردود روایات سے کلی اجتناب

⑤ اتباع کتاب وسنت کی طرف والہانہ محبت

⑥ علمی، تحقیقی، معلوماتی مضامین اور انتہائی شائستہ زبان

⑦ مخالفین کتاب وسنت اور اہل باطل پر علم ومتانت کے ساتھ بہترین وبادلائل رد

⑧ اصول حدیث اور اسماء الرجال کو مدنظر رکھتے ہوئے اشاعت الحدیث

⑨ دین اسلام اور مسلک اہل الحدیث کا دفاع

⑩ قرآن وحدیث کے ذریعے سے اتحادِ امت کی طرف دعوت

قارئین کرام سے درخواست ہے کہ ''الحدیث حضرو'' کا بغور مطالعہ کر کے اپنے قیمتی مشوروں سے مستفید فرمائیں، ہر مخلصانہ اور مفید مشورے کا قدر وتشکر کی نظر سے خیر مقدم کیا جائے گا۔''

مقالہ ھذا کی تیاری کے دوران میں مجلّہ ''الحدیث'' حضرو کی فائلوں کی ورق گردانی میں اس کے اجرا پر مدیر مکرم رحمہ اللہ کے نام جون 2004ء میں تحریر کردہ تہنیتی خط کا ''رف'' سامنے آنے پر دلی مسرت ہوئی کہ مجلّہ ''الحدیث'' کے پہلے شمارے سے استوار ہونے والا تعلق خاطر تا حال قائم ہے اس قلبی مسرت کے اظہار کی خاطر وہ سطور نظر پیش خدمت ہیں: (گر قبول افتد زہے عز وشرف)

'' مکرمی ومحترمی حافظ زبیر علی زئی صاحب (متعنا اللہ بطول حیاتکم وافاداتکم)

السلام علیکم ورحمۃ اللہ وبرکاتہ

پچھلے ہفتے مکتبہ اسلامیہ پر آپ کی نئی کاوش ماہنامہ ''الحدیث'' حضرو کی زیارت ہوئی۔ ایک دیرینہ خواہش کی عملی تصویر پر دلی مسرت ہوئی اور دل کی اتھاہ گہرائیوں سے دعائیں نکلیں، اللہ تعالیٰ آپ کو صحت وسلامتی سے تا دیر نوازے اور ہم لوگ آپ کی تحقیقات علمیہ اور افادات عالیہ سے استفادہ کرتے ہوئے اپنی علمی پیاس بجھائیں، فکری راہنمائی پائیں۔

دعا گو ہوں کہ یہ مجلّہ علوم الحدیث کے حوالے سے بلند تر مقام کا حامل ٹھہرے اور آپ کی زیر ادارت اس کے ذریعے سے مختلف موضوعات کو جگہ دے کر علمی وتحقیقی معلومات سے آگاہی کا سامان مہیا کرتے رہیے (اللھم زد فزد)

حدیث نبوی پر تحقیقی کام کرنے والے شیوخ اور ان

کے کام کا تفصیلی تعارف، حدیث لٹریچر کا تعارف، حدیث نبوی کے بارے میں پائے جانے والے جدید افکار پر نقد و نظر......علیٰ ھذا القیاس حدیث وعلوم الحدیث پر ایک ماہنامہ مجلّے کی کمی کی تلافی کر دکھائیں ......اللہ تعالیٰ آپ کا حامی و ناصر ہو۔ اخوکم فی اللہ خالد ظفر اللہ ''

مدیر مکرم حافظ علی زئی رحمہ اللہ اپنے ہر موقف کے بارے میں ٹھوس علمی دلائل کا وافر ذخیرہ رکھتے تھے۔ مزید برآں احقاق حق اور ابطال باطل کے بارے میں جرأت و بے پروائی کے مالک تھے لا یخافون لومۃ لائم کی زندہ تصویر تھے۔ آپ نے جو حق جانا بانگ دہل کہا اور لکھا اور اگر اپنے مؤقف یا تحقیق کی غلطی سامنے آگئی تو پھر اسی جرأت بے باکانہ کے ساتھ اعتراف غلطی اور رجوع کا اعلان کیا۔ الغرض مذکورہ بالا اصول و مقاصد کی پاسداری میں جان جان آفریں کے سپرد کردی، لیکن اپنے طے شدہ اصول و مقاصد سے کبھی بھی سرمو انحراف نہیں کیا۔ اسی شان علمی و تحقیقی کے ساتھ ماہنامہ الحدیث حضرو کا سفر جاری رہا۔ جس پر آپ نے اطمینان ومسرت کا اظہار اکتوبر 2006ء میں فرمایا آپ کے الفاظ:

''ماہنامہ الحدیث کا سفر

الحمد للّٰہ رب العالمین والصلوٰۃ والسلام علیٰ رسولہ الأمین، أما بعد:

تمام حمد و ثنا اللہ رب العالمین کے لئے ہے جس کے فضل و کرم سے ماہنامہ الحدیث حضرو کی تیسری جلد کا آخری شمارہ آپ کے ہاتھوں میں ہے۔ اس عظیم سفر کا آغاز جون 2004ء بمطابق ربیع الثانی 1425ھ میں ہوا۔

راقم الحروف نے کلمۃ الحدیث میں لکھا تھا کہ'' ...... درج ذیل اصول اور مقاصد ہمیشہ پیشِ نظر رکھا جائے گا۔ إن شاء اللّٰہ العزیز

① قرآن وحدیث اور اجماع کی برتری
② سلف صالحین کے متفقہ فہم کا پرچار
③ صحابہ، تابعین، تبع تابعین، محدثین اور تمام ائمہ کرام سے محبت
④ صحیح وحسن روایات سے استدلال اور ضعیف و مردود روایات سے کلی اجتناب
⑤ اتباع کتاب وسنت کی طرف والہانہ محبت
⑥ علمی، تحقیقی، معلوماتی مضامین اور انتہائی شائستہ زبان
⑦ مخالفین کتاب وسنت اور اہل باطل پر علم و متانت کے ساتھ بہترین و بادلائل رد
⑧ اصول حدیث اور اسماء الرجال کو مدنظر رکھتے ہوئے اشاعت الحدیث
⑨ دین اسلام اور مسلک اہل الحدیث کا دفاع
⑩ قرآن وحدیث کے ذریعے سے اتحادِ امت کی طرف دعوت (ماہنامہ الحدیث حضرو: 1 ص 5)

الحمد للہ ان اصول و مقاصد پر ہم نے پورا اُترنے کی کوشش کی ہے۔ علمی و تحقیقی حلقوں میں ماہنامہ الحدیث کو زبردست پذیرائی حاصل ہوئی اور اہل علم نے تحریری و زبانی حمایت کر کے ہمارے عزم و ارادے کو اور مضبوط کر دیا۔

ماہنامہ الحدیث کے بارے میں پروفیسر مولانا ابوحمزہ سعید مجتبیٰ سعیدی صاحب لکھتے ہیں: ''یہ مجلّہ واقعتاً ''بقامت کہتر و بقیمت بہتر'' کا مصداق ہے۔ آپ کے مقالات، فقہ الحدیث اور توضیح الاحکام خصوصاً اہمیت کے حامل ہیں۔ باقی مضامین کی اہمیت و افادیت سے بھی انکار نہیں۔'' (خط مورخہ 17 / جون 2002ء)

اکتیس مہینوں کے اس سفر میں مختصر صحیح نماز نبوی، نزولِ مسیح حق ہے، جنت کا راستہ، نور المصابیح فی صلٰوۃ التراویح، نماز میں بحالتِ قیام ہاتھ باندھنے کا حکم، دین میں تقلید کا مسئلہ، شعار اصحاب الحدیث، یمن کا سفر، اتباع کتاب وسنت، اتباع اور تقلید میں فرق، صحیح بخاری پر منکرین حدیث کے حملے، امام احمد بن حنبل کا مقام محدثین کرام کی نظر میں اور اہل حدیث ایک صفاتی نام اور اجماع جیسی عظیم الشان کتابیں شائع کی گئیں۔ احسن الحدیث (تفسیر قرآنِ مجید) فقہ الحدیث (اضواء المصابیح، تخریج وشرح مشکٰوۃ المصابیح) توضیح الاحکام (سوال وجواب اور تخریج الاحادیث) محبت ہی محبت اور غیر ثابت قصے جیسے علمی و تحقیقی سلسلے مسلسل جاری رہے۔ صحیح فضائل اعمال اور تحقیقی ومفید مضامین کے ذریعے سے علمی خزانہ لوگوں تک پہنچایا گیا۔

رسالہ الحدیث اصل میں اشاعۃ الحدیث، نصرۃ الحدیث اور دعوۃ الحدیث کا رسالہ ہے جو علمی جہاد میں تمام اہل باطل اور فرقِ ضالہ پر غالب ہے۔ قرآن وحدیث سے محبت کرنے والوں اور پارٹی بازیاں چھوڑ کر علمبردارانِ وحدت اہلِ حق کے دلوں کی ٹھنڈک اور آنکھوں کا تارا ہے۔

میں آخر میں اپنے ساتھیوں اور بھائیوں: حافظ ندیم ظہیر، ڈاکٹر ابو جابر عبداللہ دامانوی، ابوالاسجد محمد صدیق رضا، حافظ ابوالعباس شیر محمد، ابو ثاقب محمد صفدر حضروی، ابراہیم بن بشیر الحسینوی، نصیر احمد کاشف اور فضل اکبر کاشمیری، واجب الاحترام مولانا ارشاد الحق اثری حفظہ اللہ، استاذ محترم مولانا حافظ عبدالحمید ازہر حفظہ اللہ سمیت تمام علماء وفضلاء اور بھائیوں کا شکریہ ادا کرتا ہوں جنھوں نے عظیم علمی وتحقیقی تعاون فرمایا۔ جزاہم اللہ خیراً'' (الحدیث ج3 ش12 مسلسل نمبر31، ص2-3 محررہ)

بعد ازاں جنوری 2007ء میں 21 امور کی نشان دہی کرتے ہوئے ماہنامہ ''الحدیث'' کا منہج بالتفصیل ھدیۂ قارئین کیا۔

''ماہنامہ الحدیث کے منہج کی وضاحتیں

الحمد للّٰہ رب العالمین والصلٰوۃ والسلام علٰی رسولہ الأمین، أما بعد:

ماہنامہ الحدیث حضرو کے منہج اور طرزِ استدلال کے بارے میں چند وضاحتیں پیشِ خدمت ہیں:

۱: نصوصِ شرعیہ (قرآنِ مجید، احادیث صحیحہ اور اجماع) سے حتمی استدلال کیا جاتا ہے اور صریح نصوصِ شرعیہ معلوم نہ ہونے کی صورت میں اجتہاد کو جائز سمجھا جاتا ہے۔ اجتہاد کی کئی اقسام ہیں مثلاً:

☆ سلف صالحین کے غیر اختلافی آثار سے استدلال
☆ سلف صالحین کے اختلافی آثار میں سے راجح کو اختیار کرنا
☆ عام دلیل سے استدلال
☆ قیاسِ صحیح، مصالح مرسلہ اور اَولویت وغیرہ

۲: صحیحین (صحیح بخاری وصحیح مسلم) کی تمام متصل مرفوع احادیث یقیناً صحیح ہیں۔

۳: اصولِ حدیث واصولِ محدثین سے جس خبر واحد کا صحیح ہونا ثابت ہو جائے وہ قطعی، حتمی اور یقینی طور پر صحیح ہوتی ہے، اسے ظنی وغیرہ سمجھنا باطل ومردود ہے۔ اس صحیح روایت سے ایمان، عقیدہ، بیانِ قرآن، احکام اور اعمال ہر دینی مسئلے پر استدلال بالکل صحیح ہے۔

٤: ہر وہ راوی جس کے بارے میں محدثین کا اختلاف ہو،

اگر جمہور (مثلاً تین بمقابلۂ دو) اس کی صریح یا اشارتاً توثیق کردیں تو یہ راوی صدوق، حسن الحدیث ہوتا ہے اور اس کی بیان کردہ غیر معلول روایت فی نفسہ حسن لذاتہ اور حجت ہوتی ہے۔

تنبیہ: ماہنامہ الحدیث حضرو کے منہج میں حسن لغیرہ روایت کو حجت نہیں سمجھا جاتا بلکہ اسے ضعیف ہی کی ایک قسم سمجھا جاتا ہے۔

۵: جس راوی کو مجہول یا مستور کہا گیا ہے اگر اس کی صریح یا اشارتاً توثیق کسی ایک معتبر محدث مثلاً دارقطنی وابن خزیمہ وغیرہما سے ثابت ہو جائے تو یہ راوی صدوق، حسن الحدیث ہوتا ہے اور اسے مجہول و مستور کہنا غلط ہے، اگرچہ ایک ہزار امام بھی اسے مجہول و مستور کہتے ہوں۔

تنبیہ: اشارتاً کا مطلب یہ ہے کہ کوئی محدث اس راوی کی حدیث کو صحیح یا حسن وغیرہ کہہ دے یا قرار دے۔

٦: اگر ایک راوی کو مجہول یا مستور وغیرہ کہا گیا ہے اور دو متساہل محدثین مثلاً: حافظ ابن حبان اور امام ترمذی اس کی توثیق صراحتاً یا اشارتاً کردیں تو اس راوی کو حسن الحدیث ہی تسلیم کیا جاتا ہے۔

۷: جس راوی کا مدلس ہونا اُن محدثین سے ثابت ہو جائے جو ارسال اور تدلیس کو ایک نہیں سمجھتے تو ایسے راوی کی عن والی روایت کو غیر صحیحین میں ضعیف سمجھا جاتا ہے۔

۸: ثقہ وصدوق راوی کی زیادت کو ہمیشہ ترجیح حاصل ہے مثلاً: ایک ثقہ وصدوق راوی کسی سند یا متن میں کچھ اضافہ بیان کرتا ہے۔ فرض کریں یہ اضافہ ایک ہزار راوی بیان نہیں کرتے، تب بھی اسی اضافے کا اعتبار ہوگا اور اسے صحیح یا حسن سمجھا جائے گا۔ ایسی صورت میں یہ کہنا کہ فلاں فلاں راوی نے یہ الفاظ بیان نہیں کیے، مخالفت کی ہے، مردود ہے۔

۹: جس شخص کا جو قول بھی پیش کیا جائے اس کا صحیح وثابت ہونا ضروری ہے۔ صرف یہ کافی نہیں کہ یہ فلاں کتاب مثلاً: تہذیب الکمال، میزان الاعتدال یا تہذیب التہذیب وغیرہ میں لکھا ہوا ہے، بلکہ اس کے ثبوت کے بعد ہی اسے بطورِ جزم پیش کرنا چاہیے۔

۱۰: عین ممکن ہے کہ ایک روایت کی سند بظاہر صحیح و حسن معلوم ہوتی ہو، لیکن محدثینِ کرام نے بالاتفاق اسے ضعیف قرار دیا ہو تو یہ روایت معلول ہونے کی وجہ سے ضعیف و مردود سمجھی جاتی ہے۔

۱۱: کتاب وسنت کے مقابلے میں ہر قول اور ہر اجتہاد مردود ہے، مثلاً صحیح حدیث سے ثابت ہے کہ متعۃ النکاح قیامت تک حرام ہے۔ اب اگر کسی عالم کا یہ قول مل جائے کہ متعۃ النکاح جائز ہے تو اس قول کو ہمیشہ مردود سمجھا جائے گا۔

۱۲: کتاب وسنت کا وہی مفہوم معتبر و مستند ہے جو سلف صالحین سے بلا اختلاف ثابت ہے۔ اگر کسی بات میں ان کا اختلاف ہو تو راجح کو ترجیح دی جائے گی۔

۱۳: اجتہادی اُمور اور اہلِ حق کے باہمی اختلاف میں وسعتِ نظر کے ساتھ علمی و باوقار اختلاف و استدلال جائز ہے اور مخالف کا احترام کرنا چاہیے۔

۱۴: اپنی خطا سے علانیہ رجوع کرنا چاہیے۔

۱۵: اہلِ بدعت کی کوئی عزت و توقیر نہیں بلکہ ان سے براءت ایمان کا مسئلہ ہے۔

۱٦: ماہنامہ الحدیث میں ہر تحریر سے ادارے کا متفق ہونا ضروری ہے اور اختلاف کی صورت میں صراحتاً یا اشارتاً

وضاحت کر دی جاتی ہے۔ یاد رہے کہ مضمون نگار اور اس کی دیگر تحریروں وغیرہ سے ہمارا متفق ہونا ضروری نہیں۔

۱۷: عوام سے معذرت کے ساتھ عرض ہے کہ ماہنامہ الحدیث ایک خالصتاً علمی و تحقیقی رسالہ ہے، لہٰذا اس میں بعض ایسے مضامین بھی شائع ہوتے ہیں جنھیں عوام الناس کا سمجھنا مشکل کام ہوتا ہے، تاہم کتاب وسنت کی دعوت اور تبلیغِ حق کی اشاعت کے لئے ایسے مضامین کا شائع کیا جانا ضروری ہے۔

۱۸: ہر بات باحوالہ پیش کرنا ماہنامہ الحدیث کا امتیاز ہے۔

۱۹: تکفیری و مرجی اور دیگر فرقِ ضالہ سے براءت کرتے ہوئے حدیث اور اہلِ حدیث (محدثین اور متبعینِ حدیث) کا دفاع کرنا ماہنامہ الحدیث کا نصب العین ہے۔

۲۰: تمام پارٹیوں اور تنظیموں سے علیحدہ رہ کر اہلِ حق کو متحد کر کے ایک جماعت بنانا وہ عظیم مقصد ہے جس کے لئے ہم دن رات کوشاں ہیں۔

۲۱: ماہنامہ الحدیث حضرو میں بعض اوقات اگر کسی تحریر سے اختلاف ظاہر کرنا مقصود ہو یا کسی غلطی کی طرف تنبیہ ہو تو عبارت کے اوپر ایک لکیر (—) کھینچ کر اشارہ کر دیا جاتا ہے یا کبھی عبارت کو واوین ("") میں لکھ دیا جاتا ہے۔ **وما علینا إلا البلاغ** (۶/ جنوری ۲۰۰۷ء)"

(ماہنامہ الحدیث ج4 ش3 مسلسل نمبر34 ص2-4 محررہ)

ماہنامہ الحدیث حضرو کا سفر اپنے وضع کردہ اصول و مقاصد اور طے کردہ منہج پر رواں دواں تھا۔ علمی و تحقیقی دنیا میں اس کا سکہ مانا جا رہا تھا۔ ان کا فرمایا ہوا مستند تسلیم کیا جا رہا تھا۔ اعلیٰ ٹھوس تحقیقی ذوق کے قارئین شدت سے ہر مہینے کی یکم تاریخ کا انتظار کرتے اور بلا مبالغہ شاذ و نادر یہ ماہنامہ یکم تاریخ سے لیٹ ہوا۔ ورنہ بروقت قارئین کے ہاتھوں میں پہنچ جانا بھی ایک ریکارڈ تھا۔

ماہنامہ الحدیث اپنے سفر کی 10ویں جلد کی منازل طے کر رہا تھا کہ مدیر مکرم حافظ زبیر علی زئی رحمہ اللہ 10 نومبر 2013ء کو اپنے خالق حقیقی سے جا ملے۔ (إنا لله و إنا إليه راجعون)

اور یوں آپ کی ادارت میں ماہنامہ الحدیث کا آخری شمارہ ج10 ش10 مسلسل نمبر 111 نومبر 2013ء کا شمارہ تھا اور اب آپ کے بعد آپ کے شاگرد خاص حافظ ندیم ظہیر حفظہ اللہ کی ادارت میں ماہنامہ الحدیث حضرو شائع ہو رہا ہے۔ جس میں علاوہ دیگر تحریروں کے محدث العصر فضیلۃ الشیخ حافظ زبیر علی زئی رحمہ اللہ کے علمی و تحقیقی آثار کا معتد بہ حصہ ہدیہ قارئین ہو رہا ہے۔ اللہ کرے یہ مجلّہ آپ کے جملہ علمی و تحقیقی آثار کی اشاعت کا ذریعہ ٹھہرے۔ درحقیقت محدث العصر رحمہ اللہ کی تحقیقات انیقہ اور تنقیدات قاطعہ ہی اس ماہنامہ کی پہچان بلکہ طرہ امتیاز ہیں۔ اللہ تعالیٰ آپ کے علمی و روحانی وارثان کو خاص توفیق ارزاں فرمائے اور یہ وارثان آپ کا تمام تر علمی سرمایہ اہل علم تک پہنچانے میں سرخرو ٹھہریں جو کہ درحقیقت وارثان کے پاس آپ رحمہ اللہ کی علمی امانت اور اشاعتی قرض ہے۔ اللہ رب العزت کے حضور مکرر خصوصی توفیق اور مدد کی دعا کے لئے عرض پرداز ہیں۔

(آمین ثم آمین)

ماہنامہ الحدیث حضرو کا تعارف درج ذیل خطوط پر سپرد قلم کیا جا رہا ہے۔

1 نام مجلّہ: 2 مدیر:
3 نائب مدیر و معاون مدیر (iii) معاونین
4 ناشر 5 مقام اشاعت
6 تاریخ اجراء 7 صفحات اور سائز

بے جا طوالت سے احتراز کرتے ہوئے مذکورہ بالا 7امور کی الگ الگ تفصیلات احاطۂ تحریر میں لائی جا رہی ہیں۔ یہ تفصیلات بانی و مدیر مکرم کی ادارت کے حوالے سے ابتدائی 10 جلدوں کو محیط ہیں۔ یہ جلدیں سن عیسوی کی ترتیب پر مکمل ہوتی رہی ہیں۔

جلد اول: جون تا دسمبر 2004ء مسلسل نمبر 1۔7

جلد دوم: جنوری تا دسمبر 2005ء مسلسل نمبر 8۔19

جلد سوم: جنوری تا دسمبر 2006ء مسلسل نمبر 20۔31

جلد چہارم: جنوری تا دسمبر 2007ء مسلسل نمبر 32۔43

جلد پنجم: جنوری تا دسمبر 2008ء مسلسل نمبر 44۔55

جلد ششم: جنوری تا دسمبر 2009ء مسلسل نمبر 56۔67

جلد ہفتم: جنوری تا دسمبر 2010ء مسلسل نمبر 68۔79

جلد ہشتم: جنوری تا دسمبر 2011ء مسلسل نمبر 80۔90

جلد نہم: جنوری تا دسمبر 2012ء مسلسل نمبر 92۔100

جلد دہم: جنوری تا دسمبر 2013ء مسلسل نمبر 101۔112

آمدہ سطور میں تمام تر معلومات و تفصیلات ماہنامہ الحدیث حضرو کے مسلسل نمبر کے حوالے سے پیش کی جائیں گی۔ مذکورہ بالا سات 7امور کی تفصیلات ھدیہ قارئین ہیں:

1- نام مجلّہ: (i) ماہنامہ الحدیث حضرو
(مسلسل نمبر 1 تا مسلسل نمبر 100)
(ii) ماہنامہ اشاعۃ الحدیث حضرو
(مسلسل نمبر 101 تا 112 و مابعد)

2- مدیر: (i) مدیر حافظ زبیر علی زئی
(مسلسل نمبر 1 تا حیات مسلسل نمبر 111)
(ii) حافظ ندیم ظہیر
(مسلسل نمبر 112 و مابعد)

3- (ا) نائب مدیر: (i) ڈاکٹر خالد محمود بھٹی
(مسلسل نمبر 1۔9)
(ii) ابو ثاقب محمد صفدر حضروی
(مسلسل نمبر 10۔17)
(iii) فضل اکبر کاشمیری
(مسلسل نمبر 18۔31)
(iv) حافظ ندیم ظہیر
(مسلسل نمبر 101۔111)

(ب) معاون مدیر: حافظ ندیم ظہیر
(مسلسل نمبر 2۔4، 12۔31)

(ج) معاونین: (i) فضل اکبر کاشمیری، حافظ ندیم ظہیر
محمد صفدر حضروی، ابو خالد شاکر
(مسلسل نمبر 32۔34)
(ii) حافظ ندیم ظہیر، محمد صفدر حضروی، ابو خالد شاکر
(مسلسل نمبر 35، 37۔43)
(iii) حافظ ندیم ظہیر، محمد صفدر حضروی (36)
(iv) حافظ ندیم ظہیر، محمد صفدر حضروی
ابو جابر عبداللہ دامانوی، ابو خالد شاکر (44۔57)
(v) حافظ ندیم ظہیر، ابو جابر عبداللہ دامانوی
محمد اعظم، ابو خالد شاکر (58۔79)
(vi) حافظ ندیم ظہیر، ابو خالد شاکر
ابو جابر عبداللہ دامانوی (80۔100)
(vii) ابو جابر عبداللہ دامانوی، ابو خالد شاکر
محمد سرور عاصم، محمد ارشد کمال، محمد زبیر صادق
آبادی، محمد صدیق رضا (101۔112)

3- ناشر: (i) حافظ شیر محمد

(مسلسل نمبر1۔111)
(ii) حافظ شیر محمد اثری
(مسلسل نمبر112 ومابعد)

5- مقام اشاعت: مکتبۃ الحدیث حضرو، اٹک
(مسلسل نمبر1۔112 ومابعد)

6- تاریخ اجراء: ماہنامہ کے طور پر اور ہر ماہ کی یکم تاریخ اشاعت کی بنیاد پر جون 2004ء سے اجراء ہوا۔ بانی ومدیر حافظ زبیر علی زئیؒ کی ادارت میں 111 شمارے (نومبر 2013ء تک) شائع ہوئے۔ جن میں سے صرف تین شمارے مسلسل نمبر 94 (مارچ، اپریل 2012ء) نمبر 95 (مئی جون 2012ء) اور نمبر 100 (نومبر، دسمبر 2014ء) دو دو ماہ کو محیط ہیں۔ اس کی وجہ مدیر مکرمؒ کے الفاظ میں ''اگلے سال بعض شمارے دو مہینوں میں ایک ایک دفعہ شائع ہوگا، تاکہ دسمبر 2012ء والے شمارے کا مسلسل نمبر 100 ہو۔ ان شاء اللہ'' (الحدیث مسلسل نمبر 91، ص57)

ان کے علاوہ باقی تمام شمارے ماہانہ بنیادوں پر ہر ماہ کی یکم تاریخ کو اشاعت کے بعد قارئین کے لئے دستیاب ہوتے تھے۔ بروقت اشاعت مدیر مکرمؒ کے ہاں اپنے اوپر عائد ذمہ داری کی ادائیگی کی حساسیت پر بہت بڑی دلیل ہے، بلکہ الفضل ما شهدت به الاعداء بھی اس پر شاہد ہیں۔

7- صفحات اور سائز:

ابتدائی دس جلدوں کے زیادہ تر شماروں کے 48، 48 صفحات ہیں، لیکن مسلسل نمبر 112 کے 54 صفحات، مسلسل نمبر 67، 79 اور 91 کے 56، 56 صفحات، مسلسل نمبر 19، 22۔ 43 اور 55 کے 64،64 صفحات، مسلسل نمبر 95 کے 96 صفحات، مسلسل نمبر 100 کے 98 صفحات اور مسلسل نمبر 94 کے 100 صفحات ہیں، تاہم تمام شماروں کا سائز 8.5x5.5 انچ کی صورت میں یکساں ہے۔ الحدیث کے صفحات کی تعداد 48 یا زائد ہو۔ یہ تعداد ٹائٹل (سرورق، اندرون ٹائٹل، اندرون بیک، بیک) کے علاوہ صفحات کو ظاہر کرتی ہے۔

بانی مدیر مکرمؒ نے اغلاط سے پاک ''الحدیث'' کا ایک معیار قائم کیا اور شاذ و نادر اگر کمپوزنگ کی کوئی غلطی رہ گئی تو آئندہ شمارے میں اس غلطی کی تصحیح اور معذرت شائع ہوتی تھی۔ غلطی ہونا اگر انسانی کمزوری تھی تو غلطی کی تصحیح اور اعتراف کا اعلان آپ کی عظمت کی دلیل تھی۔

اُمید واثق ہے کہ ماہنامہ الحدیث حضرو کی ابتدائی دس جلدوں کے بارے میں مہیا کردہ مذکورہ معلومات سے ارباب علم وفضل ''الحدیث'' کے خارجی تعارف سے بخوبی آگاہ ہو جائیں گے، جبکہ دس جلدوں کا داخلی تعارف بہت سی تفصیلات کا حامل ہے جس کے لیے ''الحدیث'' کی دس جلدوں کا داخلی دقیق مطالعہ ہی کفایت کرسکتا ہے، تاہم ہر جلد کے آخر پر شائع شدہ فہرست مضامین پیش خدمت ہے۔ جس سے مضامین کے عنوانات اور ارباب علم وقلم کے اسماء گرامی پر آگاہی کا فریضہ ادا ہو جائے گا۔ اس فہرست کی تیاری اور ای میل کرنے پر راقم السطور برادران گرامی جناب محمد وقاص اور محمد اسد حبیب صاحب فیصل آبادی کا تہہ دل سے شکرگزار ہے۔ (جزاهم الله فاحسن الجزاء)

امام حافظ زبیر علی زئیؒ کی دینی و علمی خدمات

مولانا عبدالرشید عراقی*

حافظ زبیر علی زئی رحمہ اللہ کی جیسی جامع کمالات شخصیتیں کہیں صدیوں میں پیدا ہوتی ہیں، وہ اپنے دور کے بلند پایہ عالم دین، مفسر قرآن، محدث، محقق، مورخ وصحافی، مصنف اور مدرس تھے۔ جملہ علوم اسلامیہ پر ان کی گہری نظر تھی اور بعض علوم خاص کر حدیث اور اسماء الرجال میں امامت کا درجہ رکھتے تھے۔ ان میں اپنی علمی و دینی بصیرت اور تلاش وتحقیق کی ایسی یادگاریں چھوڑی ہیں جو علمی دنیا کی رہنمائی کا کام دیتی رہیں گی۔ ان کا علمی درجہ اتنا بلند اوران کی علمی و دینی خدمات کا دائرہ اتنا وسیع اور گونا گوں اتنا متنوع ہے کہ اس کی تفصیل کے لئے ایک مستقل کتاب کی ضرورت ہے۔

ان کی علمی و دینی خدمات کا دائرہ وسیع ہے۔ مگر ان سب کی غرض وغایت تقریباً صرف ایک تھی، یعنی دین اسلام کی نشر واشاعت، کلام اللہ اور حدیث نبوی ﷺ کی اشاعت وحفاظت اور دفاع۔ حدیث نبوی ﷺ کا دفاع ان کا خاص موضوع تھا اور اس فن میں وہ یگانہ روزگار تھے۔ حدیث کی معرفت اور اس کے حفظ وضبط میں بے مثال تھے۔ احادیث کے علل واسقام کی تمیز میں غیر معمولی مہارت رکھتے تھے۔ حدیث اور اس کے متعلقات پر ان کو مہارت تامہ حاصل تھی۔ مورخ ابن خلکان نے اپنی تاریخ میں امام ابوبکر احمد بن حسین بن علی البیہقی (م ۴۵۸ھ) کے بارے میں لکھا ہے:

”غلب علیه علم الحدیث و اشتھر به“

ان پر علم حدیث خاص طور سے غالب تھا اور اس میں انھیں نمایاں شہرت حاصل ہوئی۔ (تاریخ ابن خلکان ۱/ ۳۵)

حافظ زبیر علی زئی پر مورخ ابن خلکان کا یہ جملہ مکمل طور پر صادق آتا ہے۔ انھوں نے اپنی زندگی حدیث نبوی ﷺ کی اشاعت اور دفاع ہی کے لئے وقف کر دی تھی۔

حدیث نبوی ﷺ میں عدیم المثال ہونے کے علاوہ اسماء الرجال پر بھی ان کو عبور کامل تھا اور وہ اس فن میں سند تسلیم کیے جاتے تھے۔ بقول مولانا محمد اسحاق بھٹی رحمہ اللہ:

”ابتدائے عمری سے مطالعہ اور تحقیق کا شوق پیدا ہو گیا تھا“ مولانا بھٹی کہتے ہیں: ”حافظ زبیر علی زئی کا مسکن حضرو ہے، ان کا اصل کام تصنیف وتالیف تھا اور وہ اسی کام میں مصروف رہتے تھے۔ ایک مدرسہ بھی قائم کیا ہوا تھا جس میں تدریس فرماتے تھے۔ اس کے علاوہ ماہنامہ ”الحدیث“ کئی سال سے جاری کیا ہوا ہے (جس کے ۱۱۱) شمارے شائع ہوئے ہیں۔ (نومبر ۲۰۱۳ء تک) وہ تحقیق سے لکھتے تھے۔ اسی رسالہ میں زیادہ تر مضامین ان کے تحریر فرمودہ ہوتے تھے۔ وہ تحقیق سے لکھتے تھے۔ اور صاف الفاظ میں باحوالہ اپنا نقطہ نظر کی صراحت کرتے تھے۔ اردو اور عربی دونوں زبانوں میں لکھتے تھے۔“ (گلستان حدیث ص ۵۳۷)

فن مناظرہ میں بھی ان کو یدطولیٰ حاصل تھا۔ عیسائیوں، مرزائیوں، شیعوں، دیوبندیوں اور جماعۃ المسلمین کراچی کے مولویوں سے کئی ایک مناظرے کیے اور اللہ تعالیٰ کے فضل وکرم

* معروف قلمکار، مورخ ومصنف کتب کثیرہ

سے ہر مناظرے میں کامیابی و کامرانی سے ہمکنار ہوئے۔

حافظ زبیر علی زئی ایک کامیاب محقق و مورخ ہونے کے ساتھ ساتھ بہترین مبلغ و مصنف اور مدرس تھے۔ ان کی زبان و قلم میں بلا کی شائستگی و ادتدو یزعا تھی۔ آپ کی تقریروں میں علم و روحانیت، فکر و بصیرت اور تحقیق و کاوش کے جوہروں کے ساتھ ساتھ ادب کی چاشنی اور اسلوب کی دلآویزیاں چمکتی دمکتی نظر آتی تھیں۔ آپ ایک جرأت منداور بیباک مقرر تھے۔ بقول مولانا محمد اسحاق بھٹی رحمہ اللہ کے:

''اپنے مسلک کے پُرعزم اور سرگرم مبلغ تھے۔ اس باب میں وہ کسی کی پرواہ نہیں کرتے تھے۔''

حافظ زبیر علی زئی ایک نابغہ روزگار اور عہد ساز شخص تھے۔ ان کی دینی، علمی، مذہبی، ادبی، مسلکی اور صحافتی خدمات قابل قدر ہیں۔ حافظ زبیر علی زئی اپنی غیر معمولی دینی بصیرت اور دماغی قابلیتوں کی وجہ سے اہل علم و اہل قلم طبقہ میں قدر و منزلت کی نگاہ سے دیکھے جاتے تھے۔ ان میں ایک بہت نمایاں صفت ان کی صحافت بھی ہے۔ ماہنامہ ''الحدیث'' علمی و ادبی دنیا میں ایک خاص مقام رکھتا ہے اور اہل علم اس کا بڑے ذوق و شوق سے مطالعہ کرتے ہیں۔

صحافت سے حافظ صاحب کا مقصد جلبِ منفعت یا طلبِ جاہ نہ تھا، بلکہ وہ اس کے ذریعے سے اخلاص اور بے لوثی اور اللہ تعالیٰ کی رضا و خوشنودی حاصل کرنے کے لئے دین اسلام کی نشر و اشاعت، کلام اللہ اور حدیث نبوی ﷺ کی ترقی و حفاظت اور دفاع، شرک و بدعت و محدثات کی تردید و توبیخ اور ان کے علاوہ علمائے سلف کے حالات اور ان کے دینی و علمی کارناموں سے آگاہ کرنا تھا۔ حافظ صاحب کا اسلوبِ بیان اور طرز تحریر پاکستان کے تمام دینی رسائل کے ایڈیٹروں سے مختلف تھا۔ بہر حال یہ حقیقت ہے کہ حافظ زبیر علی زئی صحافت میں بھی اپنا ایک خاص اور الگ مقام رکھتے تھے۔

حافظ صاحب جماعت اہل حدیث کے جید عالم دین، عظیم محقق اور مورخ اور مصنف و مدرس اور واعظ و مبلغ تھے۔ قدرت کی طرف سے اچھے دل و دماغ لے کر پیدا ہوئے تھے۔ اللہ تعالیٰ نے قوتِ حافظہ کی غیر معمولی نعمت سے نوازا تھا۔

ٹھوس اور قیمتی مطالعہ ان کا سرمایہ علم تھا۔ فقہ المذاہب الاربعہ پر ان کا مطالعہ وسیع تھا اور خاص کر فقہ حنفی پر تنقیدی نگاہ رکھتے تھے۔ جو کچھ لکھتے تھے تحقیق سے لکھتے تھے۔

مختصر یہ کہ حافظ زبیر علی زئی کی ذات گرامی قدیم روایات صالحہ کی یادگار تھی۔ ان کے سانحہ ارتحال سے جماعت اہل حدیث پاکستان کو عظیم نقصان پہنچا ہے اور ان کا نعم البدل ملنا محال ہے۔ اللہ تعالیٰ سے دعا ہے کہ وہ ان کی بال بال مغفرت فرمائے۔ (آمین)

ے ہزاروں سال نرگس اپنی بے نوری پہ روتی ہے
بڑی مشکل سے ہوتا ہے چمن میں دیدہ ور پیدا

مقالات: حافظ زبیر علی زئی رحمہ اللہ نے یوں تو ہر موضوع پر مضامین لکھے اور اس موضوع کے متعلق اپنے مطالعہ و تحقیق کا حق ادا کیا۔ آپ کے مقالات کی پانچ [1] جلدیں مکتبہ اسلامیہ اردو بازار لاہور نے شائع کی ہیں۔ جن کے صفحات کی مجموعی تعداد ۳۲۰۵ ہے۔ ان پانچوں جلدوں میں جن موضوعات سے متعلق مضامین شامل کیے گئے ہیں ان کی تفصیل حسب ذیل ہے:

[1] اب چھٹی جلد بھی شائع ہو چکی ہے۔ وللہ الحمد

۱: عقائد مسلک اہل حدیث اور اعتراضات کے جوابات
۲: نماز کے بعض مسائل
۳: اصولِ حدیث اور تحقیق الروایات
۴: تذکرہ علمائے حدیث
۵: تذکرۃ الراوی
۶: باطل مذاہب ومسالک اور ان کا رد
۷: کتاب الفتن
۸: بعض شبہات اور باطل استدلالات کا رد
۹: شذرات الذہب
۱۰: احکام ومسائل
۱۱: آثار السنن (تنقیدی جائزہ)
۱۲: نصر المعبود
۱۳: عقائد علمائے دیوبند
۱۴: تحقیق وتنقید
۱۵: متفرق مضامین
۱۶: قربانی اور عقیقے کے مسائل
۱۷: تحقیق وتنقید

مقالات کی مجموعی تعداد (۳۳۰) ہے۔

تمام مقالات کا خلاصہ بیان کرنے کی ایک مستقل ضخیم کتاب ہی متحمل ہوسکتی ہے۔ ماہنامہ ''الحدیث'' کا خاص شمارہ محدث العصر نمبر حافظ زبیر علی زئی رحمہ اللہ اس کا متحمل نہیں ہوسکتا۔

احقر نے ان مقالات میں صرف دو عنوانات کا انتخاب کیا ہے۔ ایک ''اصول اور تحقیق روایات'' اور دوسرا ''تذکرہ علمائے حدیث'' (صرف محدثین کرام کے اسمائے گرامی درج کیے جائیں گے)

اور یہ دو عنوانات اس لئے منتخب کیے گئے ہیں کہ حافظ صاحب رحمہ اللہ کی پوری زندگی حدیث نبوی ﷺ کی اشاعت وحمایت، تائید، نصرت وحفاظت اور دفاع میں بسر ہوئی۔ علاوہ ازیں حافظ صاحب محدثین کرام کی دینی وعلمی خدمات کے معترف اور ان سے والہانہ عقیدت بھی رکھتے تھے۔

جلد اول: اس جلد میں (۴) مقالات ہیں:

۱: التأسیس فی مسئلۃ التدلیس
۲: پندرہ شعبان کی رات اور مخصوص عبادات
۳: حدیث قسطنطنیہ اور یزید
۴: خلافت راشدہ کے تین سال

۱) التأسيس في مسئلة التدليس:

پہلے تدلیس کی تعریف کی گئی ہے۔

اور اس کے یہ معنی بتائے ہیں کہ نور اور ظلمت کے اختلاط کو تدلیس کہا جاتا ہے اور دوسرے معنی یہ بتائے ہیں کہ ''اس نے اپنے مال کا عیب گاہک سے چھپایا ہے'' اور یہ معنی اہل لغت نے بیان کیے ہیں:

تدلیس کی اصطلاحی تعریف یہ کی ہے:

''اگر راوی اپنے اس اُستاد سے (جس سے اس کا سماع ملاقات اور معاصرت ثابت ہے) وہ روایت (عن یا قال وغیرہ کے الفاظ کے ساتھ) بیان کرے جسے اس نے (اپنے اُستاد کے علاوہ) کسی دوسرے شخص سے سنا ہے اور سامعین کو یہ احتمال ہو کہ اس نے یہ حدیث اپنے اُستاد سے سنی ہوگی تو اسے تدلیس کہا جاتا ہے۔'' [۲۵۲/۱]

اس کے بعد تدلیس کی چھ اقسام بیان کی ہیں اور ہر قسم کی مختصر تشریح وتوضیح کی، بعد ازاں تدلیس پر محدثین کرام نے جو کتابیں تصنیف کیں، اُن کے نام لکھے ہیں۔

بعض محدثین کرام تدلیس سے کام لیتے تھے۔اُن کا تذکرہ کیا ہے۔

تدلیس پر بحث کرتے ہوئے ''خاتمہ بحث'' کے عنوان سے حافظ زبیر علی زئی رحمہ اللہ لکھتے ہیں: ''اس بات پر ائمہ اہل الحدیث کا اجماع ہے کہ فن تدلیس ایک ''حقیقت والا'' فن ہے اور ثقہ راویوں نے تدلیس کی ہے جس کی وجہ سے ان کی سماعت ساقط نہیں ہوئی، بلکہ وہ زبردست صادق اور ثقہ امام تھے، تاہم ان کی غیر مصرح بالسماع روایات صحیحین کے علاوہ دوسری کتابوں میں ساقط الاعتبار ہیں۔'' [۱/۲۷۹]

مقالات کے آخر میں (۴۰) محدثین کرام کے تدلیس کے بارے میں اقوال درج کیے ہیں جنھوں نے ثقہ وصدوق راویوں کو مدلس قرار دیا ہے۔

۲) پندرہ شعبان کی رات اور مخصوص عبادات:

حافظ زبیر علی زئی اپنے اس مقالہ میں تحریر فرماتے ہیں: ''نصف شعبان کی رات کی فضیلت میں کئی احادیث ذکر کی جاتی ہیں جن کا مفہوم یہ ہے کہ شعبان کی ۱۵ ویں رات کو اللہ تعالیٰ آسمان دنیا پر نزول فرماتا ہے اور کلب (قبیلے) کی بکریوں کے بالوں کی تعداد سے زیادہ لوگوں (کے گناہوں) کو بخش دیتا ہے۔'' وغیرہ

شیخ ناصر الدین البانی رحمہ اللہ فرماتے ہیں کہ شعبان کی ۱۵ ویں رات کو اللہ تعالیٰ مخلوق کی طرف (خاص طور پر) متوجہ ہوتا ہے، پھر مشرک اور (مسلمان بھائی سے) دشمنی و بغض رکھنے والے کے سوا اپنی تمام (مسلمان) مخلوق کو بخش دیتا ہے۔ (السلسلۃ الصحیحۃ ۳/۱۲۲۵، ح ۱۱۴۴)

شیخ البانی نے جو احادیث ذکر کی ہیں ان کے راویوں کے اسمائے گرامی حسب ذیل ہیں: (۱) سیدنا معاذ بن جبل رضی اللہ عنہ (۲) ابو ثعلبہ رضی اللہ عنہ (۳) عبداللہ بن عمرو بن العاص رضی اللہ عنہ
(۴) ابو موسیٰ رضی اللہ عنہ (۵) ابو ہریرہ رضی اللہ عنہ
(۶) ابو بکر الصدیق رضی اللہ عنہ (۷) عوف بن مالک رضی اللہ عنہ
(۸) سیدہ عائشہ رضی اللہ عنہا (۹) علی بن ابی طالب رضی اللہ عنہ
(۱۰) کردوس رضی اللہ عنہ (۱۱) عبداللہ بن عمر رضی اللہ عنہ
(۱۲) محمد بن علی الباقر رحمہ اللہ (۱۳) ابی بن کعب رضی اللہ عنہ
(۱۴) مکحول تابعی کا قول

حافظ زبیر علی زئی ہر حدیث کے راویوں سے متعلق جو ائمہ جرح وتعدیل نے جو نقل کیا ہے وہ بھی بیان کرتے ہیں: مثلاً ''حدیثِ عائشہ رضی اللہ عنہا، حجاج بن ارطاۃ نے عن یحییٰ بن ابی کثیر عن عروہ عن عائشہ رضی اللہ عنہا کی سند سے روایت کیا ہے۔

تخریج: سنن ترمذی (۱/۱۰۶ ح ۷۳۹) ابن ماجہ (۱۳۸۹) احمد (۴/۲۳۸ ح ۲۶۵۴۶) مصنف ابن ابی شیبہ (۱۰/۴۳۸ ح ۲۹۸۴۹) عبد بن حمید (۱۵۰۷) البیہقی فی شعب الایمان (۳۸۴۴) العلل المتناھیہ (۲/۶۶ ح ۹۱۵)

امام ترمذی فرماتے ہیں کہ انھوں نے امام بخاری کو فرماتے ہوئے سنا: یہ حدیث ضعیف ہے۔اسے یحییٰ (بن ابی کثیر) نے عروہ سے نہیں سنا، اور نہ حجاج بن ارطاۃ نے اسے یحییٰ (بن ابی کثیر) سے سنا ہے۔ (سنن الترمذی: ۷۳۹)

حجاج بن ارطاۃ ضعیف عند الجمہور اور مدلس راوی ہے۔

یحییٰ بن ابی کثیر بھی مدلس ہیں۔

نتیجہ: یہ سند ضعیف ہے۔اس روایت کے تین ضعیف شواہد بھی ہیں:

اول: العلل المتناھیہ (۲، ۶۷، ۶۸ ح ۹۱۷)

اس میں سلیمان بن ابی کریمہ ضعیف ہے۔ وہ منکر روایات بیان کرتا تھا۔ (لسان المیزان ۳/۱۰۲)

دوم: العلل المتناھیہ (۲، ۶۸، ۶۹ ح ۹۱۸)

اس میں سعید بن عبدالکریم الواسطی کا ثقہ ہونا، نامعلوم ہے۔ (لسان المیزان ۳/۳۶)

سوم: العلل المتناھیہ (۲، ۶۹ ح ۹۱۹)

اس میں عطاء بن عجلان کذاب ومتروک ہے۔ (الکشف الحثیث عمن رمی بوضع الحدیث ص ۲۸۹، تقریب التہذیب: ۴۵۹۴)

خلاصہ یہ کہ تینوں شواہد بھی مردود ہیں۔" [مقالات ۱/۲۹۶، ۲۹۷]

خلاصۃ التحقیق: حافظ صاحب فرماتے ہیں:

"پندرہ شعبان والی کوئی روایت بھی رسول اللہ ﷺ اور صحابہ کرام رضی اللہ عنہم سے ثابت نہیں۔"

محققین کا فیصلہ:

امام ابو بکر العربی لکھتے ہیں: نصف شعبان کی رات اور فضیلت کے بارے میں کوئی حدیث قابل اعتماد نہیں، اور اس رات کو موت کے فیصلے کی منسوخی کے بارے میں کوئی حدیث قابل اعتماد نہیں پس آپ ان (ناقابل اعتماد) احادیث کی طرف (ذرہ بھی) التفات نہ کریں۔

(احکام القرآن ۴/۶۹)

حافظ ابن القیم لکھتے ہیں: پندرہ شعبان کی رات کو خاص نماز والی روایتوں میں سے کوئی چیز بھی ثابت نہیں۔

(المنار المنیف ص ۹۹ح ۱۷۹)

مقالہ کے آخر میں حافظ زبیر علی زئی رحمہ اللہ لکھتے ہیں:

"نزول باری تعالیٰ ہر رات کو پچھلے پہر ہوتا ہے، جیسا کہ صحیحین وغیرہ کی متواتر احادیث سے ثابت ہے، ہم اس پر ایمان لاتے ہیں اور اس کی کیفیت کو اللہ تعالیٰ کے سپرد کرتے ہیں۔ وہی بہتر جانتا ہے۔" [مقالات ۱/۳۰۴]

۳) حدیث قسطنطنیہ اور یزید:

اس مقالہ کی تالیف کا پس منظر حافظ زبیر علی زئی رحمہ اللہ یہ بیان کرتے ہیں کہ ہفت روزہ الاعتصام لاہور اگست ۱۹۹۷ء میں محترم پروفیسر محمد شریف صاحب کا ایک مضمون دو قسطوں میں شائع ہوا۔ (الاعتصام ج ۴۹ ش ۳۱، ۳۲)

اس مضمون میں پروفیسر صاحب نے یہ ثابت کرنے کی کوشش کی کہ قسطنطنیہ پر مسلمانوں کے پہلے حملے میں یزید بن معاویہ بھی شامل تھا اور جو دلائل دیئے ہیں وہ قابل التفات نہیں۔ کوئی صحیح یا حسن روایت پیش نہیں کر سکے جس میں یزید بن معاویہ کی اول جیش میں موجودگی کی صراحت ہو۔

حافظ زبیر علی زئی رحمہ اللہ نے پروفیسر صاحب کے مضمون کا اپنے اس مقالہ میں تنقیدی جائزہ لیا ہے۔ حافظ صاحب لکھتے ہیں: "تاریخ، حدیث اور رجال سے ثابت ہے کہ مدینہ قیصر قسطنطنیہ پر عہد صحابہ رضی اللہ عنہم میں کئی حملے ہوئے ہیں، صحیح بخاری کی صحیح حدیث میں اس بات کی کوئی صراحت نہیں کہ (۱) ان تمام حملوں میں یزید بن معاویہ شریک تھا۔ (۲) ان تمام حملوں میں سے پہلے حملے میں یزید شریک تھا، لہٰذا جن لوگوں کا دعویٰ ہے کہ قسطنطنیہ پر جو حملہ ہوا تھا اس میں یزید بن معاویہ بھی شامل تھا، ان لوگوں کے لئے صحیح بخاری سے استدلال درست نہیں۔"

حافظ زبیر علی زئی لکھتے ہیں: "سنن ابی داود کی ایک حدیث سے صاف معلوم ہوتا ہے کہ یزید بن معاویہ والے حملہ سے پہلے بھی قسطنطنیہ پر حملہ ہوا ہے جس میں پورے لشکر کے امیر عبدالرحمٰن بن خالد بن الولید تھے، چونکہ یہ حدیث ان لوگوں کے لئے زبردست رکاوٹ ہے جو ضرور بالضرور یزید کو بخشا ہوا (مغفور و مرحوم) ہونا ثابت کرنا چاہتے ہیں۔"

اس روایت کے بارے میں پروفیسر صاحب لکھتے ہیں کہ ابو داود کے سوا کسی کتاب میں عبدالرحمٰن کے قسطنطنیہ پر حملہ آور ہونے والی فوج کے قائد ہونے کا ذکر نہیں۔

(الاعتصام ش ۳۲ ص ۱۳)

حافظ زبیر علی زئی رحمہ اللہ فرماتے ہیں:

''درج ذیل کتابوں میں صحیح سند کے ساتھ اس حملہ کا قائد عبدالرحمٰن بن خالد بن الولید کو بتایا گیا ہے: (۱) جامع البیان فی تفسیر القرآن (المعروف بتفسیر طبری) (ج ۲ ص ۱۱۸، ۱۱۹)

(۲) تفسیر ابن ابی حاتم الرازی (ج ۱ ص ۳۳۰، ۳۳۱)

(۳) احکام القرآن از علامہ جصاص (ج ۱ ص ۳۲۶، ۳۲۷)

(۴) مستدرک الحاکم (ج ۲ ص ۸۴، ۸۵) اسے حاکم اور علامہ ذہبی دونوں نے بخاری اور مسلم کی شرط پر صحیح کہا ہے۔

اس لئے سنن ابی داود کی روایت بالکل صحیح اور محفوظ ہے۔''

قسطنطنیہ پر سیدنا معاویہ رضی اللہ عنہ کے حملے: سیدنا امیر معاویہ رضی اللہ عنہ کے دورِ حکومت میں قسطنطنیہ پر کئی حملے کیے گئے۔ حافظ ابن کثیر فرماتے ہیں کہ سیدنا معاویہ رضی اللہ عنہ نے رومیوں کی زمین پر ۱۶ مرتبہ فوج کشی کی۔ (البدایہ والنہایہ ۸/۱۳۳)

ایک حملہ جو ۳۲ھ بمطابق ۶۵۲، ۶۵۳ء میں ہوا تھا اس میں سیدنا معاویہ رضی اللہ عنہ خود بھی شریک تھے۔

(تاریخ طبری ۴/۳۰۴، العبر للذہبی ۱/۲۴، المنتظم لابن جوزی ۵/ ۱۹، البدایہ والنہایہ لابن کثیر ۷/۱۵۹، ۸/ ۱۲۶، تاریخ الاسلام للذہبی)

اس حملہ کے وقت یزید ۶ سال کا تھا اور یہ بات روز روشن کی طرح عیاں اور ثابت ہے کہ ''اول جیش والی'' روایت یزید پر فٹ کرنا صحیح نہیں اور یزید کے بارے میں دو باتیں بڑی اہم ہیں:

(۱) قسطنطنیہ پر پہلے حملہ اور لشکر میں اس کا موجود ہونا ثابت نہیں۔

(۲) یزید کے بارے میں سکوت کرنا چاہیے، حدیث کی روایت میں وہ مجروح راوی ہے۔'' (مقالات ۱/ ۳۰۵ تا ۳۱۱)

۴) خلافتِ راشدہ کے تیس سال:

حافظ زبیر علی زئی فرماتے ہیں: ''اس مضمون میں ہم مشہور حدیث "خلافة النبوة ثلاثون سنة" (نبوت والی خلافت تیس سال رہے گی) کی تحقیق و تخریج پیش کر رہے ہیں تاکہ عام لوگوں پر بھی حق واضح ہو جائے۔ حدیث نبوی صلی اللہ علیہ وسلم درج ذیل ہے:

سیدنا سفینہ ابو عبدالرحمٰن رضی اللہ عنہ سے روایت ہے کہ رسول اللہ صلی اللہ علیہ وسلم نے فرمایا: ''نبوت والی خلافت تیس سال رہے گی، پھر جسے اللہ چاہے گا (اپنی) حکومت دے گا...

(سنن ابی داود: ۴۶۴۶، جامع الترمذی: ۲۲۲۶، السنن الکبریٰ للنسائی ۵/ ۴۷ ح ۸۱۵۵)

سعید بیان کرتے ہیں کہ سفینہ نے مجھے کہا شمار کرو:

ابوبکر صدیق رضی اللہ عنہ	:	۲ سال
عمر فاروق رضی اللہ عنہ	:	۱۰ سال
عثمان رضی اللہ عنہ	:	۱۲ سال
علی رضی اللہ عنہ	:	۶ سال
		۳۰ سال

سعید فرماتے ہیں کہ یہ لوگ بزعم خویش کہتے ہیں کہ علی رضی اللہ عنہ خلیفہ نہیں تھے تو انھوں نے کہا: جو لوگ یہ کہتے ہیں وہ جھوٹ کہتے ہیں۔ یہ الفاظ ابو داود کے ہیں۔ امام ترمذی نے اس حدیث کو حسن کہا ہے۔ امام احمد بن حنبل فرماتے ہیں: سفینہ کی خلافت کے بارے میں حدیث صحیح ہے۔

اور میں خلفاء کے سلسلے میں اس حدیث کا قائل ہوں۔

شیخ الاسلام حافظ ابن تیمیہ نے اس حدیث کو صحیح کہا ہے۔ اس حدیث کے راوی سعید بن جمہان کو امام یحییٰ بن معین، امام احمد، امام نسائی، حافظ ابن حبان اور حافظ ابن حجر رحمہم اللہ اجمعین نے ثقہ کہا ہے۔

حافظ زبیر علی زئی رحمہ اللہ فرماتے ہیں: ''جب کسی شخص کی عدالت ثابت ہو جائے تو اس کی عدم متابعت چنداں مضر نہیں چونکہ سعید بن جمہان کا ثقہ ہونا بدلائل ثابت ہو چکا ہے، لہٰذا اس حدیث میں ان کا تفرد ذرہ بھی مضر نہیں۔'' (مقالات ۱/۳۱۶)

منکرین حدیث کے عزائم

منکرین حدیث یہ عزائم رکھتے ہیں کہ رسول اللہ صلی اللہ علیہ وسلم کی احادیث صحیحہ کو مکر و فریب کے ساتھ جعلی ثابت کر دیا جائے تا کہ عامۃ المسلمین کے اذہان شبہ کا شکار ہو جائیں اور اس کے ساتھ ان کے اذہان میں احادیث کے بارے میں عدم اعتماد کا جذبہ پیدا ہو جائے۔

منکرین حدیث کے گروہ میں ایک شخص تمنا عمادی پھلواری گزرا ہے جس نے ایک کتاب بنام ''انتظار مہدی و مسیح'' تالیف کی ہے۔ اس میں وہ کئی ایک ثقہ راویوں کو ضعیف قرار دیتا ہے۔ حافظ زبیر علی زئی رحمہ اللہ اس کے بارے میں لکھتے ہیں: ''تمنا عمادی کی کتاب میں اتنے زیادہ جھوٹ ہیں کہ ان کے جمع کرنے سے ایک نئی کتاب مرتب ہو سکتی ہے۔'' [مقالات ۱/۳۱۷]

شیخ الاسلام حافظ ابن تیمیہ رحمہ اللہ فرماتے ہیں کہ سعید بن جمہان کی روایت پر امام احمد وغیرہ نے چاروں خلفائے راشدین کی خلافت کے سلسلے میں اعتماد کیا ہے اور امام احمد نے اس حدیث کی تصحیح کی ہے اور ان لوگوں پر یہ حجت پیش کی ہے جو علی رضی اللہ عنہ کی خلافت میں توقف کرتے ہیں، کیونکہ اس وقت لوگوں میں تفرقہ پیدا ہو گیا تھا حتیٰ کہ امام احمد نے کہا: جو شخص علی رضی اللہ عنہ کو چوتھا خلیفہ نہ مانے وہ اپنے گھر کے گدھے سے زیادہ گمراہ ہے اور امام احمد نے ایسے شخص کے ساتھ (رشتہ) نکاح کرنے سے منع کیا۔ یہ بات فقہاء، علمائے سنت اور (دین) کی پہچان والے اور صالحین کے درمیان متفقہ علم ہے اور یہی عوام کا مذہب ہے اور اس عقیدے میں ان کی مخالفت بعض بدعتیوں نے کی ہے۔ اہل کلام میں سے مثلاً: روافض جو کہ خلفائے ثلاثہ کی خلافت میں طعن کرتے ہیں اور خوارج نے جو کہ نبی کریم صلی اللہ علیہ وسلم کے دونوں دامادوں عثمان و علی رضی اللہ عنہما کی خلافت میں طعن کرتے ہیں۔ بعض ناصبیوں نے جو کہ علی رضی اللہ عنہ کی خلافت میں طعن کرتے ہیں یا ان نام نہاد سنی جاہلوں نے جو کہ علی رضی اللہ عنہ کی خلافت میں توقف کرتے ہیں۔ (مجموع الفتاویٰ ۳۵/ ۱۸۔۱۹)

اس حدیث کو درج ذیل محدثین کرام نے صحیح یا حسن قرار دیا ہے:

احمد بن حنبل، ترمذی، ابن جریر طبری، ابن ابی عاصم، ابن حبان، حاکم، ابن تیمیہ، ذہبی اور ابن حجر عسقلانی رحمہم اللہ۔

(السلسلۃ الصحیحۃ ۱/ ۷۴۵ ح ۴۵۹، مقالات ۱/ ۳۱۷، ۳۱۸)

جلد دوم: اس جلد میں حدیث اور متعلقات حدیث پر (۵) مقالات ہیں:

۱: امام زہری کی امام عروہ سے روایت اور سماع
۲: صحیح مسلم کی ایک حدیث کا دفاع اور ثقہ راوی کی زیادت
۳: ضعیف روایات اور اُن کا حکم
۴: تین روایات کی تحقیق
۵: حدیث و سنت میں فرق کا اختراعی نظریہ

۵) امام زہری کی امام عروہ سے روایت اور سماع:

حافظ زبیر علی زئی رحمہ اللہ کا یہ مقالہ مذکورہ جلد کے چھ صفحات پر مشتمل ہے۔

امام زہری فرماتے ہیں: میں نے قریش میں سے چار (علم کے) سمندروں کو پایا ہے:

سعید بن المسیب، عروہ بن زبیر، ابوسلمہ بن عبدالرحمان اور عبیداللہ بن عبداللہ

(کتاب العلل ومعرفۃ الرجال لامام احمد بن حنبل ۱/۶۳)

امام زہری نے فرمایا: میں نے قریش میں سے چار سے ملاقات کی۔

عروہ بن زبیر، سعید بن المسیب، ابوسلمہ اور عبیداللہ یہ سب (علم کے) سمندر تھے۔ (تاریخ ابی زرعۃ الدمشقی ص ۹۴۵)

[مقالات ۲/۲۲۳]

امام زہری امام عروہ کے شاگرد تھے۔ اور زہری کا عروہ سے سماع ثابت ہے۔

امام زہری کا تلمذ اور سماع تین طرق سے ثابت ہے۔

حافظ زبیر علی زئی لکھتے ہیں:

۱: **حدثني عروة (بن الزبير)**

۲: **أخبرني عروة**

۳: **سمعت عروة**

حدثني عروة: یہ حدیث کی (۱۱) کتابوں میں روایتیں آئی ہیں۔

بعض روایات میں حدثنا عروة آیا ہے۔

(صحیح بخاری: ۳۸۷۲، صحیح مسلم: ۷۰۹)

أخبرني عروة: اس طرق سے حدیث کی (۱۴) کتابوں میں روایات آئی ہیں۔

سمعت عروة: اس طرق سے حدیث کی (۷) کتابوں میں روایات آئی ہیں۔

حافظ زبیر علی زئی صاحب فرماتے ہیں:

اس طرح کے اور بھی حوالے ہیں جن سے صاف اور قطعی طور پر ثابت ہوتا ہے کہ امام زہری امام عروہ کے شاگرد ہیں اور ان کی روایت عروہ سے (صحیحین کے علاوہ سماع کی تصریح کے بعد) متصل ہوتی ہے۔ [مقالات ۲/۲۲۴]

بعض منکرین حدیث یہ ثابت کرنے کی کوشش کرتے ہیں کہ امام زہری کا عروہ بن زبیر سے سماع ثابت نہیں اور اس پر محدثین کا اتفاق ہے، حالانکہ امام زہری تو یہ فرماتے ہیں کہ میں نے عروہ سے سنا ہے۔ اور بخاری، مسلم، ابن خزیمہ، ابن حبان، حاکم اور ذہبی وغیرہ محدثین نے زہری کی عروہ سے روایات کو صحیح قرار دیتے ہیں۔ [مقالات ۲/۲۲۷]

امام عروہ بن زبیر خلافت عثمانی کے ابتدائی دور میں پیدا ہوئے اور ۹۴ھ میں وفات پائی۔ (تقریب التہذیب: ۴۵۶۱)

امام زہری کا سن ولادت ۵۱ھ اور سن وفات ۱۲۴ھ ہے۔

(تاریخ خلیفہ بن خیاط ص ۲۱۸، ۳۵۶) [مقالات ۲/۲۲۸]

۶) صحیح مسلم کی ایک حدیث کا دفاع اور ثقہ راوی کی زیادت:

حافظ زبیر علی زئی رحمہ اللہ کا یہ مقالہ کتاب کے صفحہ ۲۲۹ تا ۲۶۵ تک محیط ہے۔ اس مقالہ میں جیسا کہ مقالہ کے عنوان سے ظاہر ہے۔ صحیح مسلم کی ایک حدیث پر اظہار خیال کیا گیا ہے۔ حدیث کے راوی سیدنا ابوموسیٰ اشعری رضی اللہ عنہ کا بیان ہے کہ رسول اللہ صلی اللہ علیہ وسلم نے فرمایا: ((**و إذا قرأ الإمام فانصتوا**)) "جب امام قراءت کرے تو تم خاموش رہو۔"

(صحیح مسلم: ۴۰۴، ترقیم دارالسلام: ۹۰۵)

یہ حدیث مسند احمد (۴/ ۴۱۵ ح ۱۹۷۲۳) میں بھی ہے۔

امام ابوعوانہ (۲/ ۱۳۳) نے بھی اس حدیث کو اپنی صحیح میں درج کیا ہے۔

امام مسلم نے اس حدیث کو اپنی صحیح میں درج کیا ہے اور اس پر کوئی جرح نہیں کی۔ امام مسلم کا اس حدیث پر جرح نہ کرنا ان کے نزدیک حدیث کا صحیح ہونا ثابت کرتا ہے۔

قاضی عیاض مالکی نے اپنی شرح اکمال المعلم میں اس حدیث کو صحیح کہا ہے۔ (اکمال المعلم ۲/ ۳۰۰)

شیخ الاسلام ابن تیمیہ اس حدیث کے بارے میں فرماتے ہیں کہ اسے احمد (بن حنبل) اسحاق (بن راہویہ) اور مسلم بن حجاج وغیرہم نے صحیح کہا ہے۔ (مجموع فتاویٰ ۲۲/ ۳۴)

کئی علمائے اسلام نے یہ فرمایا: کہ امام مسلم نے اس حدیث کو صحیح قرار دیا ہے۔ [مقالات ۲/ ۲۳۰]

مولانا شمس الحق عظیم آبادی فرماتے ہیں:

''امام مسلم نے ابوموسیٰ الاشعری اور ابو ہریرہ رضی اللہ عنہما (دونوں) کی حدیث سے اس زیادت کو صحیح قرار دیا ہے۔''

(عون المعبود ۱/ ۲۳۵)

حافظ زبیر علی زئی لکھتے ہیں: ''حافظ ابوعوانہ اسفرائنی کا المستخرج علیٰ صحیح مسلم (۲/ ۱۳۳) میں جرح کے بغیر روایت کرنا اُن کی طرف سے اس حدیث کی تصحیح ہے۔ جن محدثین نے اپنی کتابوں میں صحت کا التزام کیا ہے، اگر ان کتابوں میں جرح کے بغیر کوئی روایت بیان کریں تو یہ اُن کی طرف سے اس روایت کی تصحیح ہوتی ہے۔

روایت کی تصحیح اس کے راویوں کی توثیق بھی ہوتی ہے۔'' [مقالات ۲/ ۲۳۲]

اس کے بعد حافظ زبیر علی زئی رحمہ اللہ نے (۲۸) محدثین کرام کے اسمائے گرامی مع حوالہ کہ انھوں نے حدیث ابوموسیٰ الاشعری رضی اللہ عنہ کی صحت کی توثیق کی ہے، درج کیے ہیں۔

ثقہ کی زیادت: محدثین کرام (اہل حدیث) کا اس پر اتفاق ہے کہ صحیح حدیث کی پانچ شرطیں ہیں:

۱: ہر راوی عادل ہو۔
۲: ہر راوی ضابط (ثقہ) ہو۔
۳: سند متصل ہو۔
۴: شاذ نہ ہو۔
۵: معلول نہ ہو۔ (مقدمہ ابن الصلاح ص ۲۰-۲۱)

شاذ کی تعریف امام محمد بن ادریس شافعی رحمہ اللہ نے یہ کی ہے کہ حدیث میں شاذ یہ نہیں کہ ثقہ (راوی) کوئی ایسی حدیث بیان کرے جو دوسرے نے بیان نہ کی ہو، شاذ حدیث تو وہ ہے کہ ثقہ راوی ایک حدیث روایت کریں تو ان میں سے ایک آدمی شاذ کرے، پس اُن کی مخالفت کرے۔

(آداب الشافعی ومناقب لابن ابی حاتم ص ۱۷۷، ۱۷۹) [مقالات ۲/ ۲۴۳]

۷) ضعیف روایات اور اُن کا حکم:

حافظ زبیر علی زئی رحمہ اللہ کا یہ مقالہ ۱۸ صفحات پر محیط ہے۔ اس میں ضعیف روایت کے بارے میں بحث کی گئی ہے جیسا کہ اس کے عنوان سے معلوم ہوتا ہے۔

اصول حدیث کے مطابق حدیث کی دو اقسام ہیں:

صحیح (مقبول) اور ضعیف (مردود)

المقبول: (جس حدیث پر ائمہ سنت کے نزدیک عمل واجب ہو)

غیر المقبول یا المردود: (جس حدیث کے بیان کرنے والے کا صدق راجح نہ ہو) (اصطلاحات المحدثین ص ۹)

بعض علماء نے حدیث کی تین اقسام بیان کی ہیں:

صحیح، حسن اور ضعیف

چونکہ حسن بھی صحیح کی ایک قسم ہے، لہٰذا اصل میں قبول اور رد کے لحاظ سے دو اقسام ہی ہیں: صحیح اور ضعیف یا مقبول اور غیر مقبول

صحیح حدیث حجت ہوتی ہے۔

امام احمد بن حنبل اپنے استاد امام شافعی کا یہ فرمان بیان کرتے ہیں کہ میں نے آپ کو یہ فرماتے ہوئے سنا: جب تمھارے نزدیک رسول اللہ ﷺ سے حدیث صحیح ثابت ہو جائے تو مجھے بتا دو تا کہ میں اسے اپنا مذہب قرار دوں، جس علاقے میں بھی (یہ حدیث) ہو۔ (حلیۃ الاولیاء ۹/۱۰۶)

صحیح حدیث کیا ہوتی ہے، اصول حدیث کی کتابوں میں شرائط بیان کی گئی ہیں:

۱: ہر راوی عادل ہو۔

۲: ہر راوی ضابط ہو۔

عادل اور ضابط کے مجموعہ کو ثقہ کہا جاتا ہے۔

۳: سند متصل ہو۔

۴: شاذ نہ ہو۔

۵: معلول نہ ہو۔ (اختصار علوم الحدیث ۱/۹۹)

حافظ زبیر علی زئی رحمہ اللہ فرماتے ہیں:

یہاں خواہشات نفسانیہ اور فرقہ پرستی کا دخل نہیں، بلکہ اصول حدیث اور اسماء الرجال کو مدنظر رکھ کر اللہ تعالیٰ کو عالم ناظر سمجھ کر عدل و انصاف کے ساتھ حکم لگایا جاتا ہے۔ جو شخص اس کے خلاف چلتا ہے تو اس کا حکم مردود ہوتا ہے۔

[مقالات ۲/۲۹۹]

ضعیف روایت: اصولِ حدیث کی کتابوں میں ضعیف روایت کو مردود اور غیر مقبول قرار دیا گیا ہے۔ احکام و عقائد میں جمہور علمائے کرام کے نزدیک ضعیف حدیث مردود ہے، لیکن بعض علماء فضائل اعمال میں ضعیف حدیث پر عمل کو مستحب قرار دیتے ہیں لیکن وہ اسے بعض شرائط کے ساتھ مشروط کرتے ہیں:

۱: ضعف شدید نہ ہو کذابین متہمین بالکذب اور فحش غلطیاں کرنے والے کی روایت نہ ہو۔ اس شرط پر علمائے اسلام کا اتفاق (اجماع) ہے۔

۲: کسی عام دلیل کے تحت درج ہو۔

۳: عمل کے وقت اس کے ثبوت کا عقیدہ نہ رکھا جائے۔

۴: عامل کو یہ عقیدہ رکھنا چاہیے کہ یہ حدیث ضعیف ہے۔

۵: مدح اور ذم کے لحاظ سے اس حدیث کا حکم شریعت میں ثابت ہو۔

۶: یہ ضعیف روایت صحیح حدیث کی تفصیلات وغیرہ پر مبنی نہ ہو۔

اتنی شرطوں پر عمل کرنے کے لئے حدیث کی تخریج و تحقیق ضروری ہے۔ جب تحقیق آئے گی تو ضعیف روایتوں کی جگہ صحیح روایتیں لے لیں گے۔ [مقالات ۲/۲۶۹، ۲۷۰]

حافظ زبیر علی زئی صاحب فرماتے ہیں:

علمائے کرام کا دوسرا گروہ ضعیف روایات پر عمل کا قائل نہیں، چاہے عقائد و احکام ہوں یا فضائل و مناقب اور اسی گروہ کی تحقیق راجح ہے اور اس گروہ کے علماء ضعیف حدیث کو حجت نہیں سمجھتے۔ [ایضاً ص ۲۷۰]

مرسل روایت ضعیف احادیث کی ایک قسم ہے۔

سیدنا ابن عباس رضی اللہ عنہما مرسل روایت کو حجت نہیں سمجھتے تھے۔

حافظ ابن حجر کا بھی یہی خیال ہے۔

(النکت علی ابن الصلاح ۲/۵۵۳) [ایضاً ص ۲۷۰]

امام مسلم بھی صحیح مسلم کے مقدمہ میں ضعیف حدیث کے بارے میں فرماتے ہیں: احکام ہوں یا ترغیب و ترہیب (فضائل وغیرہ) ہر حال میں ضعیف حدیث حجت نہیں۔

(صحیح مسلم مطبوعہ دارالسلام ص ۱۹، رقم:۹۲)

امام ابن رجب حنبلی نے بھی امام مسلم کے فرمان سے اتفاق کیا ہے۔ (شرح علل الترمذی ۱/۷۴) [مقالات ۲/۲۷۲]

عصر حاضر کے مشہور عالم دین شیخ احمد محمد شاکر المصری رحمہ اللہ فرماتے ہیں: میں یہ سمجھتا ہوں کہ ضعیف حدیث کا ضعف بیان کرنا ہر حال میں واجب ہے، کیونکہ بیان نہ کرنے سے دوسرے آدمی کو یہ وہم ہو سکتا ہے کہ یہ صحیح حدیث ہے، خاص طور سے جب اس کا نقل کرنے والا علمائے حدیث میں سے ہو، اور جن کے اقوال کی طرف رجوع کیا جاتا ہے، اور یہ کہ ضعیف روایت لینے میں احکام اور فضائل اعمال وغیرہ میں کوئی فرق نہیں، بلکہ رسول اللہ ﷺ سے ثابت شدہ صحیح یا حسن حدیث کے علاوہ کسی کے لئے کوئی دلیل نہیں۔ (شرح الفیہ سیوطی ص ۷۴) [مقالات ۲/۲۷۶-۲۷۷]

شیخ ناصر الدین البانی رحمہ اللہ نے بھی ضعیف حدیث پر عمل کرنے سے روکا ہے۔ فرماتے ہیں: ہم دنیا کے مشرق و مغرب میں رہنے والے اپنے مسلمان بھائیوں کو نصیحت کرتے ہیں کہ ضعیف احادیث پر مطلقاً عمل چھوڑ دیں اور اپنی ہمتوں کا رخ نبی کریم ﷺ سے ثابت شدہ احادیث کی طرف موڑ دیں، کیونکہ اس میں ضعیف روایات سے بے نیازی ہے اور اس میں رسول اللہ ﷺ پر جھوٹ میں واقع ہونے سے نجات ہے۔ (مقدمہ الجامع الصحیح ۱/ ۵۶) [مقالات ۲/۲۷۷]

حافظ عبدالمنان نورپوری رحمہ اللہ فرماتے ہیں:

ضعیف روایت قابل احتجاج نہیں، خواہ کسی صحیح یا حسن کے مقابلے میں ہو خواہ نہ ہو۔ (احکام و مسائل ۱/۵۷۳)

حافظ زبیر علی زئی صاحب رحمہ اللہ لکھتے ہیں:

اہل حدیث اور غیر اہل حدیث کے عمل سے بھی ضعیف روایات کا حجت نہ ہونا ثابت ہے، مثلاً: ترک رفع الیدین کی ضعیف روایات کو عام اہل حدیث علماء ضعیف کہہ کر رد کر دیتے ہیں، اسی طرح حنفی علماء فاتحہ خلف الامام کی روایات کو ضعیف کہہ کر رد کر دیتے ہیں، حالانکہ فاتحہ خلف الامام کی کئی روایات بلحاظ سند و متن صحیح و حسن ہیں۔

بعض اوقات حدیث ضعیف ہوتی ہے، لیکن مسئلہ صحیح ہوتا ہے کیونکہ اس کی تائید اجماع یا آثار سے ہوتی ہے۔ اس کی ایک مثال ملاحظہ ہو:

''مال وغیرہ پر ایک سال گزر جائے تو زکوٰۃ واجب ہوتی ہے، اس کے بارے میں ایک حدیث میں آیا ہے کہ اگر تمھارے پاس (۲۰) دینار ہوں تو ان پر سال گزر جائے تو آدھا دینار (واجب) ہے۔ (سنن ابی داود:۱۵۷۳)

یہ حدیث ضعیف ہے۔ اس میں ابو اسحاق السبیعی مدلس ہیں، لیکن امام ابن المنذر نے فرمایا: اور اس پر اجماع ہے کہ اگر مال پر ایک سال گزر جائے تو اس میں زکوٰۃ واجب ہوتی ہے۔ (الاجماع ص ۱۳) [مقالات ۲/۲۷۸]

صحیح اور سنن اربعہ

صحیح سے مراد صحیح بخاری اور صحیح مسلم ہیں اور ان دونوں کتابوں کی احادیث صحیح ہیں۔

سنن اربعہ میں (سنن ابی داود، جامع ترمذی، سنن نسائی اور سنن ابن ماجہ) مسائل میں (ان میں صحیح، حسن اور ضعیف) ہر قسم کی روایات موجود ہیں۔

حافظ محمد گوندلوی رحمہ اللہ فرماتے ہیں:

سنن اربعہ کی تمام روایات صحیح نہیں۔ (دوام حدیث ۱/ ۴۷۶)

مقالہ کے آخر میں حافظ زبیر علی زئی رحمہ اللہ لکھتے ہیں: ہم اپنی خواہشات یا گروہ و فرقہ پرستی کی وجہ سے روایات پر صحیح یا ضعیف کا حکم نہیں لگاتے، بلکہ اللہ تعالیٰ کو عالم ناظر جانتے ہوئے اصول حدیث اور اسماء الرجال کے علم کو مدنظر رکھتے ہوئے جمہور محدثین کی تحقیق و اصول کو تسلیم کرتے ہوئے اور آخرت کے محاسبے پر ایمان کے ساتھ حدیث پر صحیح و حسن یا ضعیف وغیرہ کا حکم لگاتے ہیں۔ اگر کوئی شخص دلیل کے ساتھ ہماری غلطی ثابت کردے تو علانیہ رجوع کرتے ہیں۔ [مقالات ۲/ ۲۸۳]

۸) تین روایات کی تحقیق:

۱۔ یَا سَارِیَۃَ الْجَبَل کی تحقیق:

''ہفت روزہ الاعتصام لاہور (۱۳/ ستمبر ۱۹۹۱ء جلد ۴۳ شمارہ ۳۷) میں مولانا حافظ صلاح الدین یوسف حفظہ اللہ کا ایک مضمون شائع ہوا جس کے صفحہ ۱۲ پر لکھا ہے: ''جہاں تک حضرت عمرؓ کے واقعہ یاساریۃ الجبل کا تعلق ہے یہ واقعہ سنداً بلاشبہ قابل قبول ہے لیکن یہ بطور کرامت ہے۔''

حافظ زبیر علی زئی صاحب لکھتے ہیں:

ہماری تحقیق کے مطابق حافظ صاحب کی یہ بات صحیح نہیں، اس واقعہ کی تمام اسانید پر مختصر بحث پیش خدمت ہے:

پہلی سند: یحیی بن أیوب عن ابن عجلان عن نافع عن ابن عمر به .

اس سند میں دو بڑی علتیں (ضعف کی وجہ) ہیں۔

۱: محمد بن عجلان صدوق مگر مدلس تھے۔

(طبقات المدلسین، ابن حجر ص ۴۴)

علامہ نووی فرماتے ہیں:

مدلس جب عن سے روایت کرے تو بالاتفاق حجت نہیں ہوتا۔

(نصب الرایہ ۲/ ۳)

۲: محمد عجلان کے بارے میں امام عقیلی فرماتے ہیں کہ نافع سے حدیث بیان کرنے میں اضطراب کا شکار ہو جاتے ہیں۔

(تہذیب التہذیب ۹/ ۳۰۵)

دوسری سند: ایاس بن معاویہ بن قرہ کی مرسل روایت۔

مرسل روایت جمہور محققین کے نزدیک مردود ہوتی ہے۔ (مصطلح الحدیث للعراقی ص ۱۷۶)

تیسری سند: أیوب بن خوط عن عبد الرحمان السراج عن نافع. إلخ

اس سند میں ایوب بن خوط متروک ہے۔ باطل روایات بیان کرتا تھا۔ عیسیٰ بن یونس نے اس پر جھوٹ بولنے کا الزام لگایا ہے۔ (تہذیب التہذیب ۱/ ۳۵۲)

چوتھی سند: فرات بن السائب عن میمون بن مهران عن ابن عمر . إلخ

اس سند میں فرات بن السائب متروک الحدیث ہے۔ (نسائی)

منکر الحدیث ہے۔ (بخاری)

(میزان الاعتدال ۱/ ۶، لسان المیزان ۶/ ۳)

حافظ زبیر علی زئی رحمہ اللہ نے اس واقعہ کے متعلق (۶) اسانید کا ذکر کیا ہے، اور ہر سند کے بارے میں بتایا ہے کہ اس کی علمی و تاریخی حیثیت کیا ہے۔

حافظ زبیر علی زئی لکھتے ہیں: اس تحقیق کا خلاصہ یہ ہے کہ یہ قصہ بلحاظ سند اپنے سارے طرق کے ساتھ صحیح نہیں،

بلکہ ضعیف ہے، لہٰذا بعض علماء کا اسے حسن قرار دینا غلط ہے۔
[مقالات ۲/۲۸۴ تا ۲۸۷]

۲۔ مالک الدار کی روایت:

حافظ صلاح الدین یوسف حفظہ اللہ لکھتے ہیں: یہ قصہ صحیح نہیں، اس لئے کہ واقعے کا اصل راوی مالک الدار ہے جو مجہول ہے جب تک اس کی عدالت اور ضبط کا حکم نہیں ہوگا۔ یہ واقعہ ساقط الاعتبار ہوگا۔ (الاعتصام ج ۴۳ ش ۷ ص ۱۳)

حافظ زبیر علی زئی صاحب رحمہ اللہ فرماتے ہیں:

یہ واقعہ درج ذیل کتابوں میں موجود ہے:

مصنف ابن ابی شیبہ (۲/ ۳۱۔۳۲) التاریخ الکبیر للبخاری (۷/ ۳۰۴) دلائل النبوۃ للبیہقی (۷/ ۴۷) الارشاد امام خلیلی (۱/ ۳۱۳۔۳۱۴)

اس روایت کی سند یہ ہے: **الأعمش عن أبي صالح عن مالك الدار.**

اس سند میں اعمش مدلس ہیں۔ اعمش کے مدلس ہونے پر ائمہ حدیث نے اعتراف کیا ہے، نیز علامہ نووی (شرح صحیح مسلم ۱/ ۲۷ ح ۱۰۹) اور عینی حنفی (عمدۃ القاری ۷/ ۲۱۸ ح ۱۱۲۰) وغیرہ نے بھی تسلیم کیا ہے۔ [مقالات ۲/ ۲۸۸]

۳۔ الادب المفرد کی ایک روایت:

الادب المفرد امام بخاری (م ۲۵۶ھ) کی تالیف ہے۔ اس کتاب میں امام بخاری نے ایک حدیث نقل کی ہے کہ سیدنا ابن عمر رضی اللہ عنہما کا پاؤں سو (سُن ہو) گیا تو کسی نے ان سے کہا: آپ کو جو شخص سب سے زیادہ محبوب ہے، اسے یاد کریں تو انھوں نے کہا: ''محمد صلی اللہ علیہ وسلم'' اور بعض نسخوں میں یا محمد (صلی اللہ علیہ وسلم) لکھا ہے۔

حدیث کی سند یہ ہے:

سفیان عن أبي إسحاق عن عبد الرحمان ... إلخ

حافظ زبیر علی زئی رحمہ اللہ فرماتے ہیں: اس سند میں سفیان ثوری اور ابو اسحاق السبیعی دونوں مدلس راوی ہیں اور دونوں عن سے روایت کر رہے ہیں۔ سفیان ثوری اور ابو اسحاق دونوں طبقہ ثالثہ کے راوی ہیں، لہٰذا یہ سند ان دونوں کی تدلیس کی وجہ سے ضعیف ہے۔ [مقالات ۲/ ۲۸۹]

۹) حدیث وسنت میں فرق کا اختراعی نظریہ:

حافظ زبیر علی زئی رحمہ اللہ فرماتے ہیں:

''ہفت روزہ الاعتصام لاہور (۴/ شعبان ۱۴۱۰ھ) صفحہ (۸) پر حافظ عبد المنان نور پوری رحمہ اللہ کا ایک مضمون چھپا تھا: حدیث وسنت میں فرق کا اختراعی نظریہ

حافظ نور پوری لکھتے ہیں:

اگر مولانا امین احسن اصلاحی صاحب اس فرق کو دین کا مسئلہ قرار دینے سے رجوع فرما لیں اور کہیں کہ یہ فرق سلف محدثین کی اصطلاح ہے تو پھر ان پر لازم ہے کہ سلف محدثین کے وہ اقوال پیش کریں جو اس فرق پر دلالت کرتے ہوں۔

حافظ زبیر علی زئی فرماتے ہیں:

عرض ہے کہ ہمارے خیال میں محدثین کے اقوال پیش کرنا اس شخص کا شیوہ ہوتا ہے جو محدثین کا خوشہ چیں ہو، ان کی محیر العقول سیرتوں اور کارناموں کا معترف ہو ایک شخص جو بذات خود ہی خود ساختہ ''مزاج شناس رسول'' ہے۔ اسے کسی کے اقوال پیش کرنے کی آخر کیا ضرورت ہے۔ [مقالات ۲/ ۲۹۰]

حافظ زبیر علی زئی رحمہ اللہ نے یہ بھی لکھا ہے کہ حدیث و سنت میں فرق کا اختراعی نظریہ سب سے پہلے آنجہانی مرزا غلام قادیانی کذاب نے اپنی کتاب ''کشتی نوح'' میں پیش کیا۔ (ص ۶۵)، مرزا قادیانی اپنی کتاب ''روحانی خزائن'' (ج ۱۹ ص ۶۱) کے حاشیہ پر لکھتا ہے: ''اہل حدیث فعل

رسول اور قول رسول دونوں کا نام حدیث ہی رکھتے ہیں، ہمیں اس کی اصطلاح سے کوئی غرض نہیں دراصل سنت الگ ہے جس کی اشاعت کا اہتمام آنحضرت (ﷺ) نے بذاتِ خود فرمایا اور حدیث الگ جو بعد میں جمع ہوئی۔''

حافظ زبیر علی زئی رحمہ اللہ فرماتے ہیں:

بعینہٖ یہی نظریہ (مولانا) امین احسن اصلاحی (صاحب) کا ہے، اب ظاہر ہے کہ محدثین کی اصطلاحات سے تو ان کو کچھ غرض نہیں مگر اپنی خواہشات واختراعات سے پوری غرض ہے یعنی جو شخص ایک فن جانتا ہی نہیں، اس فن میں اس کی خود ساختہ اصطلاحات کو کس طرح تسلیم کیا جا سکتا ہے، جب کہ وہ اصطلاحات تمام اساتذہ فن کے بھی خلاف ہوں۔

ع ناطقہ سر بگریبان ہے اسے کیا کہیے۔ [مقالات ۲/۲۹۱]

جلد سوم:

اس جلد میں حدیث ومتعلقات پر (۸) مقالات ہیں:

۱: محدثین کرام نے ضعیف روایات کیوں بیان کیں۔
۲: بے سند اقوال سے استدلال غلط ہے۔
۳: تدلیس اور محدثین کرام۔
۴: تدلیس اور فرقہ مسعودیہ کا انکار محدثین۔
۵: زیارتِ روضہ رسول ﷺ کی روایات اور ان کی تحقیق۔
۶: قربانی کے چار یا تین دن؟
۷: کیا درود کے بغیر دعا قبول نہیں ہوتی۔
۸: قدموں کے نشان اور طاہر القادری کی بے سند روایت

۱۰) محدثین کرام نے ضعیف روایات کیوں بیان کیں:

حافظ زبیر علی زئی رحمہ اللہ فرماتے ہیں:

حافظ ابن حجر رحمہ اللہ لکھتے ہیں کہ سن دو ہجری سے لے کر بعد کے گزشتہ زمانوں میں محدثین جب سند کے ساتھ حدیث بیان کر دیتے تو یہ سمجھتے تھے کہ وہ اس کی مسئولیت سے بری ہو چکے ہیں۔ واللہ اعلم (لسان المیزان ۳/۷۵)

حافظ زبیر علی زئی صاحب فرماتے ہیں:

ان تحقیقات سے معلوم ہوا کہ صحیحین کے علاوہ کتب احادیث مثلاً: الأدب المفرد للبخاری اور مسند احمد وغیرہما میں ضعیف حدیثیں بھی ہیں جنھیں سند کے ساتھ روایت کر کے محدثین کرام بری الذمہ ہو چکے ہیں۔ یہ روایات انھوں نے بطور حجت واستدلال نہیں بلکہ معرفت وروایت بیان کر دی تھیں، لہٰذا اصول حدیث اور اسماء الرجال کو مدنظر رکھے بغیر صحیحین کے علاوہ دیگر کتب حدیث کی روایات سے استدلال یا حجت پکڑنا اور انھیں بطور جزم بیان کرنا جائز نہیں۔ وما علینا إلا البلاغ [مقالات ۳/۲۱۳، ۲۱۴]

۱۱) بے سند اقوال سے استدلال غلط ہے:

امام عبداللہ بن مبارک (م ۱۸۱ھ) کا قول ہے:

اسناد دین میں سے ہیں، اگر سندیں نہ ہوتیں تو جو شخص جو کچھ چاہتا کہتا۔ (مقدمہ صحیح مسلم، دارالسلام ص ۳۲)

حافظ ابو نصر عبیداللہ بن سعید بن حاتم حنفی (م ۴۴۴ھ) فرماتے ہیں: پس ہر شخص جو (سنت) ماننے کا مدعی ہے (اس کے لیے) یہ ضروری ہے کہ وہ جو کہتا ہے، اس کے بارے میں اس سے صحیح سند کا مطالبہ کیا جائے، پھر اگر وہ (صحیح سند) پیش کر دے تو اس کی سچائی معلوم ہو جاتی ہے، اور اس کی بات قبول کی جاتی ہے۔ (رسالۃ السجزی الی اہل زبید ص ۱۴۶)

[مقالات ۳/۲۱۵]

حافظ زبیر علی زئی صاحب فرماتے ہیں: اس سے دو باتیں معلوم ہوئیں: ا: ہر روایت اور ہر حوالے کے لئے صحیح

ومقبول سند پیش کرنی چاہیے۔

۲: بے سند روایت اور بے سند حوالہ مردود ہوتا ہے۔

ہم نے ماہنامہ الحدیث حضرو اور اپنی تازہ (جدید) تصانیف میں یہ معیار قائم کیا ہے کہ ہر بات باحوالہ اور باسند ہوتی ہے۔ اگر روایت صحیح و مقبول ہو تو اس سے استدلال کیا جاتا ہے ورنہ اسے رد کر دیا جاتا ہے۔ والحمد للہ

[مقالات ۳/۲۱۵]

۱۲) تدلیس اور محدثین کرام:

حافظ زبیر علی زئی رحمہ اللہ نے اپنے اس مقالہ میں محدثین کرام اور علمائے حدیث کے دس حوالے پیش کیے ہیں جس میں اُنھوں نے تدلیس والی (معنعن اور غیر مصرح بالسماع) روایات پر جرح اور کلام کیا ہے۔ ذیل میں تین حوالہ جات نقل کیے جاتے ہیں:

۱: امام بخاری نے قتادہ عن ابی نضرہ والی روایت کے بارے میں فرمایا کہ قتادہ نے ابونضرہ سے اس روایت میں اپنے سماع کا تذکرہ نہیں کیا۔ (جزء القراءۃ ص۳۰ح۷۰)

۲: امام شافعی رحمہ اللہ کا قول ہے کہ ہم مدلس کی کوئی حدیث اس وقت تک قبول نہیں کریں گے، جب تک وہ حدثني یا سمعت نہ کہے۔ (الرسالہ ص۵۳)

۳: حافظ ابن حجر رحمہ اللہ فرماتے ہیں: کسی سند کے راویوں کا ثقہ ہونا صحیح ہونے کو لازم نہیں، چونکہ اعمش مدلس ہے اور اس نے عطاء سے اپنا سماع (اس حدیث میں) ذکر نہیں کیا۔ (التلخیص الحبیر ۳/۱۹)

تدلیس اور حنفیہ

حافظ زبیر علی زئی نے دس ائمہ احناف کے اقوال نقل کیے ہیں: چار ائمہ کے اقوال درج ذیل ہیں:

۱: امام طحاوی رحمہ اللہ نے کہا: امام زہری نے تدلیس کی ہے۔ (شرح معانی آثار ۱/۵۵)

۲: علامہ عینی نے کہا: امام سفیان ثوری مدلسین میں سے ہیں اور مدلس کی عن والی روایت سے حجت نہیں پکڑی جاتی، اِلا یہ کہ اس کا سماع دوسری سند سے ثابت ہو جائے۔

(عمدۃ القاری ۳/۱۱۲)

۳: ملا علی قاری نے کہا: اعمش اور سفیان ثوری تدلیس کرتے تھے۔ (شرح نخبۃ الفکر ص۴۲۰)

۴: حافظ زیلعی نے شیخ تقی الدین سے قتادہ کے بارے میں نقل کیا کہ وہ تدلیس میں امام ہیں۔ (نصب الرایہ ۳/۱۵۵)

تدلیس اور آل دیوبند

دیوبند کے نامور علماء نے امام سفیان ثوری کے بارے میں اپنی کتابوں میں لکھا ہے کہ امام سفیان ثوری مدلس تھے اور وہ تدلیس کرتے تھے۔

جناب سرفراز خان صفدر (خزائن السنن ۲/۷۷)

ماسٹر امین اوکاڑوی (مجموعہ رسائل ۳/۳۳۱)

جناب حسین احمد مدنی (تقریر ترمذی ص۳۹۱)

جناب محمد تقی عثمانی (درس ترمذی ۱/۵۲۱)

مقالہ کے آخر میں حافظ زبیر علی زئی رحمہ اللہ لکھتے ہیں: معلوم ہوا کہ آل دیوبند کے نزدیک تدلیس کا علم ایک حقیقت ہے اور مدلس راوی کی عن والی روایت قابل قبول نہیں ہوتی۔

[مقالات ۳/۲۲۲، ۲۲۳]

۱۳) تدلیس اور فرقہ مسعودیہ کا انکار محدثین:

حافظ زبیر علی زئی صاحب کا یہ مقالہ تیسری جلد کے

صفحہ ۲۲۴ سے ۲۴۴ تک محیط ہے۔اس مقالہ میں حافظ صاحب نے جماعت المسلمین کراچی کے رہنما مسعود احمد صاحب کے عقائد اور حدیث نبوی ﷺ کے بارے میں اس کے موقف اور نظریہ کا جائزہ لیا ہے۔ یہ مقالہ بڑا علمی، جامع اور لائق مطالعہ ہے۔

حافظ صاحب دلائل سے مسعود احمد کے عقائد اور محدثین کرام کے بارے میں اس کے نظریے پر دلائل سے روشنی ڈالی ہے اور باحوالہ وضاحت کی ہے۔

۱۴) زیارتِ روضہ رسول ﷺ کی روایات اور اُن کی تحقیق:

حافظ زبیر علی زئی رحمہ اللہ کا یہ مقالہ ۱۶ صفحات پر مشتمل ہے۔ اس مقالہ میں علامہ تقی الدین السبکی الشافعی (م ۷۵۶ھ) کی کتاب ''شفاء السقام فی زیارۃ خیر الانام ﷺ'' کی (۱۵) روایات کی تحقیق کی گئی ہے۔ان روایات کی بنیاد پر روضہ رسول اللہ ﷺ کی طرف سفر کے جواز پر استدلال کیا گیا ہے۔

ا: **من زار قبري و جبت له شفاعتي** . (بروایت عبداللہ بن عمر رضی اللہ عنہ)

(جس نے میری قبر کی زیارت کی اس کے لئے میری شفاعت واجب ہوگئی)

(سنن دارقطنی ۲/ ۲۷۸، شفاء السقام ص ۸۷، ۱۰۳)

(۱) یہ روایت منکر ہے۔ (شعب الایمان بیہقی ۳/ ۴۹۰ ح ۴۱۵۹)

(۲) یہ حدیث صحیح نہیں۔ (کتاب الضعفاء للعقیلی ۴/ ۱۷۰)

(۳) یہ روایت منکر ہے۔

(صحیح ابن خزیمہ بحوالہ لسان المیزان ۶/ ۱۳۵)

(۴) اس حدیث کو میں منکر سمجھتا ہوں (ذہبی)

(میزان الاعتدال ۴/ ۲۲۶)

(۵) یہ حدیث صحیح نہیں۔

(ابن القطان الفاسی م ۶۲۸ھ، بیان الوہم والایہام ۴/ ۹)

اس حدیث کی سند کا ایک راوی موسیٰ بن ہلال ہے جسے محدثین کرام نے گواہیاں دے کر کذاب اور وضاع وغیرہ قرار دیا ہے، لہٰذا ایسا راوی ساقط العدالت ہوتا ہے۔

(تقریب التہذیب: ۳۸۶۵)

لہٰذا ''من زار قبري'' والی روایت موسیٰ بن ہلال کی وجہ سے ضعیف ہے۔ [مقالات ۳/ ۲۴۷]

اسی طرح حافظ زبیر علی زئی رحمہ اللہ نے اس موضوع کی تمام احادیث کو ضعیف، مردود اور موضوع بتایا ہے اور ہر روایت کے ضعیف و مردود ہونے کے حوالے کتب اسماء الرجال اور کتب الجرح والتعدیل سے دیے ہیں۔

حافظ صاحب رحمہ اللہ فرماتے ہیں: روضۂ رسول ﷺ کی طرف خاص طور پر سفر کرنا کسی صحابی یا تابعی یا تبع تابعی سے ثابت نہیں اور ایک حدیث میں تین مساجد (مسجد بیت اللہ، مسجد نبوی، مسجد اقصیٰ) کے علاوہ سفر کرنے کی ممانعت آئی ہے۔ اس حدیث سے شاہ ولی اللہ دہلوی استدلال کرتے ہوئے فرماتے ہیں:''اور میرے نزدیک حق یہ ہے کہ قبر اولیاء اللہ میں سے کسی ولی کا محل عبادت اور کوہ طور سب ممانعت میں برابر ہیں۔ واللہ اعلم'' (حجۃ اللہ البالغہ ۱/ ۱۹۲)

حافظ زبیر علی زئی صاحب لکھتے ہیں: معلوم ہوا کہ شاہ ولی اللہ کے نزدیک خاص نیت سے سفر کرنا ممنوع ہے۔

[مقالات ۳/ ۳۶۰]

۱۵) قربانی کے چار یا تین دن؟

حافظ زبیر علی زئی صاحب کا یہ مختصر مضمون ایک شخص کے سوال کے جواب میں ہے کہ عید الاضحیٰ کے موقع پر جو

قربانی کی جاتی ہے اس کی مدت تین دن ہے یا چار دن؟ ہفت روزہ اہل حدیث لاہور میں پروفیسر حافظ محمد شریف کا مضمون شائع ہوا تھا کہ قربانی چار دن ہے۔ ایک دن عید الاضحیٰ اور اس کے بعد تین دن اور سیدنا علی ؓ بھی چار دن قربانی کے قائل تھے۔

حافظ زبیر علی زئی صاحب اس کے جواب میں فرماتے ہیں: ''سیدنا علی ؓ کی طرف منسوب یہ بات کس کتاب میں صحیح یا حسن سند کے ساتھ مذکور ہے؟ حوالہ پیش کریں۔''

پروفیسر صاحب اپنے مضمون میں لکھتے ہیں: حافظ زبیر علی زئی صاحب کا یہ دعویٰ ہے کہ ''قربانی کے تین دن ہیں'' اور اپنے اس دعویٰ پر اُنھوں نے پہلی دلیل یہ پیش کی ہے کہ ''نبی کریم ﷺ نے ابتداء میں تین دن سے زیادہ قربانی کا گوشت رکھنے سے منع فرمایا تھا، اس کے جواب میں حافظ زبیر علی زئی صاحب فرماتے ہیں: ''یہ میری پہلی دلیل نہیں، بلکہ ذیلی اور تائیدی دلیل ہے، کیونکہ پہلی دلیل تو سیدنا علی ؓ اور جمہور صحابہ کرام کے آثار ہیں اور یہ میرے دعوے کے بالکل مطابق ہیں۔ پروفیسر صاحب کا ذیلی دلیل کو پہلی دلیل قرار دے کر میری طرف منسوب کرنا غلط ہے۔''

[مقالات ۳/۲۶۳]

۱۶) کیا درود کے بغیر دعا قبول نہیں ہوتی:

حافظ زبیر علی زئی ؒ فرماتے ہیں: ''حافظ ابن القیم (م ۷۵۱ھ) نے اپنی کتاب جلاء الافہام میں یہ روایت درج کی ہے کہ سیدنا علی بن ابی طالب ؓ سے مروی ہے کہ رسول اللہ ﷺ کا ارشاد ہے: ''آسمان و زمین اور ہر دعا کے درمیان ایک پردہ ہوتا ہے حتیٰ کہ سیدنا محمد ﷺ پر درود پڑھا جائے، پھر جب نبی ﷺ پر درود پڑھا جاتا ہے تو پردہ پھٹ جاتا ہے اور دعا قبول ہوتی ہے اور اگر نبی ﷺ پر درود نہ پڑھا جائے تو دعا قبول نہیں ہوتی۔ (ص ۷۲-۷۳)

حافظ زبیر علی زئی صاحب لکھتے ہیں کہ اس روایت کی سند میں کئی وجہ ضعف ہیں:

۱: حارث بن عبداللہ الاعور ضعیف بلکہ کذاب ہے، اس کے کذاب ہونے کی امام علی بن المدینی نے گواہی دی ہے۔
(احوال الرجال للجوزجانی ص ۴۹)

علامہ سخاوی حارث الاعور کے بارے میں فرماتے ہیں: جمہور نے اسے ضعیف کہا اور احمد بن صالح سے اس کی توثیق مروی ہے۔ (القول البدیع فی الصلوۃ علی الحبیب الشفیع ص ۴۴۱)

[مقالات ۳/۲۶۴]

۱۷) قدموں کے نشان اور طاہر القادری کی بے سند روایات:

حافظ زبیر علی زئی ؒ لکھتے ہیں: ''طاہر القادری نے کہا: اللہ سبحانہ و تعالیٰ نے اپنے حبیب ﷺ کے مبارک قدموں کو بھی یہ معجزہ عطا فرمایا کہ ان کی وجہ سے پتھر نرم ہو جاتے، آپ ﷺ کے قدم مبارک کے نشان بعض پتھروں پر آج تک محفوظ ہیں۔

حضرت ابو ہریرہ ؓ بیان کرتے ہیں:

'' اَنَّ النَّبِيَّ ﷺ كَانَ إِذَا مَشٰى عَلَى الصَّخْرِ غَاصَتْ قَدَمَاهُ فِيْهِ وَ اَثَّرَت ''

(زرقانی شرح المواہب اللدنیہ ۵/۴۸۲، السیوطی، الجامع الصغیر ۱/۲۷، رقم ۹۰)

حضور نبی کریم ﷺ جب پتھروں پر چلتے تو آپ ﷺ کے پاؤں مبارک کے نیچے وہ نرم ہو جاتے اور قدم مبارک کے نشان اُن پر لگ جاتے۔ (تبرک کی شرعی حیثیت ص ۷۶)

[مقالات ۳/۲۶۸]

علامہ زرقانی (م۱۱۲۲ھ) لکھتے ہیں:

علامہ سیوطی نے اس (روایت) پر انکار کیا ہے اور کہا مجھے اس کی کوئی اصل یا سند نہیں ملی اور نہ میں نے دیکھا کہ حدیث کی کتابوں میں کسی نے اسے روایت کیا ہے، اور اس طرح دوسروں نے بھی اس (روایت) کا انکار کیا لیکن...

(المواہب الدینہ ۴۸۲/۵)

حافظ زبیر علی زئی صاحب فرماتے ہیں:

لیکن ولیکن والی بات تو فضول ہے اور سیوطی کی کتاب الجامع الصغیر میں یہ روایت قطعاً موجود نہیں، بلکہ عبدالرؤف المناوی (صوفی) الجامع الصغیر کی شرح (فیض القدیر) میں اسے ذکر کیا ہے۔ (فیض القدیر شرح جامع الصغیر ۹۱/۵)

خلاصہ یہ کہ اس بے سند اور بے اصل (موضوع) روایت کو طاہر القادری نے حدیث قرار دے کر عام لوگوں کے سامنے پیش کیا ہے۔

ہماری طرف سے طاہر القادری اور تمام اہل بدعت کو چیلنج ہے کہ وہ اس روایت کی متصل سند پیش کر کے اس کا صحیح ہونا ثابت کریں اور اگر نہ کرسکیں تو جان لیں کہ رسول اللہ ﷺ نے فرمایا: ''جو شخص مجھ پر جھوٹ بولے گا وہ آگ (جہنم) میں داخل ہوگا۔''

(صحیح بخاری وصحیح مسلم)[مقالات ۳/ ۲۶۸ـ۲۶۹]

جلد چہارم: اس جلد میں حدیث اور متعلقات پر تین مقالات ہیں:

۱: اصول حدیث اور مدلس کی عن والی روایت کا حکم

۲: امام شافعی رحمہ اللہ اور مسئلہ تدلیس

۳: مسند امام احمد کی ایک حدیث اور متصوفانہ رقص

۱۸) اصول حدیث اور مدلس کی عن والی روایت کا حکم:

حافظ زبیر علی زئی رحمہ اللہ فرماتے ہیں: اصول حدیث کا مشہور و معروف مسئلہ ہے کہ مدلس راوی (یعنی جس کا مدلس ہونا ثابت ہو) کی عن والی روایت نا قابلِ حجت یعنی ضعیف ہوتی ہے۔ [مقالات ۱۵۱/۴]

اس مقالہ میں حافظ زبیر علی زئی صاحب نے چالیس محدثین کرام و علمائے حدیث کے اقوال معہ حوالہ کتب حدیث و اسماء الرجال درج کیے ہیں۔

ان چالیس اقوال میں (۱۰) مشہور محدثین کرام کے اقوال درج ذیل ہیں:

۱: امام محمد بن ادریس شافعی (م۲۰۴ھ):

ہم کسی مدلس سے کوئی حدیث قبول نہیں کرتے حتیٰ کہ وہ حدثني یاسمعت کہے، یعنی سماع کی تصریح کرے۔

(کتاب الرسالہ ص ۵۳)

۲: امام عبدالرحمٰن بن مہدی (م۱۹۸ھ):

کتاب الرسالہ کو پسند کرتے تھے، یعنی وہ امام شافعی کا مدلس راوی کے بارے میں جو فرمان ہے اس کی تائید کرتے تھے۔

۳: امام احمد بن حنبل (م۲۴۱ھ):

فرمایا کرتے تھے کہ امام شافعی کی کتاب ''الرسالہ'' ان کی تصانیف میں عمدہ کتاب ہے۔

(کتاب الجرح والتعدیل ۲۰۴/۷، تاریخ دمشق ابن عساکر ۲۹۱/۵۴)

۴: امام ابوبکر بیہقی (م۴۵۸ھ):

امام شافعی کے قول بسلسلہ مدلس راوی کی تائید فرمائی تھی۔ (معرفۃ السنن والآثار ۷۶/۱)

۵: امام ابوالحسین مسلم بن حجاج قشیری (م۲۶۱ھ):

صحیح مسلم کے مقدمہ میں لکھتے ہیں: جس نے بھی راویان حدیث کا سماع تلاش کیا ہے تو اس وقت تلاش کیا

جب راوی حدیث میں تدلیس کے ساتھ معروف (معلوم) ہو، اور اس کے ساتھ مشہور ہو، تو اس وقت روایت میں اس کا سماع دیکھتے ہیں اور تلاش کرتے ہیں، تاکہ راویوں سے تدلیس کا ضعف دور ہو جائے۔ (مقدمہ صحیح مسلم، دارالسلام ص ۲۲)

۶: حافظ ابن حجر عسقلانی (م ۸۵۲ھ)

صحیح ترین بات یہ ہے کہ جس راوی سے تدلیس ثابت ہو جائے، اگرچہ وہ عادل (ثقہ) ہو، تو اس کی صرف وہی روایت مقبول ہوتی ہے جس میں وہ سماع کی تصریح کرے۔

(نزہۃ النظر شرح نخبۃ الفکر ص ۶۶)

۷: علامہ بدرالدین عینی (م ۸۵۵ھ)

مدلس کی عن والی روایت حجت نہیں ہوتی، الا یہ کہ اس کی تصریح سماع دوسری سند سے ثابت ہو جائے۔

(عمدۃ القاری شرح صحیح بخاری ۳/۱۱۲)

۸: علامہ محمد بن یوسف بن سعید الکرمانی (م ۷۸۶ھ):

اور مدلس کی عن والی روایت حجت نہیں ہوتی، اِلا یہ کہ دوسری سند سے سماع کی تصریح ثابت ہو جائے۔

(شرح الکرمانی صحیح بخاری ۳/۶۲)

۹: علامہ ابوالعباس شہاب الدین قسطلانی (م ۹۲۳ھ)

اور مدلس کا عنعنہ قابل حجت نہیں ہوتا، اِلا یہ کہ اس کے سماع کی تصریح ثابت ہو جائے۔

(ارشاد الساری شرح صحیح بخاری ۱/۲۸۶)

۱۰: حافظ ابن حبان (م ۳۵۴ھ):

پس جب تک مدلس اگرچہ ثقہ ہو، حدثني یا سمعت نہ کہے (یعنی سماع کی تصریح نہ کرے) تو اس کی روایت سے حجت پکڑنا جائز نہیں۔ (کتاب المجروحین ۱/۹۲)

محدثین کرام کے مذکورہ بالا اقوال کی روشنی میں یہ ثابت ہوا کہ مدلس کی عن والی روایت ضعیف و مردود ہوتی ہے۔ [مقالات ۴/۱۵۱-۱۶۴]

۱۹) امام شافعی رحمہ اللہ اور مسئلہ تدلیس:

حافظ زبیر علی زئی رحمہ اللہ کا یہ تحقیقی و علمی رسالہ کتاب کے صفحہ ۱۶۸ سے ۱۹۸ تک محیط ہے۔ اس مقالہ میں امام شافعی رحمہ اللہ (م ۲۰۴ھ) کے نظریۂ تدلیس سے متعلق محدثین کرام اور علمائے اسلام نے جو آراء پیش کی ہیں، اُن کی تفصیل بیان کی ہے:

امام شافعی (م ۲۰۴ھ) فرماتے ہیں:

"**فقلنا لا نقبل من مدلس حديثًا حتى يقول فيه حدثني أو سمعت.**" پس ہم نے کہا: ہم کسی مدلس سے کوئی حدیث قبول نہیں کرتے حتیٰ کہ وہ حدثني یا سمعت کہے یعنی سماع کی تصریح کرے۔ (کتاب الرسالہ ص ۵۳)

تدلیس کے بارے میں محدثین کرام نے امام شافعی رحمہ اللہ کے اس قول سے اتفاق کیا ہے اور ہر محدث کا تدلیس کے بارے میں یہ مسلک و مذہب ہے کہ جس راوی سے سند میں تدلیس کرنا ثابت ہو تو اس کی عن والی روایت ضعیف ہوتی ہے۔

فضیلۃ الشیخ مولانا ارشاد الحق اثری حفظہ اللہ لکھتے ہیں: "محدثین کا اس پر اتفاق ہے کہ مدلس کا عنعنہ موجب ضعف ہے، لہٰذا اس کی سند کو صحیح کہنا محل نظر ہے۔" (توضیح الکلام ۱/۱۳۰)

حافظ زبیر علی زئی صاحب نے اپنے اس تحقیقی و علمی مقالہ میں محدثین کرام، علمائے اسلام اور برصغیر پاک و ہند کے علمائے اہل حدیث اور علمائے احناف اور دیوبندی و بریلوی علماء کے اقوال ان کی تصنیف کردہ کتابوں سے پیش کیے ہیں اور بالصراحت لکھا ہے کہ "مدلس کی عن والی روایت

ضعیف ہوتی ہے۔''

ذیل میں چند ایک محدثین اور علمائے کرام کے اقوال پیش خدمت ہیں:

۱: حافظ ابن الصلاح (م ۶۴۳ھ) فرماتے ہیں:

''اور حکم (فیصلہ) یہ ہے کہ مدلس کی روایت تصریح سماع کے بغیر قبول نہ کی جائے، اسے امام شافعی رحمہ اللہ نے اس شخص کے بارے میں فرمایا جس نے ہماری معلومات کے مطابق صرف ایک دفعہ تدلیس کی ہے۔ واللہ اعلم۔''

(مقدمہ ابن الصلاح ص ۹۹)

۲: علامہ نووی شارح صحیح مسلم (م ۶۷۶ھ) فرماتے ہیں:

''پس وہ (مدلس راوی) ایسے لفظ سے روایت بیان کرے جس میں احتمال ہو، سماع کی تصریح نہ ہو تو وہ مرسل (یعنی غیر مقبول/ضعیف) ہے اور یہ حکم اس کے بارے میں جاری ہے جو (صرف) ایک دفعہ تدلیس کرے۔'' (التقریب للنووی ص ۹)

۳: حافظ ابو الفداء اسماعیل بن کثیر صاحب تفسیر القرآن (م ۷۷۴ھ) نے تدلیس کے بارے میں امام شافعی رحمہ اللہ کا قول نقل کیا اور کوئی جرح یا مخالفت نہیں کی۔

(اختصار علوم الحدیث ۱/۱۷۴)

۴: علامہ جلال الدین سیوطی (م ۹۱۱ھ) نے اپنی کتاب تدریب الراوی میں امام شافعی رحمہ اللہ کا قول نقل کیا، لیکن اس پر کوئی جرح یا مخالفت نہیں کی۔ (تدریب الراوی ۱/۲۳۰)

۵: علامہ حسین بن عبداللہ الطیبی (م ۷۴۳ھ) نے اپنے رسالہ ''اصول حدیث'' میں امام شافعی رحمہ اللہ کا قول (تدلیس) درج فرمایا اور اس کی کوئی تردید نہیں کی۔

(اصول الحدیث ص ۷۲)

۶: مولانا ارشاد الحق اثری حفظہ اللہ نے حافظ ابن حجر رحمہ اللہ کے نزدیک طبقہ ثالثہ وطبقہ ثانیہ کے مدلسین کی معنعن اور غیر مصرح بالسماع روایات کو غیر صحیح اور ضعیف قرار دیا ہے۔

(توضیح الکلام ۲/۳۳۱)

۷: مولانا محمد داود ارشد صاحب لکھتے ہیں: ''مدلس راوی کی روایت سماع کی صراحت کے بغیر ضعیف ہوتی ہے۔''

(حدیث اور اہل تقلید ۱/۲۲۳)

۸: مولانا عبدالرحمان محدث مبارک پوری رحمہ اللہ صاحب تحفۃ الاحوذی (۱۳۵۳ھ) نے سیدنا بلال رضی اللہ عنہ کی طرف منسوب جرابوں پر مسح والی ایک روایت کو ضعیف قرار دیا اور فرمایا: **في سنده الأول أعمش وهو مدلس.** (اس کی پہلی سند میں اعمش ہیں اور وہ مدلس ہیں۔) (تحفۃ الاحوذی ۱/۱۰۱)

۹: مولانا ابو انس محمد یحییٰ گوندلوی رحمہ اللہ (م ۱۴۲۹ھ) فرماتے ہیں: ''مدلس کی معنعن روایت نا قابل قبول ہے۔''

(موضوع اور ضعیف روایات ص ۶۸)

۱۰: مولانا ابو القاسم سیف بنارسی (۱۳۶۹ھ) فرماتے ہیں: ''خود معلول قابل حجت تسلیم نہیں کیونکہ اس کا ایک راوی سفیان ثوری مدلس ہے اور عن سے روایت کرتا ہے۔''

(تذکرۃ المناظرین ص ۳۳۵)

۱۱: محمد عباس رضوی بریلوی کا کہنا ہے کہ ''سفیان مدلس ہے...... اور اصول محدثین کے تحت مدلس کا عنعنہ غیر مقبول ہے۔'' (مناظرے ہی مناظرے ص ۲۴۹)

۱۲: محمود احمد رضوی بریلوی کا کہنا ہے: ''اور یہ بھی مسلم ہے کہ مدلس جب لفظ عن سے روایت کرے تو روایت متصل نہیں قرار پائے گی، لہٰذا یہ روایت منقطع ہوگی اور قابل حجت نہ رہے گی۔'' (فیوض الباری شرح بخاری ۳/۴۰۶)

۱۳: حسین احمد مدنی (دیوبندی) نے تسلیم کیا ہے کہ

''سفیان ثوری تدلیس کرتا ہے۔'' (تقریر ترمذی ص۲۹۱)

۱۴: مولوی) سرفراز خان صفدر دیوبندی نے بھی تسلیم کیا ہے کہ ''مدلس راوی عن سے روایت کرے تو وہ حجت نہیں۔'' (خزائن السنن ۱/۱)

مقالہ کے آخر میں حافظ زبیر علی زئی رحمہ اللہ لکھتے ہیں:

''ان حوالوں سے ثابت ہوگیا کہ جمہور محدثین و دیگر علماء کے نزدیک مدلس راوی کی عن والی روایت (غیر صحیحین میں) حجت نہیں، اور اسے ''سرتا سر حقیقت کے منافی'' قرار دینا غلط ہے، نیز اہل حق کے علاوہ دوسرے فرقوں سے بھی یہی اصول ومنہج ثابت ہے، لہٰذا منہج المتقد مین والوں کا بعض شاذ اقوال لے کر کثیر التدلیس اور قلیل التدلیس کا شوشہ چھوڑ کر مسئلہ تدلیس کا انکار باطل ومردود ہے۔'' [مقالات ۴/۱۹۵]

محدثین کرام اور علمائے کرام کے اقوال (نمبر ا تا ۱۴) کے حوالہ جات کتاب مقالات جلد ۴ کے درج ذیل صفحات میں:

نمبر ۱، ۲: صفحہ ۱۷۳	نمبر ۳: صفحہ ۱۷۴
نمبر ۵: صفحہ ۱۷۹	نمبر ۶، ۷: صفحہ ۱۹۰
نمبر ۸، ۹: صفحہ ۱۹۱	نمبر ۱۰: صفحہ ۱۹۲
نمبر ۱۱: صفحہ ۱۹۳	نمبر ۱۲، ۱۳، ۱۴: صفحہ ۱۹۴

۲۰) مسند امام احمد کی ایک حدیث اور متصوفانہ رقص:

حماد بن سلمہ عن ثابت (بن اسلم البنانی) عن انس بن مالک رضی اللہ عنہ کی سند سے آیا ہے کہ ''**كانت الحبشة يزفنون بين يدي رسول الله** ﷺ **و يرقصون و يقولون: محمد عبد صالح ......**''

رسول اللہ ﷺ کے سامنے حبشی لوگ (اسلحے کے ساتھ) اچھل کود رہے تھے اور رقص کر رہے تھے اور کہہ رہے تھے محمد (ﷺ) نیک بندے ہیں۔ (مسند احمد ۳/۱۵۲ ح ۱۲۵۴۰)

اسی طرح مسند احمد ۳/۱۶۱ ح ۱۲۶۴۹) اور سنن ابی داود (۴۹۲۳) وغیرہما میں معمر (بن راشد) عن ثابت عن انس رضی اللہ عنہ کی سند سے آیا ہے کہ ''**لما قدم رسول الله** ﷺ **المدينة لعبت الحبشة لقدومه بحرابهم فرحًا بذلك.**'' جب رسول اللہ ﷺ مدینہ تشریف لائے تو آپ کی تشریف آوری کی وجہ سے خوش ہو کر حبشیوں نے اپنے نیزوں کے ساتھ (نیزہ بازی کا) کھیل کھیلا تھا۔

(سنن ابی داود: ۴۹۲۳)

حافظ زبیر علی زئی رحمہ اللہ فرماتے ہیں:

اور اس روایت سے فیصلہ ہوگیا کہ حماد بن سلمہ عن ثابت کی روایت میں یزفنون اور یرقصون کا وہی مطلب ہے جو معمر بن راشد عن ثابت کی روایت میں ہے کہ یہ نیزہ بازی کا کھیل تھا جس میں حبشی لوگ اچھل کود کر نیزے پھینک رہے تھے، لہٰذا اس حدیث سے اہل بدعت کا استدلال کرنا کہ صوفیوں کا رقص کرنا جائز ہے، باطل ہے۔ [مقالات ۴/۱۹۹]

شارحین حدیث نے یزفنون یعنی یرقصون سے نیزہ بازی کا جہادی کھیل مراد لیا ہے۔ علامہ نووی (م ۶۷۲ھ) نے شرح صحیح مسلم (۶/۱۸۶ ح ۸۹۲)، قاضی عیاض مالکی (م ۵۴۲ھ) نے اکمال المعلم بفوائد مسلم (۳/۳۱۰)، حافظ ابو العباس احمد بن عمر بن ابراہیم القرطبی (م ۶۵۶ھ) نے المفہم لما اشکل من تلخیص کتاب مسلم (۲/۵۳۶) میں زفن و رقص سے اپنے نیزوں کے ساتھ کھیلنا اور اچھلنا مراد لیا ہے۔

[مقالات ۴/ ۱۹۹۔۲۰۰]

حافظ زبیر علی زئی صاحب لکھتے ہیں:

علمائے کرام کی ان تشریحات سے صاف معلوم ہوا کہ مسند

احمد اور صحیح مسلم کی حدیثِ مذکور کا تعلق جنگی مشقوں والے کھیل نیزہ بازی سے ہے، لہٰذا ناچ گانے کا شوق رکھنے والوں اور بعض متصوفین ومبتدعین کا اس سے صوفیانہ رقص ثابت کرنا باطل ہے۔ [مقالات ۴/۲۰۱]

فتاویٰ عالمگیری علمائے حنفیہ کی پسندیدہ کتاب ہے۔ اس میں یہ فتویٰ درج ہے کہ شمس الائمہ حلوانی نے فرمایا: ''سماع، قول (یعنی قوالی) اور رقص جو ہمارے زمانے کے صوفی نما لوگ کرتے ہیں حرام ہے، اس کا قصد کرنا اور اس کے پاس بیٹھنا جائز نہیں۔ یہ گانے سننا اور موسیقی سب برابر ہیں۔'' (الفتاویٰ الہندیہ عالمگیری ۵/۳۵۲، شرح صحیح مسلم لغلام رسول سعیدی بریلوی ۲/۶۹۱)

جب گانا بجانا اور رقص وسرور کی محفلیں جمانا حنفی مذہب میں بھی حرام ہے تو پھر تعجب ہے ان لوگوں پر جو حنفیت کا لبادہ اوڑھ کر بھی اس کے مرتکب ہوتے ہیں؟

جلد پنجم: اس جلد میں حدیث اور متعلقات حدیث پر دو مقالات شامل کیے گئے ہیں:

۱: محدثین کرام اور ضعیف+ضعیف کی مروجہ حسن لغیرہ کا مسئلہ

۲: ابن حزم اور ضعیف+ضعیف کی مروجہ حسن لغیرہ کا مسئلہ

۲۱) محدثین کرام اور ضعیف + ضعیف کی مروجہ حسن لغیرہ کا مسئلہ:

حافظ زبیر علی زئی رحمہ اللہ لکھتے ہیں: جلیل القدر محدثین کرام نے ایسی کئی احادیث کو ضعیف وغیر ثابت قرار دیا ہے جن کی بہت سی سندیں ہیں اور ضعیف+ضعیف کے اصول سے بعض علماء انھیں حسن لغیرہ بھی قرار دیتے ہیں، بلکہ بعض ان میں سے ایسی روایات بھی ہیں جو ہماری تحقیق میں حسن لذاتہ ہیں۔ [مقالات ۵/۱۷۳]

ذیل میں بطور نمونہ صرف دو احادیث درج کی جاتی ہیں، جن پر اکابر محدثین کرام نے جرح کی جو اس بات کی دلیل ہے کہ وہ ضعیف+ضعیف والی مروجہ حسن لغیرہ کو حجت نہیں سمجھتے تھے۔

۱: حدیث: **لا وضو لمن لم یذکر اسم اللّٰہ علیہ .**

(جو شخص وضو پر بسم اللہ نہ پڑھے اس کا وضو نہیں ہوتا)

حدیث کی چند اسناد درج ہیں:

(۱) عن سعید بن زید رضي اللّٰہ عنہ .

(جامع الترمذی: ۲۵، سنن ابن ماجہ: ۳۹۸)

(۲) عن أبي ھریرۃ رضي اللّٰہ عنہ

(سنن ابی داود: ۱۰۱، سنن ابن ماجہ: ۳۹۹، مسند احمد ۲/ ۴۱۸ ح ۹۴۰۸)

(۳) عن أبي سعید الخدري رضي اللّٰہ عنہ

(سنن ابن ماجہ: ۲۹۷، سنن دارمی: ۲۹۷، مسند احمد ۳/ ۴۱)

امام ابوزرعہ دمشقی فرماتے ہیں: میں نے امام احمد بن حنبل سے اس حدیث کا مطلب دریافت کیا تو آپ نے فرمایا: اس بارے میں احادیث قوی نہیں ہیں اور اللہ تعالیٰ نے فرمایا: اے ایمان والو! جب تم نماز کے لئے کھڑے ہو تو اپنے چہرے اور کہنیوں تک ہاتھ دھوو، پس اللہ نے تسمیے کو واجب قرار نہیں دیا اور یہ قرآن ہے اور اس کے بارے میں سنت (حدیث) ثابت نہیں۔

(تاریخ ابی زرعہ دمشقی: ۱۸۲۸)

امام اسحاق بن منصور فرماتے ہیں کہ میں نے امام احمد بن حنبل رحمہ اللہ سے اس حدیث کے متعلق سوال کیا تو آپ نے فرمایا: '' **لا أعلم فیہ حدیثًا لہ اسنادہ جید.** ''

مجھے اس بارے میں ایسی کوئی حدیث معلوم نہیں جس کی سند اچھی ہو۔ (مسائل احمد اسحاق ۱/ ۶۸)

امام احمد بن حنبل کے مذکورہ اقوال سے ثابت ہوا کہ آپ ضعیف+ضعیف والی مروجہ حسن لغیرہ روایت کو قابل حجت تسلیم نہیں کرتے تھے۔

مذکورہ حدیث سے متعلق حافظ زبیر علی زئی رحمہ اللہ فرماتے ہیں:

ہماری تحقیق میں سنن ابن ماجہ (۳۹۷) وغیرہ والی حدیث حسن لذاتہ ہے، لہٰذا وضو سے پہلے بسم اللہ پڑھنا ضروری ہے اور جو شخص اقامت حجت کے بعد بسم اللہ نہ پڑھے تو اس کا وضو نہیں ہوتا۔ [مقالات ۵/۱۷۳-۱۷۴]

۲: ایک حدیث میں آیا ہے کہ

نبی کریم ﷺ نے کھڑے ہو کر جوتے پہننے سے منع فرمایا ہے

اور اس روایت کی چند سندیں درج ذیل ہیں:

(۱) ازہر بن مروان البصری عن حارث بن نبہان عن معمر عن عمار بن ابی عمار عن ابی ہریرہ رضی اللہ عنہ (جامع ترمذی: ۱۷۷۵)

(۲) قتادہ عن انس رضی اللہ عنہ (جامع ترمذی: ۱۷۷۶)

(۳) ابوالزبیر عن جابر رضی اللہ عنہ (ابوداود: ۴۱۳۵)

(۴) ابومعاویہ عن الاعمش عن ابی صالح عن ابی ہریرہ رضی اللہ عنہ (ابن ماجہ: ۳۶۱۸)

(۵) وکیع عن سفیان الثوری عن عبداللہ بن دینار عن ابن عمر رضی اللہ عنہ (ابن ماجہ: ۳۶۱۹)

علامہ البانی رحمہ اللہ نے اس حدیث کو صحیح قرار دیا ہے، لیکن امام بخاری نے سیدنا انس رضی اللہ عنہ اور سیدنا ابو ہریرہ رضی اللہ عنہ کی طرف منسوب روایتوں میں ہر ایک روایت کے بارے میں فرمایا: **ولا یصح ھذا الحدیث۔**

اور یہ حدیث صحیح نہیں۔ (سنن ترمذی: ۱۷۷۶)

معلوم ہوا کہ امام بخاری اور امام ترمذی دونوں کے نزدیک ضعیف+ضعیف والی مروجہ حسن لغیرہ روایت حجت نہیں، بلکہ ضعیف ہوتی ہے۔ [مقالات ۵/۱۷۹-۱۸۰]

مقالہ کے آخر میں حافظ زبیر علی زئی رحمہ اللہ لکھتے ہیں:

جس شخص کا یہ دعویٰ ہے کہ ضعیف+ضعیف والی روایات حسن لغیرہ بن کر حجت ہو جاتی ہے اور ان کا انکار صحیح نہیں تو اس سے مطالبہ ہے کہ وہ جلیل القدر محدثین سے اس کا صحیح و صریح ثبوت پیش کرے اور اگر پیش نہ کر سکے تو باطل میں جھگڑا کرنے کے بجائے حق کی طرف رجوع ضروری ہے۔

[مقالات ۵/۱۸۵]

۲۲) ابن حزم اور ضعیف+ضعیف کی مروجہ حسن لغیرہ کا مسئلہ:

حافظ زبیر علی زئی رحمہ اللہ فرماتے ہیں: بعض لوگ ضعیف+ضعیف کے اصول اور جمع تفریق کے ذریعے سے بعض روایات کو حسن لغیرہ قرار دیتے ہیں، لیکن حافظ ابن حزم (م ۴۵۶ھ) اس اصول کے سخت خلاف تھے۔

اس سلسلہ میں دو مثالیں پیش خدمت ہیں:

نمبر۱: ایک حدیث میں آیا ہے کہ رسول اللہ ﷺ نے قوم لوط کا عمل کرنے والوں کے بارے میں فرمایا: ''فاعل اور مفعول کو قتل کر دو۔'' (سنن ابی داود: ۴۴۶۲ وغیرہ، وسندہ حسن)

اس حدیث کو ابن الجارود (۸۲۰) حاکم (۴/۳۵۵) اور ذہبی نے صحیح کہا ہے اور حدیث کی سندیں و شواہد درج ذیل ہیں:

(۱) عبد العزيز بن محمد الدراوردی عن عمرو بن أبی عمرو عن عكرمة عن ابن عباس رضی اللہ عنہما

(سنن ابوداود: ۴۴۶۲، المحلی ۱۱/۳۸۳ مسئلہ ۲۲۹۹)

(۲) عبد الله بن نافع عن عاصم بن عمر عن سهيل

عن أبيه عن أبی هريرة رضی اللہ عنہ (سنن ابن ماجہ:۲۵۶۲)

(۳) عباد بن منصور عن عكرمة عن ابن عباس رضی اللہ عنہ

(مسند احمد ۱/ ۳۰۰ ح ۲۷۳۳)

(۴) ابـن وهـب عـن يـحيـىٰ بن أيوب عن ابن جريج عن ابن عباس رضی اللہ عنہ (المحلی ۱۱/ ۳۸۳)

اس طرح کی روایات ذکر کر کے ابن حزم نے کہا:

''یہ ہے ساری ملمع سازی جو ان لوگوں نے کی ہے اور ان ساری روایات میں ان کے لئے کوئی چیز (بھی) صحیح نہیں۔ (المحلی ۱۱/ ۳۸۳)'' [مقالات ۵/ ۱۸۹۔۱۹۰]

نمبر۲: وضو کے دوران میں داڑھی کا خلال کرنا بہت سی احادیث میں آیا ہے اور اس مسئلے میں سیدنا عثمان بن عفان رضی اللہ عنہ والی روایت حسن لذاتہ ہے۔

چند روایات کی تخریج درج ذیل ہے:

۱: عن عثمان رضی اللہ عنہ

(ترمذی: ۳۱، ابن ماجہ: ۴۳۰، حاکم ۱/ ۱۴۹، وغیرہم)

۲: عن انس بن مالک رضی اللہ عنہ (ابوداود: ۱۴۵، بیہقی ۱/ ۵۴)

۳: عن عمار بن یاسر رضی اللہ عنہ

(ترمذی: ۲۹۔۳۰، ابن ماجہ: ۴۲۹، حاکم ۱/ ۱۴۹)

لیکن ابن حزم نے کہا: **و هذا كلهُ لا يصح منه شيً**

اور ان تمام روایات میں سے کوئی چیز بھی صحیح نہیں۔

(المحلی ۲/ ۳۶، مسئلہ ۱۹۰)

امام ابو حاتم رازی فرماتے ہیں: نبی ﷺ سے داڑھی کے خلال کے بارے میں کوئی حدیث ثابت نہیں۔

(علل الحدیث ۱/ ۲۵۲ ح ۱۰۱) [مقالات ۵/ ۱۹۳]

تذکرہ علمائے حدیث

جلد اول:

۱: سیدنا الامام عبداللہ بن عمر رضی اللہ عنہ
۲: امام احمد بن حنبل کا مقام محدثین کی نظر میں
۳: امام عبدالرزاق بن ہمام الصنعانی رحمہ اللہ
۴: اثبات التعدیل فی توثیق مومل بن اسماعیل
۵: نصر الرب فی توثیق سماک بن حرب
۶: محدث ہرات امام عثمان بن سعید الدارمی
۷: امام نعیم بن حماد الخزاعی المروزی
۸: نور البصر فی توثیق عبدالحمید بن جعفر
۹: محمد بن عمرو بن عطاء رحمہ اللہ
۱۰: محمد بن عثمان بن ابی شیبہ ایک مظلوم محدث
۱۱: شیخ العرب والعجم بدیع الدین شاہ الراشدی رحمہ اللہ
۱۲: علامہ مولانا فیض الرحمان الثوری رحمہ اللہ
۱۳: مبلغ اسلام حاجی اللہ دتا صاحب سوہدروی رحمہ اللہ

حافظ زبیر علی زئی رحمہ اللہ نے ان سے بہت زیادہ اکتساب فیض کیا اور ان کے حالات صفحہ ۵۰۹ تا ۵۲۲ تحریر کیے ہیں جس کا خلاصہ درج ذیل ہے:

حاجی اللہ دتا صاحب سوہدرہ ضلع گوجرانوالہ کے باسی تھے اور راقم مقالہ نگار کی جنم بھومی بھی سوہدرہ ہے۔

حافظ زبیر علی زئی رحمہ اللہ لکھتے ہیں: راقم نے سنن ابی داود کا عربی میں حاشیہ بنام ''نیل المقصود علی سنن ابی داود'' لکھا ہے، جس میں تحقیق و تخریج کے ساتھ ساتھ فقہی فوائد و لغوی تشریحات بھی ہیں، اس کے حاشیہ میں ایک جگہ لکھا ہے:

''**ويـدل هذا الحديث...... على ترك الصلوٰة خلف**

المبتدع والفاسق ونحوهما وكذا استدل به شيخنا الإمام المتقن أبو الرجال الله دتا بن كرم الٰهي بن أحمد دين السوهدروي رحمه الله."

(نیل المقصود ج اص ۱۷۳، ح ۴۸۱) [مقالات ۱/۵۰۹]

محترم حاجی اللہ دتا صاحب سے پہلی ملاقات ۱۹۸۰ء کے آخر میں حضرو میں ہوئی۔

حاجی اللہ دتا صاحب یکم اکتوبر ۱۹۳۲ء کو سوہدرہ میں ایک بریلوی خاندان میں پیدا ہوئے اور ان کی ولادت رمضان المبارک کے مہینہ میں ہوئی۔

قرآن مجید ایک بریلوی مولوی صاحب سے پڑھا۔ ایک دن مولوی صاحب نے کہا: ''بیٹا قرآن مجید کا ترجمہ نہ پڑھنا، ورنہ وہابی ہو جاؤ گے۔''

حاجی اللہ دتا رحمہ اللہ کو یہ بات اس قدر ناگوار گزری کہ انھوں نے مولوی صاحب کا درس چھوڑ کر یہ مصمم ارادہ کر لیا کہ میں قرآن مجید کا ترجمہ ضرور پڑھوں گا۔

حافظ زبیر علی زئی رحمہ اللہ لکھتے ہیں: اگر خلوص دل سے قرآن مجید کا ترجمہ پڑھا جائے تو شرک و بدعت کے اندھیرے چھٹ جاتے ہیں اور اللہ و رسول صلی اللہ علیہ وسلم کی اطاعت توحید و سنت کا اعلیٰ جذبہ پیدا ہوتا ہے۔

حاجی اللہ دتا صاحب نے ترجمہ پڑھتے ہی مسلک اہل حدیث اختیار کیا اور دینی تعلیم کے ساتھ ساتھ عصری تعلیم کی طرف بھی توجہ رکھی۔ عصری تعلیم بھی مشن ہائی سکول وزیر آباد سے میٹرک کا امتحان پاس کیا، پھر دینی تعلیم مولانا عبد المجید خادم سوہدروی، ان کے صاحبزادے مولانا حافظ محمد یوسف اور مولانا ابو السلام محمد صدیق بن عبد العزیز رحمہما اللہ آف سرگودھا سے حاصل کی۔

۱۹۵۷ء میں پاکستان ائیر فورس میں ملازم ہو گئے، ائیر فورس کی ملازمت زیادہ نہیں کی اور استعفیٰ دے کر سعودی عرب چلے گئے اور ۱۹۷۴ء تک ان کا قیام سعودی عرب میں رہا، کئی بار حج بیت اللہ کی سعادت سے بہرہ ور ہوئے، سعودی عرب کے قیام میں عربی زبان میں کافی مہارت حاصل کی حتیٰ کہ آپ عربی زبان میں بڑی آسانی سے گفتگو کر سکتے تھے، حج کے دوران میں آپ دعوت و تبلیغ کا سلسلہ بھی جاری رکھتے تھے۔

حافظ زبیر علی زئی رحمہ اللہ بیان کرتے ہیں کہ ۱۹۸۰ء کے اواخر میں راقم نے حاجی اللہ دتا رحمہ اللہ کی شاگردی اختیار کی اور باقاعدگی سے ان کے دروس قرآن و حدیث میں شامل ہوتا تھا، ۱۹۸۲ء میں حاجی صاحب جامع مسجد اہل حدیث (جو والد صاحب نے تعمیر کی تھی) میں خطبہ جمعہ کا آغاز کیا۔ پہلے خطبہ جمعہ میں صرف چار آدمی حاضر تھے۔

حاجی اللہ دتا بہترین خطیب اور کامیاب مناظر بھی تھے۔ لوگ ان کا خطبہ بڑے ذوق و شوق سے سنتے تھے۔ ان کا خطبہ کبھی اردو کبھی پنجابی زبان میں ہوتا، کبھی کبھی پنجابی اشعار بھی پڑھتے تھے۔ ان کی تبلیغ سے بے شمار بریلوی اور دیوبندی حضرات نے مسلک اہل حدیث قبول کیا۔

حاجی صاحب کا حافظہ بھی قوی تھا۔ اللہ تعالیٰ نے آپ کو اس عظیم نعمت سے نوازا تھا۔ وعظ و تبلیغ اور مناظرہ میں قرآن و حدیث سے حوالہ دیتے تھے۔ حاضر جوابی میں بھی ان کو کمال حاصل تھا۔ نماز تہجد اور تلاوت قرآن مجید سے کبھی ناغہ نہیں کرتے تھے، اخلاق و عادات کے اعتبار سے نہایت شریف النفس، منکسر المزاج، حلیم الطبع، نیک سیرت اور عمدہ اخلاق کے مالک تھے۔ ان کے عقیدہ و ایمان کے بارے

میں حافظ زبیر علی زئی رحمہ اللہ لکھتے ہیں:

حاجی صاحب عقیدے اور ایمان میں کٹر سلفی اہل حدیث تھے۔ اللہ تعالیٰ کو سات آسمانوں سے اوپر عرش پر مستوی مانتے تھے، کما یلیق بجلالہ۔ اللہ تعالیٰ کی صفات واسماء پر بلا کیف ایمان رکھتے تھے۔ ان کی تاویل یا انکار کے سخت مخالف تھے۔ تکفیریوں اور خوارج کا شدید رد کرتے تھے۔

حاجی صاحب کے چند مشہور مسائل درج ذیل ہیں:

۱: رکوع کے بعد ہاتھ چھوڑ کر نماز پڑھتے تھے۔

۲: مرد کے لئے ننگے سر نماز پڑھنے کے جواز کے قائل تھے۔

۳: ایک مجلس کی تین طلاق کو ایک طلاق شمار کرتے تھے۔

۴: حضرت العلام حافظ عبداللہ محدث روپڑی رحمہ اللہ کے زبردست محبّ تھے۔

لیکن بعض مسائل میں ان سے اختلاف بھی رکھتے تھے۔

۵: شیخ البانی رحمہ اللہ کی بعض تصحیحات سے بھی شدید اختلاف رکھتے تھے۔

حاجی صاحب کی گھریلو زندگی بالکل کتاب وسنت کے مطابق تھی۔ ان کے گھر میں سخت پردے کا انتظام تھا۔ ایک بیٹے کی بیوی دوسرے بیٹے کے سامنے کبھی نہیں آتی تھی اور حدیث نبوی ﷺ: ((الحمو الموت)) (صحیح بخاری: ۵۲۳۲)

یعنی دیور موت ہے، کی طرف اشارہ ہے۔

اللہ تعالیٰ نے آپ کو دس بیٹے عطا فرمائے تھے۔

کتب اصول حدیث میں مذکور ہے کہ جس شخص کے دس بیٹے ہوں اس کو ''ابوالرجال'' کہا جاتا ہے، اس لئے آپ کی کنیت ابوالرجال تھی۔

۱۹۹۶ء میں حاجی صاحب نے لاہور باغبانپورہ میں مستقل سکونت اختیار کر لی اور اپنا مکان بنا لیا تھا، لاہور میں آپ نے ''تنظیم المساجد کویت'' کے تعاون سے مسجد بنائی، آپ کا تعلق جماعت اہلحدیث پاکستان چوک دال گراں لاہور سے تھا۔

آپ مجلس شوریٰ کے ممبر تھے۔ سلطان المناظرین حافظ عبدالقادر روپڑی رحمہ اللہ سے بہت زیادہ عقیدت رکھتے تھے اور ان کے ارشادات عالیہ سے مستفید ہوتے رہے۔

حاجی صاحب تصنیف و تالیف کا ذوق نہیں رکھتے تھے لیکن جلیل القدر مدرس، استاد، مناظر، واعظ اور مبلغ تھے۔

وفات: حاجی صاحب ۲/ اگست ۲۰۰۱ء کا جمعہ اٹک میں پڑھا کر اپنے آبائی قصبہ سوہدرہ چلے گئے اور جامع مسجد اہل حدیث غربی (حافظ محمد یوسف والی) میں تین دن درس قرآن ارشاد فرمایا۔ بدھ کے روز لاہور اپنے گھر چلے گئے، جمعرات کا دن مطالعہ میں گزرا۔

۱۰/ اگست ۲۰۰۱ء کی صبح جمعہ کی نماز فجر کے لئے نہیں اٹھے۔ ان کا ایک بیٹا جگانے کے لئے ان کے کمرے میں گیا تو دیکھا کہ حاجی صاحب اس فانی دنیا کو چھوڑ کر دارالبقاء کی طرف تشریف لے گئے ہیں۔

إنا لله و إنا إليه راجعون.

حاجی صاحب کا جنازہ حافظ زبیر علی زئی رحمہ اللہ نے پڑھایا اور چوک شوالہ قبرستان باغبانپورہ لاہور سپرد خاک کیے گئے۔ **اللهم اغفرله وارحمه.**

۱۴: امام مالک بن انس مدنی رحمہ اللہ

۱۵: عبدالرحمان بن القاسم المصری رحمہ اللہ

۱۶: اللہ تعالیٰ کا احسان اور امام اسحاق بن راہویہ رحمہ اللہ کا حافظہ

۱۷: شیخ الاسلام ابن تیمیہ رحمہ اللہ کا عظیم الشان مقام

امام ابن تیمیہ رحمہ اللہ کے متعلق دیوبندی مکتب فکر کے ایک مصنف ابوبکر غازیپوری نے شیخ الاسلام ابن تیمیہ رحمہ اللہ پر ایک اعتراض کیا ہے کہ ابن تیمیہ رحمہ اللہ اہل سنت والجماعت سے خارج تھے کیونکہ ان کا عقیدہ تھا کہ انبیائے عظام علیہم السلام گناہوں سے معصوم نہیں ہوتے۔ وغیرہ

غازی پوری نے یہ اعتراض اپنے رسالہ ''کیا ابن تیمیہ علماء واہل سنت والجماعت میں سے ہیں'' (صفحہ ۳۴ تا ۳۶) میں کیا۔

حافظ زبیر علی زئی رحمہ اللہ نے غازیپوری کے مندرجہ بالا اعتراض کا جواب (مقالات جلد دوم صفحہ ۳۰۰ تا ۳۰۲ میں) دیا ہے جس کا خلاصہ درج ذیل ہے:

حافظ زبیر علی زئی رحمہ اللہ تحریر فرماتے ہیں کہ امام ابن تیمیہ رحمہ اللہ کبار علمائے اہل سنت و جماعت میں سے تھے اور شیخ الاسلام تھے۔

حافظ زبیر علی زئی رحمہ اللہ نے امام ابن تیمیہ کے اہل سنت و جماعت کا امام ہونے کے بارے میں دس حوالے پیش کیے ہیں، فی الحال مشتے از خروارے میں چار حوالوں پر اکتفا کرتا ہوں۔

(۱) حافظ ذہبی رحمہ اللہ (م ۷۴۸ھ) فرماتے ہیں:

الشيخ الإمام العلامة الحافظ الناقد (الفقية) المجتهد المفسر البارع شيخ الإسلام علم الزهاد نادرة العصر. (تذکرۃ الحفاظ ۴/۴۹۶)

(۲) حافظ ابن کثیر (م ۷۷۴ھ) لکھتے ہیں:

وفاة شيخ الإسلام أبي العباس تقي الدين أحمد بن تيمية. (البدایہ والنہایہ ۱۴/۱۴۱)

(۳) حافظ ابن عبدالہادی فرماتے ہیں:

هو الشيخ الإمام الرباني إمام الأئمة و مفتي الأمة و بحر العلوم سيد الحفاظ، وفارس المعاني والالفاظ، فريد العصر، و قريع الدهر، شيخ الإسلام بركة الانام و علامة الزمان و ترجمان القرآن، علم الزهاد أوحد العباد قامع المبتدعين و آخر المجتهدين. (العقود الدریہ ص ۳)

(۴) حافظ ابن القیم الجوزیہ (م ۷۵۱ھ) فرماتے ہیں:

شيخ الإسلام. (اعلام الموقعین ۲/۲۴۱) [مقالات ۲/۳۰۱-۳۰۲]

مذکورہ بالا شہادتوں کا خلاصہ یہ ہے کہ حافظ ابن تیمیہ رحمہ اللہ اہل سنت و جماعت کے کبار علماء میں سے تھے اور شیخ الاسلام تھے۔

بعض غالی مقلدین حنفیہ نے شیخ الاسلام ابن تیمیہ کے بارے میں زبان طعن دراز کی ہے اور توہین آمیز کلمات اپنی کتابوں میں درج کیے ہیں مثلاً:

ابوبکر غازیپوری دیوبندی، محمود عالم صفدر اوکاڑوی، زاہد بن حسن الکوثری وغیرہ، کوثری نے اپنی کتاب ''الاشفاق علی احکام الطلاق'' ص ۹ پر توہین آمیز کلمات لکھے ہیں: کوثری کی گمرائیوں کے لئے مولانا ارشاد الحق اثری حفظہ اللہ کی کتاب ''مقالات جلد اول'' (صفحہ ۳، ۱۶۲، ۱۷۹) ملاحظہ فرمائیں۔

لیکن ان میں سے بعض نے حافظ ابن تیمیہ رحمہ اللہ کے علم و فضل اور ان کے مرتبہ ومقام کا کھلے دل سے اعتراف بھی کیا ہے، مثلاً:

سرفراز صفدر لکھتے ہیں: شیخ الاسلام ابن تیمیہ (احسن الکلام طبع جون ۲۰۰۶ء ص ۹۴) ملا علی قاری حنفی (م ۱۰۱۶ھ) امام ابن تیمیہ اور حافظ ابن القیم رحمہما اللہ کے بارے میں

فرماتے ہیں: و من طالع شرح منازل السائرين تبين له العلماء كانا من أكابر أهل السنة والجماعة و من أولياء هذه الأمة.

جس نے منازل السائرین کی شرح کا مطالعہ کیا تو اس پر واضح ہو گیا کہ وہ دونوں (ابن تیمیہ و ابن قیم) اہل سنت والجماعت کے اکابر میں سے اور اس امت کے اولیاء میں سے تھے۔

(جمع الوسائل فی شرح الشمائل ۱/ ۲۰۷)

علامہ ابن عابدین شامی نے کہا:

و رأيت في كتاب الصارم المسلول لشيخ الإسلام ابن تيمية الحنبلي. (ردالمختار علی الدرالمختار ۳/ ۲۰۵)

بشیر احمد قادری نے لکھا: شیخ الاسلام ابن تیمیہ۔

(تجلیات صفدر ۳/ ۱۰۵)

ماسٹر امین اوکاڑوی: نیلوی صاحب شیخ الاسلام ابن تیمیہ سے نقل کرتے ہیں۔ (تجلیات صفدر ۷/ ۱۶۲)

محمود عالم اوکاڑوی دیوبندی نے لکھا: شیخ الاسلام ابن تیمیہ۔ (قافلہ باطل ج ا ش ۴ ص ۸) [مقالات ۲/ ۳۰۴۔۳۰۶]

مقالہ کے آخر میں حافظ زبیر علی زئی رحمہ اللہ لکھتے ہیں:

جب مرضی کا معاملہ ہو، مثلاً: فاتحہ خلف الامام کا مسئلہ وغیرہ تو دیوبندی حضرات حافظ ابن تیمیہ رحمہ اللہ کو شیخ الاسلام، امام اور علامہ وغیرہ لکھتے ہیں اور اگر مرضی کے خلاف بات ہو تو یہی لوگ شیخ الاسلام پر جرح، تنقید اور تنقیص کا بلا دریغ استعمال کرتے ہیں، کیا انھیں اللہ کا خوف نہیں؟ [مقالات ۲/ ۳۰۶]

جلد سوم:

۱۸: سیدنا جلیبیب رضی اللہ عنہ

۱۹: محمد بن اسحاق بن یسار اور جمہور کی توثیق

۲۰: سلیمان الاعمش کی ابوصالح وغیرہ سے معنعن روایات کا حکم

۲۱: امام سفیان ثوری کی تدلیس اور طبقہ ثانیہ

۲۲: حافظ ابن حجر کی طبقاتی تقسیم

۲۳: شیخ البانی اور طبقاتی تقسیم

۲۴: آل تقلید اور طبقاتی تقسیم

۲۵: امام محمد بن عبدالعزیز بن محمد الدراوردی رحمہ اللہ اور جمہور کی توثیق

۲۶: امام مسلم بن الحجاج النیسابوری رحمہ اللہ

۲۷: امام دارقطنی رحمہ اللہ

۲۸: سبیع بن خالد الیشکری رحمہ اللہ

۲۹: امام ابوالحسن العجلی رحمہ اللہ

۳۰: السعی الشکور فیمن وثقہ الجمہور

امام مسلم بن حجاج نیشاپوری

حافظ زبیر علی زئی رحمہ اللہ کا امام مسلم پر مضمون تین صفحات پر مشتمل ہے، جس کی تلخیص حسب ذیل ہے:

ولادت: ۲۰۴ھ وفات: ۲۵/ رجب ۲۶۱ھ

مشہور اساتذہ: امام احمد بن حنبل، امام اسحاق بن راہویہ، امام عبداللہ بن عبدالرحمان دارمی، امام یحییٰ بن معین، امام ابو بکر بن ابی شیبہ، امام ابو زرعہ رازی اور امیر المومنین فی الحدیث امام محمد بن اسماعیل البخاری رحمہم اللہ

مشہور تلامذہ: امام ترمذی، امام عبدالرحمان بن ابی حاتم الرازی، امام ابن خزیمہ، امام ابوعوانہ اسفرائنی رحمہم اللہ

علمی مقام: امام عبدالرحمان بن ابی حاتم رازی فرماتے ہیں: ''و كان ثقة من الحفاظ له معرفة بالحديث سئل أبي عنه فقال: صدوق.''

وہ حفاظ میں سے تھے۔ حدیث کی معرفت رکھتے تھے۔ میرے والد محترم (امام ابوحاتم الرازی رحمہ اللہ) سے ان کے بارے میں دریافت کیا گیا تو انھوں نے فرمایا: سچے ہیں۔

(کتاب الجرح والتعدیل ۸/۱۸۲۔۱۸۳)

امام اسحاق بن راہویہ نے امام مسلم کے بارے میں فرمایا: "مردا کاین بوذ" (کامل مرد ہے) (تاریخ دمشق ص ۶۱۔۶۲)

حافظ ابن الجوزی فرماتے ہیں: امام مسلم بڑے علماء اور حفاظ حدیث میں سے تھے۔ (المنتظم ۱۲/۱۷۱)

حافظ شمس الدین ذہبی فرماتے ہیں: "هو الإمام الكبير الحافظ المجود والحجة الصادق." وہ بڑے امام حافظ مجود (بہترین روایات بیان کرنے والے روایت حدیث میں) حجت اور سچے تھے۔ (سیر اعلام النبلاء ۱۲/۵۵۷)

حافظ ابن حجر عسقلانی فرماتے ہیں:

"ثقة حافظ إمام مصنف عالم بالفقة."

امام مسلم ثقہ، حافظ، مصنف اور جید عالم دین تھے۔

(تقریب التہذیب ص ۲۶۲۳) [مقالات ۳/۳۴۰۔۳۴۱]

شیخ الاسلام ابن تیمیہ رحمہ اللہ فرماتے ہیں:

بخاری اور ابوداود تو فقہ کے امام (اور) مجتہد (مطلق) تھے۔ امام مسلم، ترمذی، نسائی، ابن ماجہ، ابن خزیمہ، ابویعلیٰ اور بزار وغیرہم تو وہ اہل حدیث کے مذہب پر تھے۔ علماء میں سے کسی کی تقلید معین کرنے والے مقلدین نہیں تھے اور مجتہد مطلق تھے۔ (مجموع الفتاویٰ ۲۰/۴۰) [مقالات ۳/۳۴۲]

وفات: امام مسلم کی وفات کے بارے میں ارباب سیرت تذکرہ نگاروں نے لکھا ہے کہ ان کی وفات زیادہ کھجوریں کھانے کی وجہ سے ہوئی۔ (تاریخ بغداد ۱۳/۱۰۳، المنتظم ۱۲/۲۰۲)

اس روایت کے بارے میں حافظ زبیر علی زئی رحمہ اللہ لکھتے ہیں: اس کی سند میں محمد بن علی بن احمد المقری المعدل راوی نامعلوم ہے اور اگر اس سے مراد قاضی ابوالعلاء الواسطی ہے تو وہ ضعیف تھا، لہٰذا یہ سند ضعیف ہے۔ [مقالات ۳/۳۴۲]

صاحب المستدرک امام ابوعبداللہ حاکم سے روایت ہے کہ میرے ساتھیوں میں سے ایک ثقہ راوی نے مجھے بتایا کہ امام مسلم کی وفات کھجوریں کھانے کی وجہ سے ہوئی۔

(تاریخ بغداد ۱۳/۱۰۳)

حافظ زبیر علی زئی رحمہ اللہ اس روایت کی سند دو وجہ سے ضعیف قرار دیتے ہیں:

(۱) محمد بن علی المقری کا تعین اور توثیق نامعلوم ہے۔

(۲) حاکم سے یہ بات بیان کرنے والا ثقہ (؟) نامعلوم ہونے کی وجہ سے مجہول ہے۔ [مقالات ۳/۳۴۲]

جلد چہارم:

۳۱: مشہور تابعی امام مکحول الشامی رحمہ اللہ

۳۲: امام سعید بن ابی عروبہ اختلاط سے پہلے اور بعد

۳۳: فلیح بن سلیمان المدنی رحمہ اللہ

۳۴: عبدالرحمان بن ابی الزناد المدنی رحمہ اللہ

۳۵: امام ابوبکر بن ابی داود السجستانی رحمہ اللہ

۳۶: ابوعمر احمد بن عبدالجبار بن محمد العطاردی التمیمی الکوفی

۳۷: خواجہ محمد قاسم رحمہ اللہ عظیم مبلغ اہلحدیث

حافظ زبیر علی زئی رحمہ اللہ نے خواجہ محمد قاسم رحمہ اللہ کے حالات دو صفحات میں تحریر فرمائے ہیں، ان کا خلاصہ درج ذیل ہے:

نام: خواجہ محمد قاسم بن خواجہ عبدالعزیز

ولادت: بمقام لاہور ۱۹۳۳ء

دینی تعلیم: دارالعلوم تقویۃ الاسلام لاہور، جامعہ اسلامیہ

چاہ شاہان گوجرانوالہ، جامعہ محمدیہ گوجرانوالہ

اساتذہ: قاری فضل کریم، مفتی حافظ عبداللہ محدث روپڑی، مولانا ابوالبرکات احمد، حافظ محمد محدث گوندلوی رحمۃ اللہ علیہم اجمعین

شیخ الحدیث مولانا محمد اسماعیل سلفی اور محدث گوندلوی آپ کے علم و فضل و ذوق مطالعہ اور وسعت معلومات کے معترف تھے۔

حافظ زبیر علی زئی رحمہ اللہ لکھتے ہیں کہ میری آپ سے گوجرانوالہ میں ملاقات ہوئی، آپ ثقہ (روایت میں) حجت (اور) متقن تھے۔ آپ عظیم داعیان اہل حدیث میں سے تھے، آپ کی جلالت شان پر اتفاق ہے۔

آپ نماز (جمعہ) کی حالت میں فوت ہوئے جس میں آپ امام تھے۔ اللہ تعالیٰ آپ پر وسیع رحمتیں نازل فرمائے۔ (انوار السبیل فی میزان الجرح والتعدیل ص ۵۶)

دعوت دین: خواجہ محمد قاسم رحمہ اللہ نے اپنے خطبہ میں بریلوی علماء کو چیلنج دیا کہ گیارہویں کا ثبوت قرآن و حدیث سے ثابت کرو تو ہم اہلحدیث بھی آپ کے ساتھ گیارہویں منائیں گے۔ ایک بریلوی شخص جس کا نام محمد یوسف بٹ تھا، اپنے بریلوی مولوی صاحب کے پاس گیا اور اُس سے گیارہویں کا ثبوت قرآن و حدیث سے مانگا۔ بریلوی مولوی نے صاف کہہ دیا کہ گیارہویں کا کوئی ثبوت قرآن و حدیث میں نہیں، چنانچہ محمد یوسف بٹ نے بریلوی مسلک کو خیر باد کہہ کر مسلک اہلحدیث قبول کر لیا۔ محمد یوسف بٹ کا مسلک اہلحدیث قبول کرنے پر خواجہ صاحب نے فرمایا: اگر قیامت کے روز اللہ تعالیٰ نے مجھ سے سوال کیا کہ کیا نیکی لائے ہو تو میں جواب دونگا کہ میں نے محمد یوسف بٹ کو مسلمان کیا ہے اور یہی میری نجات کے لئے ان شاء اللہ کافی ہے۔ (خواجہ صاحب کی حیات وخدمات ص ۸۷۷)

تصانیف: خواجہ صاحب کی کتابوں کی تفصیل حسب ذیل ہے:

(۱) قد قامت الصلوٰۃ
(۲) حی علی الصلوٰۃ
(۳) فتاویٰ عالمگیری پر ایک نظر
(۴) معرکہ حق و باطل
(۵) قبر پرستی اور سماع موتی
(۶) وسیلہ کتاب وسنت کی روشنی میں
(۷) تبلیغی جماعت اپنے نصاب کے آئینے میں
(۸) کراچی کا عثمانی مذہب اور اس کی حقیقت
(۹) ہدایہ عوام کی عدالت میں
(۱۰) تعویذ اور دم کتاب وسنت کی روشنی میں
(۱۱) مقالات خواجہ محمد قاسم

وفات: ۱۹/ دسمبر ۱۹۹۷ء بمقام گوجرانوالہ، نماز جنازہ مولانا خالد گھر جاکھی نے پڑھائی۔ [مقالات ۴/ ۳۹۸-۳۹۹]

جلد پنجم:

امام ابن ماجہ القزوینی رحمہ اللہ

امام ابو عبداللہ محمد بن یزید، ابن ماجہ القزوینی ۲۰۹ھ میں پیدا ہوئے اور ۲۷۳ھ میں ماہ رمضان المبارک کی ۲۲/ تاریخ کو اس دنیائے فانی سے رحلت فرمائی۔ اپنے دور کے نامور اساتذہ فن سے علوم اسلامیہ میں تحصیل کی۔ آپ کے علم و فضل کا ارباب سیر اور تذکرہ نگاروں نے اعتراف کیا ہے اور آپ کی جلالت شان اور امامت پر اتفاق ہے، جیسا کہ امام ابو یعلیٰ خلیلی فرماتے ہیں:

آپ مسلمانوں کے اماموں میں سے ایک امام، بڑے

ثقہ، بالاتفاق مقبول تھے۔

تصانیف میں آپ کی تین کتابیں مشہور ہیں:

سنن ابن ماجہ، التفسیر، التاریخ

سنن ابن ماجہ کتب ستہ میں شامل ہے۔ اس میں ۴۳۴۱، روایات ہیں۔ محدثین کرام نے اس کتاب کی بہت زیادہ تعریف کی ہے۔ مورخ ابن خلکان فرماتے ہیں کہ سنن ابن ماجہ کتب صحاح ستہ میں سے ایک ہے۔

(تاریخ ابن خلکان ۴/ ۲۷۹)

حافظ زبیر علی زئی رحمہ اللہ فرماتے ہیں کہ سنن ابن ماجہ میں حسن ترتیب واسانید نادرہ کی وجہ سے یہ بڑی خوبی ہے کہ ایک ہی مقام پر ایک عنوان کی بہت سی روایات مل جاتی ہیں اور اس طرح سے مافی الباب والی روایات کی تلاش آسان ہو جاتی ہے۔ [مقالات ۵/ ۲۴۸]

سنن ابن ماجہ کی بہت سی شروح، تعلیقات، حواشی لکھے گئے ہیں، ان میں علامہ مغلطائی (۷۶۲ھ) حافظ ابن الملقن (م ۸۰۴ھ) علامہ الدمیری (م ۸۰۸ھ) علامہ جلال الدین سیوطی (م ۹۱۱ھ) علامہ ابو الحسن محمد بن عبدالہادی سندھی (م ۱۱۳۸ھ) کی مشہور ہیں۔

پاکستان میں ممتاز عالم دین اور محدث شہیر شیخ الحدیث علامہ محمد علی جانباز (م ۱۴۲۹ھ) کی شرح ''انجاز الحاجۃ'' بڑی علمی و جامع شرح ہے۔ یہ شرح عربی زبان میں ہے۔ اس کا پہلا ایڈیشن (۱۲) جلدوں میں مکتبہ قدوسیہ لاہور کے زیر اہتمام شائع ہوا۔ دوسری بار محترم پروفیسر ڈاکٹر فضل الٰہی حفظہ اللہ برادر صغیر علامہ احسان الٰہی ظہیر شہید نے اپنے اشاعتی ادارہ ''دار النور'' اسلام آباد سے (۹) جلدوں میں شائع کیا ہے۔

سنن ابن ماجہ کے کئی اردو ترجمے مع فوائد بھی لکھے گئے ہیں، مثلاً: مولانا وحید الزمان حیدر آبادی (م ۱۳۳۸ھ) کا ترجمہ اور مولانا عطاء اللہ ساجد کا ترجمہ (یہ ترجمہ دار السلام لاہور نے شائع کیا ہے) حافظ زبیر علی زئی رحمہ اللہ نے اس کی تحقیق و تخریج کی ہے۔ [مقالات ۵/ ۲۴۵-۲۴۹]

دفاعِ حدیث:

حدیث نبوی ﷺ کی موافقت و نصرت اور تائید و حمایت میں برصغیر (پاک و ہند) کے علمائے اہل حدیث کی خدمات ناقابل فراموش ہیں۔ علمائے اہلحدیث نے ہر دینی محاذ پر مخالفین حدیث کا مقابلہ کیا اور ہر موڑ پر منہ توڑ جواب دے کر ان کے عزائم کو خاک میں ملا دیا۔

علمائے اہل حدیث نے دفاع حدیث کے سلسلے میں جو تحریری خدمات انجام دی ہیں، اگر ان کا تفصیل سے تذکرہ کیا جائے تو ایک ضخیم کتاب وجود میں آسکتی ہے۔ ذیل میں چند ایک مشہور علمائے کرام کے اسمائے گرامی کا ذکر کیا جاتا ہے جنھوں نے حدیث کی مدافعت و نصرت اور تائید و حمایت بالخصوص ''الجامع الصحیح للبخاری'' پر اعتراضات کے مدلل جوابات دیے ہیں۔

پٹنہ کے ایک غالی مقلد (بریلوی) نے صحیح بخاری پر تنقید کے سلسلہ میں تین جلدوں میں ایک کتاب بنام ''الجرح علی البخاری''، وغیرہ لکھی۔ جس میں (۱۷۵) اعتراضات صحیح بخاری پر کیے گئے تھے اور اس کے ساتھ چار اشتہارات بھی شائع کیے اور چاروں اشتہارات میں الجامع الصحیح للبخاری اور اس کے رواۃ پر بے جا تنقید کی گئی تھی۔ ان کتابوں اور اشتہارات کے جوابات مشہور اہل حدیث عالم مولانا ابو القاسم سیف بنارسی (م ۱۳۶۹ھ) نے دیے، کتب کی تفصیل حسب ذیل ہے:

(۱) حل مشکلات بخاری مسمی بہ الکوثری الجاری فی جواب الجرح علی البخاری (۳ جلد)
(۲) الامر المبرم لابطال الکلام المحکم
(۳) تاء حمیم للمولوی عمر کریم
(۴) صراط مستقیم لھدایۃ عمر کریم
(۵) الریح العقیم لحسم بناء عمر کریم
(۶) الخزی العظیم للمولوی عمر کریم
(۷) العرجون القدیم فی إفشاء ہفوات عمر کریم

مولانا سیف بنارسی (م ۱۳۶۹ھ) کے علاوہ مولانا نذیر احمد رحمانی (م۱۹۶۵ء) مولانا عبدالرحمان محدث مبارکپوری (۱۳۵۳ھ) مولانا محمد سعید محدث بنارسی (م۱۳۲۲ھ) مولانا حافظ عبداللہ محدث روپڑی (م۱۳۸۴ھ) شیخ الاسلام مولانا ابو الوفا ثناء اللہ امرتسری (م ۱۳۶۷ھ) مولانا محمد ابراہیم میر سیالکوٹی (م۱۳۷۵ھ) مولانا محمد صادق سیالکوٹی (م ۱۹۸۶ء) شیخ العرب والعجم حافظ محمد محدث گوندلوی (م۱۹۸۵ء) شیخ الحدیث مولانا محمد اسماعیل سلفی (م۱۹۴۸ء) مولانا عبدالرؤف رحمانی جھنڈانگری (م۱۹۹۶ء) مولانا محمد عطاء اللہ حنیف (م ۱۹۸۷ء) مولانا محمد حنیف ندوی (م۱۹۸۷ء) مولانا صفی الرحمٰن مبارک پوری (م ۲۰۰۶ء) مولانا ابوسعید شرف الدین محدث دہلوی (م۱۳۸۱ھ) مولانا محمد علی جانباز (م۲۰۰۹ء) مولانا محمد یحیٰی گوندلوی (م۲۰۱۰ء) رحمہم اللہ اجمعین نے حدیث نبوی ﷺ کی مدافعت میں ناقابل فراموش تحریری خدمات انجام دے کر تاریخ اہل حدیث میں ایک روشن باب رقم کیا ہے۔

عصر حاضر میں اہل حدیث کے دو جلیل القدر علمائے کرام نے دفاع حدیث میں اپنی زندگیاں وقف کی ہوئی تھیں۔ ایک محقق العصر فضیلۃ الشیخ علامہ ارشاد الحق اثری حفظہ اللہ (اللہ تعالیٰ ان کے علم اور عمر میں برکت عطا فرمائے) دوسرے محدث العصر حافظ زبیر علی زئی رحمہ اللہ (جن کی ۱۰/نومبر ۲۰۱۳ء کو وفات ہوگئی ہے۔ اللھم اغفرلہ وارحمہ)

صحیح بخاری پر اعتراضات کا علمی جائزہ

یہ کتاب حافظ زبیر علی زئی رحمہ اللہ کی تالیف ہے۔

صفحات کی ضخامت ۱۲۵ ہے۔ جنوری ۲۰۰۸ء میں مکتبہ اسلامیہ اردو بازار لاہور نے شائع کی۔ حافظ زبیر علی زئی رحمہ اللہ کتاب کے آغاز میں "تقدیم" کے عنوان سے لکھتے ہیں: دور تابعین میں بعض ایسے بدعتی پیدا ہوئے جنھوں نے اپنی بدعات کی وجہ سے بعض صحیح احادیث کا انکار کیا اور پھر یہ فتنہ بڑھتا ہی گیا۔ مشہور عربی امام شافعی رحمہ اللہ اور دیگر محدثین کرام نے اس فتنے کی سرکوبی کی اور ہر میدان میں ایسے بدعتیوں کو شکست دی جو صحیح احادیث کا انکار کرتے تھے۔

دور جدید میں حدیث کا انکار کرنے والے لوگ کئی منظم گروپوں میں کام کر رہے ہیں، کبھی صحیح بخاری پر حملے کرتے ہیں تو کبھی صحیح مسلم پر اور کبھی احادیث اور محدثین کو عجمی سازش کہتے ہیں اور کبھی صحیح احادیث کو خلاف قرآن باور کرانے کی کوشش کرتے ہیں، یہ لوگ قرآن کو بلا رسول (رسول کے بغیر اور اپنے فہم کے مطابق) سمجھنے کے منہج پر گامزن ہیں۔ (صفحہ ۷، ۸)

اس کتاب میں بعض منکرین حدیث کے صحیح بخاری پر اعتراضات کے جوابات دیے گئے ہیں اور اس کے ساتھ ڈاکٹر شبیر احمد (منکر حدیث) کی کتاب "اسلام کے مجرم" کا مسکت و مدلل جواب دیا گیا ہے۔

صحیح بخاری پر اعتراضات کے جوابات دینے سے

پہلے مناسب ہے کہ صحیح بخاری کا تعارف اور اس کا مرتبہ و مقام سے لوگوں کو روشناس کرایا جائے۔ خاص کر علمائے حنفیہ کے صحیح بخاری کے بارے میں اقوال سے آگاہ کیا جائے۔

صحیح بخاری کا تعارف

صحیح بخاری، اس عظیم المرتبت انوار رسالت اور صحت وثوق میں فائق تر کتاب کا پورا نام: "الجامع المسند الصحیح المختصر من أمور رسول الله ﷺ و سننه وأيامه" ہے (یعنی جامع مسند صحیح مختصر ہے، رسول اللہ ﷺ کے امور سنن اور ایام میں سے)

یہ پہلی کتاب ہے جس میں احادیث کے وسیع تر ذخیرہ میں سے صرف اسی حدیث سے استفادہ کیا گیا ہے جو سند و متن کے اعتبار سے صحت کے اعلیٰ مرتبے پر فائز ہے۔ صحیح بخاری امام المحدثین و امیر المومنین فی الحدیث امام محمد بن اسماعیل بخاری (م ۲۵۶ھ) کی بے نظیر تالیف ہے۔ آپ کے تلمیذ رشید امام ابو عبد الرحمان احمد بن شعیب نسائی (م۳۰۳ھ) جو کئی کتابوں کے مصنف اور محدث عظیم ہیں، فرماتے ہیں: ان تمام کتابوں میں محمد بن اسماعیل بخاری کی کتاب سے بہتر کوئی کتاب نہیں۔ (تاریخ بغداد ۲/۹)

ائمہ احناف

علامہ بدرالدین عینی (م ۸۵۵ھ) نے فرمایا:
مشرق و مغرب کے علماء کا اس پر اتفاق ہے کہ کتاب اللہ کے بعد بخاری و مسلم سے زیادہ صحیح کوئی کتاب نہیں۔

(عمدۃ القاری ۱/۵)

ملا علی قاری حنفی (م ۱۰۱۶ھ) کہتے ہیں: پھر (تمام) علماء کا اتفاق ہے کہ صحیحین (صحیح بخاری و صحیح مسلم) کو تلقی بالقبول حاصل ہے اور یہ دونوں کتابیں تمام کتابوں میں صحیح ترین ہیں۔ (مرقاۃ المفاتیح ۱/۵۸)

شاہ ولی اللہ دہلوی (م ۱۱۷۶ھ) فرماتے ہیں کہ صحیح بخاری اور صحیح مسلم کے بارے میں تمام محدثین متفق ہیں: ان میں تمام کی تمام متصل اور مرفوع احادیث یقیناً صحیح ہیں یہ دونوں کتابیں اپنے مصنفین تک بالتواتر پہنچی ہیں جو اِن کی عظمت نہ کرے وہ بدعتی ہے جو مسلمانوں کی راہ کے خلاف چلتا ہے۔

(حجۃ اللہ البالغہ عربی ۱/۱۳۴، اردو ۱/۲۴۲۔ ترجمہ مولانا عبدالحق حقانی)

علمائے دیوبند

جناب رشید احمد گنگوہی لکھتے ہیں: ''مگر کتاب بخاری اصح الکتب میں جو چودہ امور مذکور ہیں وہ سب راجح ہیں''

(اوثق العریٰ ص ۲۹/ تالیفات رشیدیہ ص ۲۴۳)

قاری محمد طیب دیوبندی نے لکھا: دوسری طرف شارح بخاری جو اصح الکتب بعد کتاب اللہ ہے۔

(مقدمہ فیض الباری ۱/۲۶)

قاری صاحب نے مزید لکھا: اصح الکتب بعد کتاب اللہ کہ اللہ کی کتاب کے بعد سب سے زیادہ صحیح کتاب بخاری ہے کتاب اللہ کے بعد اس کا درجہ رکھا گیا ہے۔

(خطبات حکیم الاسلام ۵/۲۳۲، ۲۳۳)

عبدالقیوم حقانی صاحب نے لکھا: چنانچہ روئے زمین پر اصح الکتب بعد کتاب اللہ الصحیح البخاری کے باب۔

(دفاع امام ابوحنیفہ ص ۲۸۷)

بریلوی علماء

احمد رضا خان بریلوی کا قول ہے: ازاں جملہ اجل و اعلیٰ حدیث صحیح بخاری شریف۔ (احکام شریعت ۱/۶۲)

غلام رسول رضوی نے لکھا: تمام محققین کا اس پر اتفاق ہے کہ قرآن کریم کے بعد صحیح بخاری تمام کتب سے اصح کتاب ہے۔ (تفہیم البخاری شرح صحیح بخاری ۱/۵)

پیر کرم شاہ الازہری (بریلوی) لکھتے ہیں: جمہور علمائے امت نے گہری فکر و نظر اور بے لاگ نقد و تبصرہ کے بعد اس کتاب کو اصح الکتب بعد کتاب اللہ صحیح بخاری کا عظیم الشان لقب عطا فرمایا ہے۔ (سنت خیر الانام ص ۵۷ طبع ۲۰۰۱ء)

صحیح بخاری کے تعارف کے سلسلے میں محدثین کرام، ائمہ احناف اور دیوبندی و بریلوی علماء کے اقوال کتاب ''صحیح بخاری پر اعتراضات کا علمی جائزہ'' کے صفحات ۷، ۱۱، ۱۲، ۱۳، ۱۴، ۱۶، ۱۷ سے نقل کیے گئے ہیں اور یہ اقوال حافظ زبیر علی زئی رحمہ اللہ نے ائمہ احناف اور دیوبندی و بریلوی علماء کی کتابوں سے نقل کیے ہیں۔

صحیح بخاری پر مجرمانہ حملے اور ان کا جواب

اس باب میں حافظ زبیر علی زئی رحمہ اللہ نے ڈاکٹر شبیر احمد (منکر حدیث) کے اعتراضات کا جواب دیا ہے جو اس نے اپنی کتاب ''اسلام کے مجرم'' میں کیے ہیں۔ ان اعتراضات کی تعداد (۳۸) ہے۔ راقم نے اس میں صرف (۳) کا انتخاب کیا ہے۔

اعتراض (۱): ڈاکٹر شبیر نے کہا: فرمایا حضور صلی اللہ علیہ وسلم نے امت کا بہترین آدمی وہ ہے جس کی بیویاں زیادہ ہوں۔

(صحیح بخاری، کتاب النکاح ص ۵۲، اسلام کے مجرم ص ۴۲)

جواب: نبی کریم صلی اللہ علیہ وسلم کی طرف منسوب یہ روایت صحیح بخاری میں قطعاً موجود نہیں، صحیح بخاری میں تو یہ لکھا ہوا ہے کہ سعید بن جبیر رحمہ اللہ نے کہا: مجھ سے ابن عباس رضی اللہ عنہ نے کہا کہ کیا تم نے شادی کی ہے، میں نے کہا: نہیں، جس پر انھوں نے فرمایا: ''پس شادی کر لو کیونکہ اس امت کا بہتر وہ ہے جس کی بیویاں سب سے زیادہ ہیں''

(صحیح بخاری کتاب النکاح ح ۵۰۶۹)

حافظ زبیر علی زئی رحمہ اللہ فرماتے ہیں:

سیدنا ابن عباس رضی اللہ عنہما کے قول کو نبی صلی اللہ علیہ وسلم کی حدیث بنا دینا ڈاکٹر شبیر احمد جیسے کذابین کا ہی کام ہے۔ (صفحہ ۵۶)

اعتراض نمبر (۲): رسول اللہ صلی اللہ علیہ وسلم نے فرمایا: ''مجھے دوزخ دکھلائی گئی، اور وہاں زیادہ تر عورتیں پائی گئیں۔''

(صحیح بخاری کتاب الایمان ص ۱۰۲، اسلام کے مجرم ص ۴۴)

جواب: یہ حدیث امام بخاری سے پہلے امام مالک نے موطأ میں (ح ۴۴۶) امام شافعی نے کتاب الام (۱/۲۴۲) اور امام احمد نے مسند احمد (۱/ ۱۹۸) میں درج کی ہے۔ حافظ زبیر علی زئی رحمہ اللہ فرماتے ہیں: اس حدیث کا مطلب یہ ہے کہ دنیا کی عام عورتیں کثرت سے جہنم میں جائیں گی، وجہ یہ ہے کہ عورتوں کی اکثریت شرک، کفر اور جہالت میں مبتلا ہے۔ اس کا مشاہدہ کسی قبر یا غیر اللہ کی کسی عبادت گاہ پر کیا جا سکتا ہے، لیکن اس حدیث کا یہ مطلب ہرگز نہیں کہ ساری عورتیں جہنم میں جائیں گی، ایمان دار اور تقویٰ دار عورتیں اللہ کے فضل و کرم سے جنت میں جائیں گی اور جہنم سے دور اور محفوظ رہیں گی، جیسا کہ بے شمار دلائل سے ثابت ہے،

رسول اللہ ﷺ نے سیدہ فاطمہ رضی اللہ عنہا کو جنت کی عورتوں کی سردار قرار دیا ہے۔ دیکھئے سنن الترمذی (۳۷۸۱) وقال ''حسن غریب'' صحیح البخاری (۳۶۲۴) وصحیح ابن حبان (۲۲۲۹) [صفحہ ۷۲،۷۳]

اعتراض نمبر۳: رسول اللہ ﷺ نے فرمایا:

جب نماز کی اذان دی جاتی ہے تو شیطان پیٹھ پھیر کر گوز کرتا یعنی ہوا خارج کرتا ہوا بھاگتا ہے۔ (صحیح بخاری ۱/۲۰۱)

کیا یہ سرکار دو عالم ﷺ کی زبان مبارک ہوسکتی ہے۔ (اسلام کے مجرم ص ۴۷)

جواب: صحیح بخاری (۶۰۸) موطأ امام مالک (۱/ ۶۹،۷۰ ح ۱۴۹) والصحیفۃ الصحیحۃ امام ہمام بن منبہ (۲۶) مسند احمد (۲/۳۱۳ ح ۸۱۳۹) وغیرہ کی اس حدیث سے ثابت ہے کہ ''اذان سن کر شیطان بھاگتا ہے اور آواز کے ساتھ اپنی ہوا نکالتا ہے۔ بعض مواقع پر شیطان کا پیٹھ پھیر کر بھاگنا قرآن مجید سے ثابت ہے۔ (سورۃ الانفال: ۶۸)

رہا اس کی ہوا کا خارج ہونا تو اس میں تعجب کی کیا بات ہے؟ جب انسان کی ہوا خارج ہوتی ہے تو کیا شیطان کی ہوا خارج نہیں ہوسکتی۔ ''[صفحہ ۸۱-۸۲]

صحیح بخاری اور ضعیف احادیث

سوال: کیا صحیح بخاری میں کوئی ضعیف حدیث موجود ہے؟

جواب: حافظ زبیر علی زئی رحمہ اللہ فرماتے ہیں:

صحیح بخاری میں سند متصل کے ساتھ رسول اللہ ﷺ کی جتنی احادیث ہیں، وہ ساری کی ساری یقیناً صحیح ہیں، اُن میں ایک بھی ضعیف نہیں۔ اصول حدیث کی کتابوں میں اس پر اجماع نقل کیا گیا ہے، بلکہ علماء سے یہ بھی مروی ہے کہ اگر کوئی شخص یہ کہے کہ اگر صحیح بخاری میں کوئی ضعیف روایت ہو تو میری بیوی پر طلاق ہے تو ایسے شخص کی بیوی پر طلاق نہیں پڑتی۔ (مقدمہ ابن الصلاح ص ۳۸-۳۹)

شاہ ولی اللہ دہلوی (م ۱۱۷۶ھ) فرماتے ہیں: صحیح بخاری اور صحیح مسلم کے بارے میں تمام محدثین متفق ہیں کہ ان میں تمام کی تمام متصل اور مرفوع احادیث یقیناً صحیح ہیں، یہ دونوں کتابیں اپنے مصنفین تک بالتواتر پہنچی ہیں جو ان کی عظمت نہ کرے وہ بدعتی ہے جو مسلمانوں کی راہ کے خلاف چلتا ہے۔ (حجۃ اللہ البالغہ، اردو ۱/۲۴۲، مترجم مولانا عبدالحق حقانی)

حافظ زبیر علی زئی رحمہ اللہ فرماتے ہیں: اللہ تعالیٰ کے فضل و کرم سے ساری دنیا کے منکرین حدیث کو میرا یہ چیلنج ہے کہ صحیح بخاری کے اصول میں سے صرف ایک ضعیف حدیث ثابت کرنے کی کوشش کرلیں۔ ان شاءاللہ اپنی کوشش میں منکرین حدیث کبھی کامیاب نہیں ہوں گے۔ ولو کان بعضھم لبعض ظھیرًا [صفحہ ۱۲۰/۱۲۱]

تنبیہ: اعتراض نمبر ۱،۲،۳ اور ان کے جوابات کتاب صحیح بخاری پر اعتراضات کا علمی جائزہ کے صفحات ۵۶،۷۲،۸۱ پر درج ہیں اور صحیح بخاری اور ضعیف احادیث کے متعلق حافظ صاحب کی تحریر صفحہ ۱۲۵،۱۲۶ سے نقل کی گئی ہے۔

(عراقی)

توفیق الباری فی تطبیق القرآن وصحیح البخاری

یہ کتاب حافظ زبیر علی زئی رحمہ اللہ کی تالیف ہے۔ آپ اس کے پیش لفظ میں لکھتے ہیں: ''اللہ تعالیٰ نے امام بخاری رحمہ اللہ کی کتاب صحیح بخاری کو امت مسلمہ میں وہ قبولیت عطا فرمائی کہ اسے اصح الکتب بعد کتاب اللہ قرار دیا گیا تلقی

بالقبول کا درجہ حاصل ہوا اور قرآن مجید کے بعد ہر مسلم کو سب سے پہلے صحیح بخاری ہی نظر آتی ہے۔

رشید احمد گنگوہی دیوبندی اور قاری محمد طیب دیوبندی نے صحیح بخاری کو اصح الکتب بعد کتاب اللہ تسلیم کیا ہے۔"

(تالیفات رشیدیہ ص ۳۳۷، خطبات حکیم الاسلام ۲۳۳/۵)

رشید احمد لدھیانوی صاحب لکھتے ہیں:

حالانکہ امت کا اجماعی فیصلہ ہے کہ اصح الکتب بعد کتاب اللہ صحیح البخاری۔ (احسن الفتاویٰ ۳۱۵/۱ صفحہ ۵، ۶)

آلِ تقلید کی طرف سے صحیح بخاری پر جو تنقیدی کتابیں شائع ہوئی ہیں تو علمائے اہل حدیث نے ان کے جواب میں بھی کتابیں لکھیں اور دلائل سے مخالفین کے اعتراضات کے جوابات دیے ہیں، مثلاً:

حبیب اللہ ڈیروی دیوبندی نے اپنی کتاب "ہدایہ علماء کی عدالت میں" (صفحہ ۹۶-۹۷) میں صحیح بخاری کے خلاف ایک جعلی قصہ لکھ کر صحیح بخاری کا مذاق اڑایا اور توہین کی تو اس کے جواب میں محقق العصر فضیلۃ الشیخ استاذ العلماء ارشاد الحق اثری حفظہ اللہ نے کتاب "امام بخاری پر بعض اعتراضات کا جائزہ" لکھ کر اپنے مخصوص انداز میں ڈیروی صاحب کے اعتراضات کا مسکت جواب دیا ہے۔ عبدالغنی طارق لدھیانوی دیوبندی نے ایک فضول کتاب "شادی کی پہلی دس راتیں" میں اپنے کذب و افتراء کا مظاہرہ کرتے ہوئے اور گندی زبان استعمال کرتے ہوئے صحیح بخاری کا مذاق اڑایا اور یہ فقرہ لکھا: "تمھاری بخاری نے ...... شرمسار کیا۔ (ص ۱۷)

اس کے جواب میں شیخ الحدیث مولانا محمد یحییٰ گوندلوی رحمہ اللہ کتاب لکھ کر لدھیانوی کے کذبات کا پردہ چاک کیا اور مولانا گوندلوی رحمہ اللہ کے علاوہ محترم عمر فاروق قدوسی حفظہ اللہ نے لدھیانوی کی کتاب کا جواب لکھا جو ماہنامہ الاخوہ لاہور (جولائی تا ستمبر ۲۰۰۸ء جلد ۱ شمارہ ۷، ۸، ۹) میں شائع ہوا۔

(صفحہ ۷)

حافظ زبیر علی زئی رحمہ اللہ فرماتے ہیں: ایک جاہل منکر حدیث نے "قرآن مقدس اور بخاری محدث" نامی کتاب لکھ کر صحیح بخاری کی (۵۴) احادیث پر مجرمانہ حملہ کیا ہے۔ راقم الحروف کی یہ کتاب "توفیق الباری فی تطبیق القرآن و صحیح البخاری" اس منکر حدیث کے اعتراضات اور حملوں کا جامع و مسکت جواب ہے۔

حافظ زبیر علی زئی رحمہ اللہ نے "قرآن مقدس اور بخاری محدث" سے (۳۴) جھوٹ واضح کیے تاکہ عام مسلمانوں کو اس معترض کا کذاب و ساقط العدالت ہونا معلوم ہو جائے۔ (صفحہ ۱۵)

راقم نے ان میں سے صرف دو کا انتخاب کیا ہے جن کی تفصیل حسب ذیل ہے:

۱: نبی کریم صلی اللہ علیہ وسلم کی وفات کے بعد بعض لوگوں کا مرتد ہو جانا:

حافظ زبیر علی زئی رحمہ اللہ لکھتے ہیں: سیدنا انس بن مالک رضی اللہ عنہ سے روایت ہے کہ نبی صلی اللہ علیہ وسلم نے فرمایا: "میرے اصحاب (امتیوں) میں سے کچھ لوگ حوض (کوثر) پر آئیں گے جنھیں میں پہچانوں گا، پھر وہ مجھ سے دور کر دیے جائیں گے، تو میں کہوں گا یہ میرے ساتھی (امتی) ہیں تو کہا جائے گا آپ کو پتہ نہیں کہ انھوں نے کیا نئی چیزیں نکالی تھیں۔"

(صحیح بخاری: ۶۵۸۲)

صحیح بخاری کے علاوہ یہ روایت درج ذیل کتابوں میں بھی موجود ہے: صحیح مسلم (۲۳۴۰) مسند احمد (۱۴۰/۳، ۲۸۱) مسند عبد بن حمید (۱۲۱۳)

سیدنا انس رضی اللہ عنہ کے علاوہ اس حدیث کو درج ذیل صحابہ کرام رضی اللہ عنہم نے بھی بیان کیا ہے:

(۱) سہل بن سعد الساعدی رضی اللہ عنہ

(صحیح بخاری: ۶۵۸۳، صحیح مسلم: ۲۲۹۰، مسند احمد ۳/۱۴۰، ۲۸۶)

(۲) ابو ہریرہ رضی اللہ عنہ (صحیح بخاری: ۶۵۸۵، صحیح مسلم: ۲۳۰۲، مسند احمد ۲/ ۲۹۸، مسند اسحاق بن راہویہ: ۵۶، ۵۷)

(۳) عبداللہ بن مسعود رضی اللہ عنہ (صحیح بخاری: ۶۵۷۶، صحیح مسلم: ۲۲۹۷)

(۴) اسماء بنت ابی بکر رضی اللہ عنہا (صحیح بخاری: ۶۵۹۳، صحیح مسلم: ۲۲۹۳)

(۵) عبداللہ بن عباس رضی اللہ عنہ

(صحیح بخاری: ۲۵۲۶، صحیح مسلم: ۲۸۶۰، مسند احمد ۱/ ۲۳۵ ح ۲۰۹۶، مصنف ابن ابی شیبہ ۱/ ۱۵۷، ۱۳/ ۲۴۷، صحیح ابن حبان: ۷۳۴۷)

(۶) اصحاب النبی صلی اللہ علیہ وسلم (صحیح البخاری: ۶۵۸۶)

(۷) عائشہ رضی اللہ عنہا (صحیح مسلم: ۲۲۹۴ [۵۹۷۳])

(۸) ام سلمہ رضی اللہ عنہا (صحیح مسلم: ۲۲۹۵)

(۹) ابو سعید الخدری رضی اللہ عنہ (صحیح بخاری: ۶۵۸۴)

معلوم ہوا کہ حوض کوثر سے بعض مرتدین اور مبتدعین کے ہٹائے جانے والی حدیث متواتر ہے۔ یہ کون لوگ ہوں گے اس سے دو گروہ مراد ہیں:

۱۔ بعض مرتدین جن سے سیدنا ابو بکر الصدیق رضی اللہ عنہ نے قتال کیا تھا تو وہ صحابہ کرام قطعاً نہیں تھے۔

۲۔ امت کے بعض مبتدعین، جیسا کہ صحیح بخاری (۶۵۹۳) اور صحیح مسلم (۲۲۹۳) کی روایت سے ثابت ہے۔

مذکورہ حدیث سے معترض کا یہ کشید کرنا کہ صحابہ کرام رضی اللہ عنہم کی جماعت میں بدعت وارتداد ثابت ہو جاتا ہے، صحیح احادیث اور فہم سلف صالحین کے خلاف ہونے کی وجہ سے مردود ہے۔ [صفحہ ۶۶ تا ۶۸]

۲: سورۂ فاتحہ کے بغیر نماز نہیں ہوتی:

حافظ زبیر علی زئی رحمہ اللہ فرماتے ہیں: سیدنا عبادہ بن الصامت رضی اللہ عنہ سے روایت ہے کہ رسول اللہ صلی اللہ علیہ وسلم نے فرمایا:

((لا صلوٰة لمن لم یقرأ بفاتحة الکتاب))

''جو (شخص) سورۂ فاتحہ نہیں پڑھتا، اس کی نماز نہیں ہوتی۔''

(صحیح بخاری: ۷۵۶)

یہ حدیث درج ذیل کتابوں میں بھی موجود ہے:

صحیح مسلم (۳۹۴) مسند الحمیدی (۳۸۸ نسخہ دیوبندیہ) مسند احمد (۵/ ۳۱۴، ۳۲۱، ۳۲۲) سنن ابی داود (۸۲۲) سنن ابن ماجہ (۸۳۷) سنن الترمذی (۲۴۷ وقال: حدیث حسن صحیح) سنن نسائی (۲/ ۱۳۷ ح ۹۱۱) صحیح ابن خزیمہ (۴۸۸) سنن دارمی (۱۲۴۵)

اس حدیث کے راوی سیدنا ابن عباس رضی اللہ عنہما امام کے پیچھے سورۂ فاتحہ پڑھنے کے قائل و فاعل تھے۔ دیکھئے مصنف ابن ابی شیبہ (۱/ ۳۷۵، ح ۳۷۷۰ وسندہ صحیح)

امام بیہقی نے حسن لذاتہ سند کے ساتھ روایت کیا ہے کہ صبح کی نماز میں (سیدنا) عبادہ بن الصامت رضی اللہ عنہ نے امام کے پیچھے قراءت کی۔

(کتاب القراءۃ للبیہقی ص ۶۴ ح ۱۲۱، وقال اسنادہ صحیح ورواتہ ثقات)

اس کے راوی ثقہ ہیں، نافع بن محمود کو امام دارقطنی، ابن حبان، بیہقی اور ابن حزم وغیرہم نے ثقہ قرار دیا ہے، لہٰذا اسے مجہول کہنا غلط ہے، حرام بن حکیم ثقہ ہیں، نیز مکحول ثقہ نے ان کی متابعت کر رکھی ہے۔

صحیح بخاری کی مرفوع حدیث جس کے بارے میں محدث خطابی فرماتے ہیں کہ اس حدیث کا مفہوم ہر اس نماز کو شامل ہے جو کوئی بھی شخص اکیلے پڑھتا ہے یا امام کے پیچھے ہوتا ہے، اس کا امام قراءۃ بالسر کر رہا ہو یا قراءت بالجہر

کرے۔ (اعلام الحدیث شرح البخاری ۱/۵۰۰، الکواکب الدریہ ص ۳۴)

حدیث مذکورہ کے راوی جلیل القدر صحابی سیدنا عبادہ البدری رضی اللہ عنہ کے قول و عمل سے معلوم ہوا کہ اس حدیث کے مفہوم میں مقتدی بھی شامل ہے، حنفی اصول فقہ کا یہ مسئلہ ہے کہ صحابہ کا فہم بالخصوص جو حدیث کا راوی ہو، وہ دوسروں کے مفہوم سے زیادہ راجح ہوتا ہے، اور اس کا قول اس کی روایت کی تفسیر میں زیادہ قابل اعتماد ہوتا ہے۔

(امام الکلام ص ۲۵۵)

سرفراز خان صفدر گکھڑوی لکھتے ہیں:

''یہ بالکل صحیح بات ہے کہ حضرت عبادہ بن الصامت رضی اللہ عنہ امام کے پیچھے سورۂ فاتحہ پڑھنے کے قائل تھے اور ان کی یہی تحقیق اور یہی مسلک و مذہب تھا۔'' (احسن الکلام طبع دوم ۲/۱۴۲)

سیدنا عبادہ بن الصامت رضی اللہ عنہ کی بیان کردہ مرفوع حدیث کو درج ذیل صحابہ نے بھی مختلف الفاظ کے ساتھ اس مفہوم میں بیان کیا ہے:

(۱) ابوہریرہ رضی اللہ عنہ

(صحیح مسلم: ۳۹۵-۳۹۶، صحیح ابن حبان الموارد ۴۷۵)

(۲) عائشہ رضی اللہ عنہا (مسند احمد ۶/۲۷۵ وسندہ حسن، ابن ماجہ: ۸۴۰)

(۳) عبداللہ بن عمرو بن العاص رضی اللہ عنہ

(جزء القراءۃ للبخاری: ۱۴، سنن ابن ماجہ: ۴۱ وسندہ حسن)

(۴) عبداللہ بن عمر رضی اللہ عنہ (کتاب القراءۃ للبیہقی: ۱۰۰، وسندہ صحیح)

اتنے جلیل القدر صحابہ کرام کی جماعت یہ حدیث بیان کرے اور پھر بھی یہ متواتر نہ ہو عجیب انصاف ہے۔

مسیء الصلوٰۃ والی حدیث میں آیا ہے کہ آپ ﷺ نے فرمایا: **((إذا اقیمت الصلوٰۃ فکبّر ثم اقرأ بفاتحۃ الکتاب و ما تیسّر .))** (شرح السنہ للبغوی ۳/۱۰ ح ۵۵۴، وقال: ھذا حدیث حسن وسندہ حسن، مسند احمد ۴/۳۴۰، ابو داود: ۸۵۹، صحیح ابن خزیمہ: ۶۳۸، صحیح ابن حبان الموارد: ۴۸۴)

معلوم ہوا کہ امام بخاری پر خیانت کا الزام لگانے والا خود خائن ہے۔ (توفیق الباری ص ۸۲، توفیق الباری ص ۸۰-۸۲)

حافظ زبیر علی زئی رحمہ اللہ کتاب کا اختتام درج ذیل الفاظ میں کرتے ہیں: ''ہماری اس جوابی کتاب کا مقصد صرف یہ ہے کہ اللہ تعالیٰ راضی ہو جائے اور عام سادہ لوح مسلمانوں کو معلوم ہو جائے، کہ صحیح بخاری کی تمام مرفوع احادیث یقیناً صحیح ہیں اور ان پر منکرین حدیث کی ہر قسم کی جرح باطل ہے۔''

و ما علینا إلا البلاغ [ص ۹۳]

قارئین کرام: اس مضمون میں محدث العصر حافظ زبیر علی زئی رحمہ اللہ کی قلمی کاوشوں کا مختصر سا خاکہ پیش کر دیا گیا، امید ہے کہ یہ مفید ثابت ہوگا۔ ان شاء اللہ

پروفیسر محمد جمن کنبھر*

اہل باطل کے رد میں محدث العصر حافظ زبیر علی زئیؒ کی علمی و قلمی کاوشیں

جب سے انسان اس کرۂ ارض پر آباد ہوا تب سے لے کر آج تک حق و باطل میں کشمکش برابر چلتی آ رہی ہے اور چلتی رہے گی۔ اللہ سبحانہ وتعالیٰ کی یہ سنت ہے کہ اس نے باطل اور جھوٹ کو کبھی ٹکنے نہیں دیا۔ باطل کی تاریخ شاہد ہے کہ وہ بڑے رعب و دبدبے اور دھوم دھام سے آتا ہے، لیکن جلد ہی رسوا ہو کر ختم ہو جاتا ہے۔ ارشاد باری تعالیٰ ہے:

﴿بَلْ نَقْذِفُ بِالْحَقِّ عَلَى الْبَاطِلِ فَيَدْمَغُهُ فَإِذَا هُوَ زَاهِقٌ وَلَكُمُ الْوَيْلُ مِمَّا تَصِفُونَ﴾ ''بلکہ ہم حق (سچ) کو جھوٹ پر پھینک مارتے ہیں تو وہ اس کا دماغ کچل دیتا ہے، پس اچانک وہ مٹنے والا ہوتا ہے اور تمھارے لیے اس کی وجہ سے بربادی ہے جو تم بیان کرتے ہو۔'' (الانبیاء:۱۸)

قُلْ جَاءَ الْحَقُّ وَمَا يُبْدِئُ الْبَاطِلُ وَمَا يُعِيدُ

''کہہ دیجئے! حق آ چکا باطل نہ تو پہلے کچھ کر سکا اور نہ (کچھ) کر سکے گا۔'' (السبا:۴۹)

معلوم ہونا چاہیے کہ حق کو حق اور باطل کو باطل ثابت کرنے کے لئے اللہ تعالیٰ نے انسانوں کی جماعت میں سے انبیاء و رسل علیہم السلام مبعوث فرمائے۔ اللہ تعالیٰ کی توفیق اور رحمت سے انھوں نے نہ صرف حق کی بات ڈنکے کی چوٹ پر کہی بلکہ باطل کو ہر قدم پر للکارا۔ باطل نے جیسے ہی سر اٹھایا، اسے کچل دیا۔ اللہ تعالیٰ کا فرمان ہے:

وَقُلْ جَاءَ الْحَقُّ وَزَهَقَ الْبَاطِلُ ۚ إِنَّ الْبَاطِلَ كَانَ زَهُوقًا

''اور کہہ دیجیے حق آ گیا اور باطل مٹ گیا، بے شک باطل مٹنے والا تھا۔'' (بنی اسرائیل:۸۱)

اب چونکہ قیامت تک کوئی نبی نہیں آئے گا لیکن باطل کا تعاقب اور اسے تہس نہس کرنے کا کام قیامت تک جاری و ساری رہے گا۔ اس عظیم مقصد کے لئے اللہ تعالیٰ نے ہر دور میں کوئی نہ کوئی مخلص عالم ربانی ضرور پیدا کیا جس نے اللہ تعالیٰ کی طرف سے ودیعت کی گئی صلاحیتوں کو بروئے کار لاتے ہوئے جہاں توحید و سنت کی صاف ستھری تعلیم پیش کی وہاں شرک و بدعت کی بیخ کنی کی اور مشرک و بدعتی کو ہر محاذ پر للکارا۔ سیدنا ابو ہریرہ رضی اللہ عنہ سے روایت ہے کہ رسول اللہ صلی اللہ علیہ وسلم نے فرمایا: ((إِنَّ اللّٰهَ يَبْعَثُ لِهٰذِهِ الْأُمَّةِ عَلَى رَأْسِ كُلِّ مِائَةِ سَنَةٍ مَنْ يُجَدِّدُ لَهَا دِينَهَا)) ''بے شک اللہ تعالیٰ ہر سو سال کے شروع میں یا آخر میں اس امت کے اندر ایک آدمی پیدا کرتا رہے گا جو اس کے دین کو از سر نو قائم اور مضبوط کرتا رہے گا۔'' (ابوداود:۴۲۹۱ وسندہ حسن)

ذکر کردہ صحیح حدیث کی روشنی میں اگر ہم جائزہ لیں تو معلوم ہوگا کہ خاتم النّبیین محمد رسول اللہ صلی اللہ علیہ وسلم کی وفات سے لے کر آج تک ایسے افراد ہر دور میں ضرور پیدا ہوئے جنھوں نے اپنے اپنے ادوار میں دین مبین کی خدمات جلیلہ کے وہ کارنامے سرانجام دیے ہیں جن کو دیکھ کر مذکورہ حدیث مبارکہ یاد آ جاتی ہے۔ پندرھویں صدی ہجری میں عالم اسلام کی جن علمی شخصیتوں نے اپنی علمی حیثیت کا لوہا منوایا ان میں استاذی المکرّم، محقق و محدث العصر حافظ ابو طاہر محمد زبیر بن مجدد خان علی زئی رحمہ اللہ (المتوفی ۴/محرم ۱۴۳۵ھ

* نائب ناظم اعلیٰ جمعیت اہل حدیث سندھ

بمطابق ۱۰/ نومبر ۲۰۱۳ء) کا مبارک نام ایک روشن اور درخشندہ باب کی حیثیت رکھتا ہے۔

شیخ الاسلام، امام ابن تیمیہ رحمۃ اللہ علیہ فرماتے ہیں: " **فکل من لم یناظر اھل الالحاد فالبدع مناظرۃ تقطع دابرھم لم یکن اعطی الاسلام حقه** " پس ہر وہ شخص جو ملحدوں اور بدعتیوں سے ایسا (قلمی/ زبانی) مناظرہ نہیں کرتا جس سے ان کی بیخ کنی ہوتو (سمجھ لوکہ) اس نے اسلام (کی خدمت) کا حق ادا نہیں کیا۔ (درء تعارض العقل والنقل ۱/ ۳۵۷)

محدث العصر حافظ محمد زبیر علی زئی رحمۃ اللہ علیہ نے جب علم کے میدان میں قدم رکھا تو آپ نے توحید وسنت کی خدمت اور نشر واشاعت کے ساتھ شرک، بدعت، جھوٹ اور باطل کی جڑیں اکھاڑنے کا عزم مصمم کرلیا۔ اللہ تعالیٰ نے اپنی خاص رحمت سے آپ کو قرآن مجید، حدیث مبارک، فن اسماء الرجال اور فہم سلف صالحین رحمہم اللہ کا وسیع علم عطا فرمایا تھا۔ اگر بنظر غائر دیکھیں تو ہمیں ایسا کوئی پہلو نظر نہیں آتا جس پر آپ نے قلم نہ اٹھایا ہو۔ احقاق حق اور ابطال باطل کے لیے انھوں نے بلا امتیاز سرتوڑ کوششیں کیں اور خوب لکھا۔ اس حوالے سے شیخ رحمۃ اللہ علیہ کے سونے کے پانی سے لکھنے کے لائق یہ الفاظ ملاحظہ فرمائیں، چنانچہ آپ لکھتے ہیں: " ہم اپنی خواہشات یا گروہ وفرقہ پرستی کی وجہ سے روایات پر صحیح یا ضعیف کا حکم نہیں لگاتے بلکہ اللہ تعالیٰ کو عالم ناظر سمجھتے ہوئے، اصولِ حدیث اور اسماء الرجال کے علم کو مدنظر رکھتے ہوئے جمہور محدثین کی تحقیق و اصول کو تسلیم کرتے ہوئے اور آخرت کے محاسبے پر ایمان کے ساتھ حدیث پر صحیح وحسن یا ضعیف وغیرہ کا حکم لگاتے ہیں۔ اگر کوئی شخص دلیل کے ساتھ ہماری غلطی ثابت کر دے تو علانیہ رجوع کرتے ہیں۔" (مقالات ۲/ ۲۸۳)

آپ کے قلم سے اہل باطل پر جو کاری ضربیں پڑی ہیں اگر ان کا احاطہ کیا جائے تو اس حوالے سے بیسیوں عنوانات، سینکڑوں صفحات پر نظر آتے ہیں۔ ماہنامہ "الحدیث" کے "محدث العصر نمبر" کے عزت مآب قارئین کرام کی خدمت عالیہ میں اہل باطل پر آپ نے جو رد لکھا ہے وہ نہایت اختصار سے پیش کرنے کی جسارت کرتا ہوں۔

و باللہ التوفیق.

مسیحی مذہب پر رد

عیسائیوں کا تثلیث (TRINITY) یعنی تین الٰہوں والا شرکیہ عقیدہ، وہ یہ عقیدہ رکھنے کے ساتھ ساتھ یہ بھی زعم رکھتے ہیں کہ "بائبل" یعنی موجودہ اناجیل اللہ تعالیٰ کے پاکیزہ کلام کی حیثیت رکھتی ہے اور سیدنا عیسیٰ علیہ السلام پر نازل ہوئی ہے۔ ﴿قٰتَلَهُمُ اللّٰهُ اَنّٰى يُؤْفَكُوْنَ﴾ اس باطل عقیدے پر آپ نے قلم اٹھایا اور دس صفحات پر مشتمل ایک علمی مقالہ "مسیحی مذہب میں خدا کا تصور" لکھا۔ قلمی تردید کے ساتھ ساتھ آپ نے مسیحی پادری سے زبانی مناظرہ بھی کیا اور اللہ تعالیٰ نے آپ کو فتح یاب کیا۔ آپ خود لکھتے ہیں: "مسیحی (حضرات) کا یہ دعویٰ ہے کہ "بائبل: کتاب مقدس یعنی پرانا اور نیا "عہد نامہ" اللہ تعالیٰ کا کلام ہے اور اس میں تمام مندرجہ کتابیں آسمانی وحی کے ذریعے سے لکھی گئی ہیں۔ عہد نامہ قدیم ہو یا جدید بائبل کی ہر بات، حق، سچ اور صحیح ہے۔" مسیحی "علماء" اور عوام اس بائبل میں کسی قسم کی تحریف، تبدیلی، غلطی یا تضاد تسلیم نہیں کرتے بلکہ وہ ہمیشہ اس میں کوشاں ہیں کہ تمام لوگ اس بائبل کو خدا (اللہ تعالیٰ) کا کلام تسلیم کرکے پولس کے دین مسیحیت میں داخل ہو جائیں۔

راقم الحروف کا پولس کے ماننے والے مسیحیوں کے اپنے مذہبی اسکول زیڈ بی آئی اٹک (پاکستان) میں مناظرہ ہوا تھا جس میں ان کے مناظر برکت مسیح نے دلائل سے مجبور ہو کر یہ تسلیم کر لیا تھا کہ بائبل میں تناقض وتعارض موجود ہے۔ اس کے بعد برکت مسیح صاحب نے مناظرے سے انکار کر دیا اور اپنے مذہبی سکول میں ہمیں بیٹھا چھوڑ کر اپنے پیروکاروں کے ساتھ راہ فرار اختیار کی۔ الحمد للہ

یاد رہے کہ قرآن مجید جس تورات اور انجیل کی تصدیق کرتا ہے اس سے مراد مروجہ مسیحی بائبل نہیں بلکہ وہ تورات اور انجیل ہے جو اللہ تعالیٰ نے موسیٰ علیہ السلام اور عیسیٰ علیہ السلام پر نازل فرمائیں۔ بائبل میں موجود تورات وانجیل اور دوسری کتابیں محرف شدہ اور تبدیل شدہ ہیں۔ اللہ تعالیٰ فرماتا ہے:

''وہ کلام کو اپنی جگہ سے بدل دیتے ہیں۔'' (المائدۃ:۱۳) [مقالات ۱/۵۵۱]

قادیانیت کا تعاقب

قادیانیت کا تعاقب جماعت اہل حدیث کا محبوب مشغلہ رہا ہے۔ جب سے قادیانیت شروع ہوئی تب سے آج تک جماعت اہل حدیث رد قادیانیت کو اپنا فرض منصبی سمجھتی چلی آ رہی ہے۔

مولانا محمد حسین بٹالوی اور فاتح قادیان مولانا ثناء اللہ امرتسری رحمہ اللہ سے لے کر آج تک سینکڑوں اہل حدیث علماء کی اس سلسلے میں بے شمار خدمات ہیں، اس میدان میں آپ رحمہ اللہ کی قلمی کاوشوں کو دیکھتے ہیں تو معلوم ہوتا ہے کہ آپ اپنے اسلاف کے صحیح جانشیں ثابت ہوئے ہیں۔ ایک طرف عقیدہ ختم نبوت پر قرآن مجید اور صحیح احادیث مبارکہ کی روشنی میں دلائل کے انبار لگائے ہیں تو دوسری طرف قادیانیوں کی طرف سے اس عظیم عقیدہ پر جتنی علمی خیانتیں اور قلمی خباثتیں کی گئی تھیں آپ نے ان کی قلعی کھول دی ہے۔ وللہ الحمد

ذیل میں آپ کی اس حوالے سے کچھ تحریرات کا ذکر خیر کیا جاتا ہے:

۱) ختم نبوت کی صحیح احادیث پر قادیانیوں کے حملے اور ان کا جواب

۲۵ صفحات پر مشتمل اس علمی ارمغان میں آپ نے ان صحیح احادیث مبارکہ کو اصول حدیث کی رُو سے صحیح ثابت کیا جن میں محمد رسول اللہ ﷺ کے خاتم النبیین ہونے کا ذکر موجود ہے۔ (مقالات ۳/۴۸۱-۵۰۵)

۲) ختم نبوت پر چالیس دلائل

قرآن مجید اور صحیح احادیث مبارکہ کی روشنی میں ۲۷ صفحات پر مشتمل اس علمی مقالے میں آپ نے عالمانہ اور فاضلانہ انداز میں دلائل سے ثابت کیا ہے کہ محمد رسول اللہ ﷺ آخری نبی ہیں، آپ کی وفات کے بعد نبوت کا دروازہ ہمیشہ کے لئے بند ہو گیا ہے۔ (مقالات ۵/۱۱-۳۷)

۳) قادیانیوں کی مستدل مردود روایات اور ان کا رد

اس مضمون میں ایک جگہ آپ رحمہ اللہ لکھتے ہیں: ''مسلمانوں کو ورغلانے، گمراہ کرنے اور مرتد بنانے کے لئے قادیانی و مرزائی ''حضرات'' کچھ روایات بھی پیش کرتے ہیں جو کہ اصول حدیث کی رو سے باطل اور ناقابل حجت ہوتی ہیں۔'' آپ نے ختم نبوت کے ایسے منکرین کی دس مستدل ضعیف، مردود اور موضوع روایات کو منہج محدثین کی کسوٹی پر جب پیش کیا تو سب کی سب جھوٹ کا پلندہ ثابت

ہوئیں۔ (مقالات ۵/ ۳۸۔۵۳)

٤) مرزا غلام احمد قادیانی کون تھا؟

آپ نے دیوبندی، بریلوی اور مرزائی مکتبۂ فکر سے تعلق رکھنے والے متعدد مصنفین کے ۲۳ حوالے پیش کر کے ثابت کیا ہے کہ مسلک اور فکر کے اعتبار سے مرزا غلام احمد قادیانی حنفی المذہب تھا اور اس کو مسلک اہل حدیث سے بغض اور جماعت اہل حدیث سے دشمنی تھی۔

(فتاویٰ علمیہ ۲/ ۳۶۳۔۳۸۵، مقالات ۵/ ۲۶۵۔۲۷۶)

۵) قادیانیوں کے بارے میں ایک استفتاء کا جواب:

۲ صفحات پر مشتمل اس فتویٰ میں آپ نے سورۃ الممتحنہ کی آیت: ۴، اور دیگر دلائل شرعیہ کی روشنی میں یہ فتویٰ جاری کیا کہ "اس میں بھی کوئی شک و شبہ نہیں کہ مرزا غلام احمد قادیانی، اور اس کے تمام متبعین: قادیانی، مرزائی اور لاہوری مرزائی سب کے سب پکے کافر اور دائرہ اسلام سے یقیناً خارج ہیں، لہٰذا ان سے میل جول، نشست و برخاست اور شادی غمی میں شرکت نہ رکھے اور سلام وکلام منقطع کر دے۔"

(مقالات ۳/ ۵۶۴۔۵۶۵، ۴/ ۴۴۶۔۴۴۷)

٦) قادیانیوں اور فرقہ مسعودیہ جماعت المسلمین (رجسٹرڈ) اور قادیانیوں کے درمیان مشترکہ عقائد کو اس مختصر مگر علمی مضمون میں یکجا کیا ہے۔ (مقالات ۳/ ۵۶۰۔۵۶۳)

۷) مرزا غلام احمد قادیانی کے تیس جھوٹ

مرزا غلام احمد قادیانی لعین نے جب ۱۸۹۱ء میں اپنے آپ کو مسیح موعود اور مَثِیلِ مسیح کہنا شروع کیا اور لوگوں کو شیطانی وساوس کے نتیجے میں کبھی خوشخبریاں دینے لگا تو کبھی پیشینگوئیاں کرنے لگا تو اسی اثنا میں اس کذاب نے جتنے جھوٹ بولے ان میں سے صرف تیس ایسے جھوٹ ذکر کیے ہیں جو سچ ثابت نہ ہو سکے۔

۱۸ صفحات پر مشتمل اس مدلل مقالے کے آخر میں شیخ رحمہ اللہ رقمطراز ہیں: "راقم الحروف نے اس مضمون میں تمام حوالے مرزا غلام احمد اور اس کے متبعین کی اپنی کتابوں سے پیش کیے ہیں۔ کمپوزنگ اور پروف ریڈنگ کی غلطی کے علاوہ ایک حوالہ بھی غلط ثابت ہونے پر دس ہزار روپیہ انعام دیا جائے گا۔" (مقالات ۱/ ۱۳۲۔۱۴۹)

۸) اندھیرے اور مشعل راہ اور نزول مسیح حق ہے

حیات مسیح اور نزول مسیح کا عقیدہ قرآن مجید، احادیث متواترہ اور اجماع امت سے صحیح ثابت ہے۔ اس ثابت شدہ اسلامی عقیدے کا انکار صریح کفر، گمراہی اور زندقہ کے علاوہ کچھ بھی نہیں۔ غلام احمد قادیانی، تمنا عمادی، ابوالخیر اسدی، غلام احمد پرویز، ڈاکٹر مسعود عثمانی، امین احسن اصلاحی، جاوید احمد غامدی اور عزیز اللہ بوہیو وغیرہ جیسے منکرین حدیث و معترضین اور متعصبین نے یہ شبہات پھیلائے کہ سیدنا عیسیٰ علیہ السلام وفات پا گئے ہیں اور دوبارہ اس دنیا میں نہیں آئیں گے۔ ان کی تلبیسات کے رد میں ۷۱ صفحات پر مشتمل ایک مفصل اور مدلل مقالہ لکھ کر یہ عقیدہ ثابت کیا ہے کہ عیسیٰ علیہ السلام زندہ ہیں، آسمان پر موجود ہیں اور ان کا نزول حق ہے۔

(مقالات ۱/ ۶۱۔۱۳۱)

۹) سیدنا عیسیٰ علیہ السلام کا نزول اور امام ابن شہاب الزہری رحمہ اللہ

کچھ منکرین حدیث نے جو درحقیقت قادیانیت کے ترجمان ہیں، ان صحیح احادیث مبارکہ پر اعتراض کیا جن میں سیدنا عیسیٰ علیہ السلام کے نزول کا بیان ہے۔ اس حدیث کی سند میں مرکزی راوی، ثقہ اور مشہور امام ابن الشہاب

الزہری رحمہ اللہ ہیں، حالانکہ امام موصوف رحمہ اللہ سے جتنی روایات مذکور ہیں ان میں انھوں نے "سماع" کی تصریح کردی ہے، پھر بھی منکرین حدیث کے کلیجے ٹھنڈے نہ ہوئے۔ آپ نے ان معترضین و منکرین حدیث کے سامنے ۱۶، ایسی صحیح روایات ذکر کی ہیں جو سنداً بھی صحیح ہیں اور ان میں امام ابن الشہاب زہری رحمہ اللہ کے علاوہ دوسرے راویوں نے سیدنا عیسیٰ علیہ السلام کے نزول والی احادیث مبارکہ بیان کی ہیں۔

(مقالات ۳/۴۴۴۔۴۴۲)

۱۰) ظہور امام مہدی، ایک ناقابل تردید حقیقت

منکرین حدیث نے قیامت سے پہلے محمد بن عبداللہ الفاطمی الہاشمی نام کے ایک خلیفہ کے آنے کا انکار کیا جس کا لقب "امام مہدی" ہوگا۔ قادیانیوں کے سرخیل مرزا غلام احمد قادیانی نے اپنے آپ کو "والمھدی المعھود" کہا (یعنی وہ مہدی ہوں جس کا آنا مقدر ہو چکا ہے) (خطبات الہامیہ: ص ۵۱)

اس خبیث عقیدے کے رد میں آپ نے دس کے قریب صحیح اور حسن احادیث مبارکہ اور چار عدد صحیح آثار نقل کر کے دونوں باطل فرقوں کا زبردست رد لکھا ہے۔ (مقالات ۲/۴۲۔۴۷)

سبائیت/ شیعیت/ رافضیت کا رد

۱: عبداللہ بن سبا کون تھا؟

یہ وہ بد باطن اور خبیث شخص ہے جو پہلے یہودی مذہب پر تھا، پھر نام نہاد مسلمان بنا تو اس نے ایسے گندے عقیدے اور برے نظریات متعارف کرائے جن سے مسلمانوں کا بڑا نقصان ہوا۔ اس بدبخت شخص نے امیر المومنین سیدنا علی رضی اللہ عنہ کی امامت کی فرضیت کی بات کو ہوا دی۔ کتنے منکرین حدیث نے اس کے وجود سے انکار کیا۔ اس مضمون میں شیخ رحمہ اللہ نے سات صفحات پر صحیح روایتیں ذکر کر کے اس کے وجود کو اور اس کی خباثتوں کو ظاہر کیا ہے۔ (مقالات ۲/۴۵۳۔۴۵۹، فتاویٰ علمیہ المعروف توضیح الاحکام ۱/۱۵۳۔۱۵۹)

۲: رافضیت سے متعلق چند روایات کا تحقیقی جائزہ

رافضی صحابہ کرام رضی اللہ عنہم کی شان میں بالعموم اور شیخین یعنی ابوبکر صدیق اور عمر رضی اللہ عنہما کی شان میں بالخصوص تنقیص و گستاخی کرتے ہیں اور اس حوالے سے جو روایات پیش کرتے ہیں ان کا خوب علمی رد لکھا ہے۔

(فتاویٰ علمیہ ۱/ ۱۳۹۔۱۴۹، ماہنامہ الحدیث نمبر ۱۰۰ ص ۱۰۔۲۱)

۳: اہل بیت اور تطہیر/ اہل بیت کون ہیں؟

ان دو الگ الگ مضامین میں آپ نے روافض کے من گھڑت عقیدہ ائمہ معصومین کا خوب رد لکھا ہے۔

ساتھ ساتھ اہل بیت میں شامل افراد کون کون ہیں، اس کے متعلق بھی خوب وضاحت سے رد کیا ہے۔

(فتاویٰ علمیہ ۲/ ۶۹۔۷۰)

۴: ام کلثوم بنت علی رضی اللہ عنہما کا سیدنا عمر رضی اللہ عنہ سے نکاح

شیعہ اس تاریخی حقیقت کا کلی طور پر انکار کرتے ہیں کہ امیر المومنین سیدنا علی رضی اللہ عنہ کی ایک بیٹی کلثوم رضی اللہ عنہا سے سیدنا عمر رضی اللہ عنہ کا نکاح نہیں ہوا تھا۔ آپ نے شیعہ کے تعاقب میں قلم اٹھایا اور اہل سنت اور شیعہ کی کتب میں سے کافی صحیح حوالے ذکر کر کے شیعہ کے موقف کو رد کیا ہے۔ (فتاویٰ علمیہ ۲/ ۵۴۵۔۵۵۱)

۵: شیعیت کا مقدمہ اور جھوٹی روایات

ایک شیعہ مصنف حسین الامین کی کتاب "شیعیت کا مقدمہ" سے دس ایسی جھوٹی روایات کو ذکر کیا جو کہ منہج محدثین

کے بالکل خلاف تھیں۔ بحمدہٖ تعالیٰ آپ نے پندرہ صفحات پر اس کتاب کا نہایت علمی رد لکھا ہے۔ (مقالات ۴/۳۰۴۔۳۱۸)

حنفیت (دیو بندیت/ بریلویت) کا علمی محاسبہ

آل تقلید اور اہل باطل کا سنجیدگی سے جائزہ لینے سے تو ہمیں معلوم ہوتا ہے گویا آپ نے دیو بندیوں اور بریلویوں کی علمی خیانتوں اور عقیدہ کی خباثتوں کے خلاف ہی کام کیا ہے جو لوگ اپنے آپ کو دنیا کے سامنے اہل سنت، موحد اور پیغمبر علیہ السلام کے حقیقی پیروکار اور محبّ کہلواتے نظر آتے ہیں ان کے عقائد، افکار اور علم کی جس انداز میں جروح کی ہے، اسے دیکھ کر شیخ الاسلام امام ابن تیمیہ، امام ابن قیم، امام ابن حزم، مولانا ثناء اللہ امرتسری، علامہ سید بدیع الدین شاہ راشدی، مولانا عبداللہ بہاولپوری رحمہم اللہ یاد آجاتے ہیں۔ حق کا لبادہ اوڑھ کر جتنا باطل آلِ تقلید نے پھیلایا تھا اس کا تعاقب اور علمی محاسبہ بھی اسی شدت سے کیا ہے۔ عقائد سے لے کر افکار و اعمال تک کوئی موضوع ایسا نہیں چھوڑا جس پر آپ نے بحث و تحقیق نہ کی ہو۔ مملکت کے چاروں کونوں میں دیو بندی اور بریلوی وغیرہ نے جتنی بھی تحریفات کیں یا تلبیسات سے کام لیا، آپ نے ان کی تحریفات و تلبیسات کو تشت از بام کر دیا۔ اللہ سبحانہ و تعالیٰ عرش پر مستوی ہے، قبر میں نبی کریم ﷺ کی حیات کا مسئلہ، وحدت الوجود اور آل دیو بند، صفات باری تعالیٰ اور خبر واحد، اجماع، اجتہاد، تقلید، کشف، الہام، غلو، بدعت وغیرہ جیسے عنوانات پر آل دیو بند و بریلویہ کی قلمی خیانتوں اور دھوکے بازیوں کو کھول کھول کر بیان کیا ہے۔ آل دیو بند عموماً صحابہ کرام اور خصوصاً خلفائے راشدین رضی اللہ عنہم کے اتباع کرنے کا ڈھنڈھورا پیٹتے رہتے ہیں اور لوگوں کو یہ باور کرانے کی ناکام کوشش کرتے ہیں کہ ہم ہی صحابہ کرام رضی اللہ عنہم کے حقیقی پیروکار ہیں۔ ان کی اس ریشہ دوانی کو شیخ رحمہ اللہ نے آڑے ہاتھوں لیا۔ تقلید پرستوں کا قرآن مجید، صحیح احادیث، اجماع امت، اجتہاد شرعی اور چاروں خلفائے راشدین رضی اللہ عنہم سے جو فقہی اور مسلکی اختلاف ہے اس پر ۱۲۴ صفحات پر نہایت مدلل و مفصل رد لکھ کر، ان کو دنیا کے سامنے پیش کیا ہے۔

آل تقلید کی طرف سے جو سوالات آئے، آپ نے ان کا نہایت علمی جواب دیا، دیو بندی مسلک کے پیروکار اپنے آپ کو اہل سنت کہلواتے ہیں، ان کے اس باطل دعویٰ پر آپ نے قلم اٹھایا اور دلائل شرعیہ سے ثابت کیا کہ دیو بندی غالی بدعتی ہیں اور غالی بدعتی کے پیچھے نماز نہیں پڑھنی چاہیے۔ منکرین حدیث کے اعتراضات پر قلم اٹھایا تو ان کی تاریخ اور نشانیوں کو بھی واضح کر دیا، کتنی ہی جعلی اور من گھڑت کتب کی نشاندہی کر کے ان کی حقیقت سے آشنا کیا، آل دیو بند کی معتبر شخصیتوں کی مستند کتابوں میں سے دوسو دس (۲۱۰) سوالات پر مشتمل ایک علمی دستاویزات انھیں بھیجی، لیکن اب تک کسی میں ہمت نہ ہوئی کہ ان کا جواب لکھے، نیز نماز میں رفع الیدین کرنے، جہری نمازوں میں اونچی آواز سے آمین کہنے، قیام کی حالت میں ہاتھ سینے پر باندھنے، جہری و سری نمازوں میں مقتدی کو امام کے پیچھے سورۃ الفاتحہ پڑھنے، نماز جنازہ میں سورۃ الفاتحہ پڑھنے اور صرف دائیں طرف سلام پھیرنے، تراویح نماز کی آٹھ رکعت پڑھنے، وتر نماز کی ایک رکعت پڑھنے اور نمازوں کو اول اوقات میں پڑھنے جیسے اختلافی مسائل پر احناف کے جتنے دلائل آپ کے سامنے آئے آپ نے ان کا نہایت علمی رد لکھا۔ بریلوی مکتب فکر کی

طرف سے کیے گئے مختلف قسم کے اعتراضات کا قرآن و حدیث کی روشنی میں جس طرح کیا کسی میں ہمت نہ رہی کہ ان کا جواب دے۔ بریلویوں کے شرکیہ عقائد وافکار پر بے شمار مضامین میں رد لکھا۔ مقالات کی پانچ جلدیں، فتاویٰ علمیہ المعروف توضیح الاحکام کی دو جلدیں اور متعدد کتب، آپ کی محنت شاقہ کی شاہد ہیں ع

دامانِ باغباں سے کف گل فروش تک
بکھرے پڑے ہیں سینکڑوں عنوان میرے لیے

صوفیا کا رد

حسین بن منصور الحلاج ایک زندیق اور گمراہ شخص تھا۔ اس نے اور دیگر صوفیا نے اسلام کے عقائد واعمال کی جس طرح مخالفت کی تھی وہ کسی اہل علم سے مخفی نہیں۔ دیوبندی مکتبۂ فکر کے لوگ ایک طرف اپنے آپ کو موحد اور اہل سنت کہلواتے ہیں تو دوسری طرف صوفیت کی دعوت بھی دیتے نظر آتے ہیں۔

ظفر احمد عثمانی تھانوی دیوبندی نے اشرف علی تھانوی کی نگرانی میں ایک کتاب ''القول المنصور فی ابن منصور'' لکھی جو کہ منصور حلاج کی سیرت پر تھی۔ ایسے گمراہ لوگوں کے فاسد عقائد اور گندے نظریات پر رد لکھا، نیز صوفیا کے ''خاتم الاولیاء'' کے نظریے کی تردید میں بھی آپ نے قلم اٹھایا اور شیخ الاسلام امام ابن تیمیہ رحمہ اللہ اور دیگر غیور اہل علم کے علمی اقوال کی روشنی میں اس نظریے کا رد لکھا۔ قطب و ابدال ایسی اصطلاحات ہیں، جن کو اکثر صوفی قسم کے لوگ کثرت سے ذکر کرتے ہیں۔ ان اصطلاحات کی شرعی حیثیت پر آپ نے رد لکھ کر عوام الناس کی اصلاح کی ہے۔

(فتاویٰ علمیہ ۱/ ۸۵۔۸۷، ۱۵۹۔۱۶۳، مقالات ۴/ ۴۰۳)

جماعت المسلمین پر رد

جماعت المسلمین رجسٹرڈ کے ''امام'' مسعود احمد بی ایس سی کے متعلق آپ لکھتے ہیں: ''مسعود احمد بی ایس سی ایک تکفیری خارجی شخص تھا، جس کے مقلدین اس کی اطاعت کو فرض اور ایمان کا مسئلہ سمجھتے ہیں۔ فرقۂ مسعودیہ کے سرکاری مبلغ عبداللطیف تکفیری نے اس شخص کو ''غیر مسلم'' قرار دیا جو مسعود صاحب کی بیعت نہیں کرتا وغیرہ۔'' اس گمراہ شخص کے باطل نظریات کا آپ نے علمی محاسبہ کیا ہے۔ اس نوزائدہ فرقہ کے امام کو اسماء الرجال کا کتنا علم تھا اس موضوع پر آپ نے بہترین مقالہ لکھا ہے۔ فرقہ مسعودیہ، یعنی جماعت المسلمین کا ''تدلیس'' کی اصطلاح اور حیثیت پر جو اعتراض تھا اس کو محدثین کے قیمتی اور علمی اقوال کی روشنی میں حل کر دیا ہے۔'' (مقالات ۱/ ۶۰۷۔۶۲۵، ۳/ ۲۲۴۔۲۴۴)

فرقہ مسعودیہ یا جماعت المسلمین اور اس کے کاغذی امام کی طرف سے کی گئی تلبیسات، تحریفات، دعویٰ باطلہ اور الزام تراشیوں کا شیخ رحمہ اللہ نے بیس صفحات پر ایسا دندان شکن رد لکھا جسے پڑھ کر عام آدمی بھی متاثر ہوئے بغیر نہیں رہ سکتا۔ جماعت اہل حدیث پر کیے گئے اعتراضات کا کافی وشافی جواب دے دیا ہے۔ ان جوابات کو پڑھ کر شکوک وشبہات کے سارے بادل چھٹ جاتے ہیں۔

(مقالات ۵/ ۱۲۴۔۱۴۳، اہل حدیث ایک صفاتی نام: ۶۸۔۸۲)

تقلید کا رد

تقلید شخصی پر جتنا زور اور جھگڑا اس وقت برصغیر میں

ہے، شاید ہی دنیا کے کسی کونے میں ہو۔ مقلدین ایڑی چوٹی کا زور لگا کر یہ ثابت کرنے کی ناکام کوشش کر رہے ہیں کہ تقلید کے بغیر کوئی چارہ نہیں۔ ایسے نام نہاد مقلدین کے رد میں شیخ ؒ نے قلم اٹھایا اور ۱۹۳ صفحات پر قرآن مجید، صحیح احادیث مبارکہ، اجماع امت، آثار صحابہ ؓ اور صحیح اقوال سلف صالحین ؒ کی روشنی میں نہایت عالمانہ اور فاضلانہ رد لکھا۔ (دیکھیں دین میں تقلید کا مسئلہ)

آل دیوبند کے ۳۰۰ جھوٹ

شیخ ؒ نے آل دیوبند کے اکابر مثلاً: امین اوکاڑوی، حبیب اللہ ڈیروی، الیاس گھمن، اسماعیل جھنگوی، چمن محمد دیوبندی، احمد سعید ملتانی، انوار خورشید، محمد قاسم نانوتوی، اشرف علی تھانوی، محمود حسن، قاری محمد طیب قاسمی، مفتی ظفیر الدین، زکریا تبلیغی، محمود حسن گنگوہی، ظفر احمد تھانوی، عبد القیوم حقانی، احمد رضا بجنوری، جمیل احمد نذیری، ابو یوسف محمد ولی درویش، محمد امام اللہ بن کریم اللہ، محمد امان اللہ، رشید احمد گنگوہی، عاشق علی میرٹھی، خلیل احمد سہارنپوری، سعید احمد پالنپوری اور دیگر مصنفوں نے اپنی کتابوں میں جو جھوٹی باتیں لکھی تھیں، ان کا قرآن وحدیث کی روشنی میں نہایت بسیط رد لکھا ہے۔

تفصیل کے لئے دیکھئے: ''آل دیوبند کے ۳۰۰ جھوٹ''

امین اوکاڑوی اور محمد انور اوکاڑوی کا رد

دین اسلام کے نام پر جن لوگوں نے جھوٹ، تلبیس، تحریف اور غلط تاویل سے کام لیا ہے ان میں امین اوکاڑوی سر فہرست ہے۔ آپ ان کی کتب کا مطالعہ کریں گے تو سینکڑوں ایسے مسائل و معاملے ملیں گے جن کی کوئی اصل نہیں۔ صحیح احادیث مبارکہ میں تحریف کرنا اس کے بائیں ہاتھ کا کھیل اور تمسخر اڑانا محبوب مشغلہ تھا۔ ایک اقتباس پیشِ خدمت ہے، جناب نے لکھا:

لیکن آپ نماز پڑھاتے رہے اور کتیا سامنے کھیلتی رہی۔ (مقلدین کی غیر مستند نماز، ص ۴۳، مجموعہ رسائل ۳/ ۳۵۰)

دیکھیں ایک طرف صحیح حدیث مبارک میں تحریف اور دوسری طرف تمسخر اور استہزاء، وہ بھی محمد رسول اللہ ﷺ کا۔ شیخ ؒ نے ان دونوں بھائیوں کو ان افکار ونظریات کے ساتھ عوام الناس کی عدالت میں لا کر کھڑا کر دیا ہے۔

(تفصیل کے لئے دیکھیں امین اوکاڑوی کا تعاقب)

منکرین حدیث پر رد

صحیح بخاری، حدیث کی وہ عظیم الشان اور فقید المثال کتاب ہے جس کے متعلق امت کا اجماعی فیصلہ ہے کہ ''اصح الکتب بعد کتاب اللہ'' اس عالی مرتبت کتاب کو امت میں تلقی بالقبول کا درجہ حاصل ہے۔ تقلید کی وجہ سے مقلدوں نے اپنے مزعوم امام کے قول کا بھرم رکھنے کے لئے ذخیرۂ صحیح احادیث پر مشتمل اس کتاب پر بے جا اعتراضات اور رقیق حملے کیے۔ یہ دیکھ کر کہ اتنے پائے کے عالم اور مفتی، صحیح بخاری کی احادیث پر اعتراضات کر رہے ہیں، منکرین حدیث بھی اس میدان میں کود پڑے۔ احمد سعید ملتانی (مماتی دیوبندی) منکر حدیث نے ''قرآن مقدس اور بخاری محدث'' کے عنوان پر کتاب لکھی۔ جس میں صحیح بخاری کی احادیث مبارکہ پر بے جا اعتراض کیے گئے۔ اسی طرح دوسرے منکر حدیث شبیر احمد نامی کسی شخص نے بھی اپنے پیش روؤں کے نقش قدم

پر چلتے ہوئے صحیح بخاری کی احادیث مبارکہ کو عقل کی کسوٹی پر رد کرنے کی کوشش نامراد کی۔ شیخ رحمہ اللہ نے دونوں مجرموں کے خلاف قلم اٹھایا اور ترتیب وار ''توفیق الباری فی تطبیق القرآن وصحیح البخاری'' اور ''صحیح بخاری پر اعتراضات کا علمی جائزہ'' کے عنوان سے نہایت مسکت جواب دیا جو کہ ''صحیح بخاری کا دفاع'' کے عمومی نام سے ۳۴۵ صفحات پر چھپ کر قارئین کرام سے داد تحسین حاصل کر چکی ہے۔

یہ تو مختصر تذکرہ تھا شیخ رحمہ اللہ کی طرف سے کیے گئے ان ردود کا جو انھوں نے اہل باطل پر کیے تھے وگرنہ حقیقت تو یہ ہے کہ شیخ رحمہ اللہ اپنی حیات مستعار میں باطل کو ہر محاذ پر للکارتے نظر آتے ہیں۔ آپ کے اس علمی جہاد کا حسن و جمال آپ کی تحریرات، تقریظات، محاضرات اور فتاویٰ جات وغیرہ میں جا بجا دیکھا جا سکتا ہے۔ مسلک اہل حدیث کا قلمی حوالے سے آپ نے جو علمی دفاع کیا وہ آنے والے ہر دور کے لوگوں کے لیے مشعل راہ ثابت ہوگا۔ ان شاء اللہ

مجھے اپنی کم علمی اور کم مائیگی کا شدت سے احساس ہے کہ میں شیخ رحمہ اللہ کی عالمانہ، مجتہدانہ اور محدثانہ خدمات لکھنے کے قابل تو نہیں، لیکن آپ سے دلی محبت اور قلبی تعلق ہے جس کے پیش نظر ٹوٹے پھوٹے الفاظ میں بے ترتیب سا مضمون لکھنے پر مجبور ہوا ہوں۔ بارگاہِ الٰہی میں دعا گو ہوں کہ شیخ رحمہ اللہ کو اللہ تعالیٰ جنت الفردوس عطا فرمائے۔ آمین

؎ پی گئی کتنوں کا لہو تیری یاد
غم تیرا کتنے کلیجے کھا گیا

حافظ زبیر علی زئیؒ اور علم الرجال

قاری یحییٰ رسول نگری٭

حافظ زبیر علی زئی رحمہ اللہ سے میری ملاقات سعودیہ ریاض میں ہوئی۔ وہاں ایک دوست قاری سیف اللہ صاحب ہیں، ان کے پاس حافظ صاحب ٹھہرے ہوئے تھے۔ محترم قاری صاحب میرے شاگرد ہیں، انھوں نے مجھے کہا: پاکستان سے ایک بہت بڑے عالم دین میرے پاس مہمان ہیں، آپ تشریف لائیں اُن سے آپ کی ملاقات کراتے ہیں۔ جب بندہ فقیر قاری سیف اللہ صاحب کے مکان پر پہنچا تو قاری صاحب نے میرا تعارف حافظ زبیر علی زئی رحمہ اللہ سے کرایا۔ اس کے بعد قاری سیف اللہ صاحب نے بتایا کہ حافظ صاحب رجالِ حدیث میں بہت مہارت رکھتے ہیں، اسی دوران میں محلّہ نویدی میں جامع مسجد کے امام فضیلۃ الشیخ سعد الحمید سے ملاقات ہوئی۔ انھوں نے ہماری دعوت کر دی تو ہم سب حضرات شیخ سعد الحمید کے مکان پر دعوت کھانے چلے گئے۔ وہاں کھانے سے پہلے چائے وغیرہ کا دور چلا تو شیخ سعد الحمید نے ذکر کیا کہ میں نے سنن سعید بن منصور شائع کی ہے تو انھوں نے یہ کتاب حافظ زبیر علی زئی رحمہ اللہ کو پیش کی۔ حافظ صاحب کتاب کو دیکھتے رہے تو اچانک ایک مقام پر حافظ صاحب نے کہا: یہ سند صحیح نہیں۔ جس پر شیخ سعد الحمید نے کہا: نہیں، یہ سند صحیح ہے، میں نے تحقیق سے درج کی ہے تو حافظ زبیر علی زئی رحمہ اللہ نے پوری سند زبانی پڑھ دی اور کہا: اب آپ اسماء الرجال کی کتب اٹھا کر لائیں۔ اس میں دیکھئے کہ کون سی سند صحیح ہے؟ جب وہ کتاب دیکھی گئی تو حافظ صاحب رحمہ اللہ والی بات بالکل صحیح نکلی تو شیخ سعد الحمید حیران رہ گئے جس پر میں نے حافظ صاحب رحمہ اللہ کو تین سو ریال انعام پیش کیا۔ سب علماء حیران رہ گئے اور حافظ صاحب کی حدیث میں مہارت پر انھیں خوب داد دی اور تعریف کرنے لگے کہ واقعی حافظ صاحب اسماء الرجال میں خوب مہارت رکھتے ہیں۔ اس کے علاوہ دوسرے عرب علماء سے ملاقاتیں رہیں جو حافظ صاحب کا بہت احترام کرتے تھے اور کہتے تھے کہ یہ شخص اسماء الرجال کا حافظ ہے۔

٭ استاذ الاساتذہ، مدیر ورئیس جامعہ عزیزیہ، ساہیوال

الشیخ حافظ زبیر علی زئی رحمۃ اللہ تعالیٰ

حافظ صلاح الدین یوسف

عمرہا در کعبہ و بت خانہ می نالد حیات
تا ز بزم عشق یک دانائے راز آید بروں

حافظ زبیر علی زئی رحمہ اللہ حضرو ضلع اٹک (متوفی محرم ۱۴۳۵ھ۔ نومبر ۲۰۱۳ء) ایک دور افتادہ علاقے کے رہائشی ہونے کے باوجود اپنے علمی کارناموں کی وجہ سے ایک نہایت ممتاز مقام کے حامل اور ناقابل فراموش شخصیت کے طور پر ہمیشہ زندہ رہیں گے۔

ہرگز نہ میرد آں کہ دلش زندہ شد بہ عشق
ثبت است بر جریدۂ عالم دوامِ ما

اللہ تعالیٰ ہر دور میں کوئی ایک شخصیت یا چند ایسی شخصیات پیدا فرماتا رہتا ہے جو کفر و ضلالت کی تاریکیوں میں اسلام کی شمع روشن کرتے ہیں اور جب دین اسلام میں عوام کی جہالت یا غفلت شعاری اور علمائے سوء و اہل بدعت کی مفاد پرستی اور خود غرضانہ تاویلاتِ فاسدہ اور تحریفات معنوی سے دین کا اصل چہرہ مسخ ہو جاتا اور دین قیم بازیچۂ اطفال بن جاتا ہے تو اللہ تعالیٰ ایسی شخصیات پیدا فرما دیتا ہے جو اسلام کے روئے آبدار کو اس کے اصلی خدوخال کے ساتھ دنیا کے سامنے پیش کرتا اور اہل باطل کی تاویلات فاسدہ اور تحریفات کا پردہ چاک کرتا اور تجدید و اصلاح کا عظیم کارنامہ سرانجام دیتا اور منبر رسول کی جانشینی کا حق ادا کرتا ہے۔ اس اصلاحی و تجدیدی کام کے لیے حسبِ مشیت الٰہی، کبھی کوئی ایک ایسی جامع الصفات شخصیت پیدا ہو جاتی ہے جو معاشرے کے مختلف طبقات اور میدانوں میں ہمہ جہتی خدمات بجالا کر علم و عمل کے آفتاب و مہتاب روشن کر دیتی ہے اور کبھی کئی کئی شخصیات پیدا ہو جاتی ہیں جو اپنے اپنے دائروں میں اصلاح و تجدید کا کام کر کے اسلام کے روئے آبدار کو اُجالتی اور نکھار دیتی ہیں۔

اسی پہلو کی طرف اس حدیث میں اشارہ کیا گیا ہے جس میں پیغمبر اسلام ﷺ نے فرمایا:

((إِنَّ اللّٰہ یَبْعَثُ لِھٰذِہِ الْأُمَّۃِ ۔ عَلٰی رَأْسِ کُلِّ مِئَۃِ سَنَۃٍ ۔ مَنْ یُجَدِّدُ لَھَا دِیْنَھَا)) ”اللہ تعالیٰ ہر صدی کے شروع میں اس امت کے لیے ایسے لوگ پیدا فرمائے گا جو اس کے دین کی تجدید کرے گا۔“

(سنن أبي داود: ٤٢٩١ ، الصحيحة للالباني : ٥٩٩)

مَــنْ کا لفظ عربی زبان میں واحد اور جمع دونوں کے لیے استعمال ہوتا ہے، اس لیے اس سے یہ واضح ہوتا ہے کہ اللہ تعالیٰ کسی ایک شخصیت سے بھی اصلاح و تجدید کا کام لے لیتا ہے اور چاہے تو بیک وقت یا تھوڑے تھوڑے وقفے سے مختلف افراد سے یہ کام لے لیتا ہے، یہ دونوں ہی صورتیں ممکن ہیں اور تاریخ و واقعات سے دونوں ہی کی تائید ہوتی ہے۔

اسلام کی تاریخ میں ہر صدی میں بڑے بڑے مجددین

٭ مفسر قرآن، مصنف کتب کثیرہ، مدیر شعبہ تحقیق و تالیف دار السلام لاہور

بھی پیدا ہوئے، جس کی تفصیل مولانا ابوالحسن علی ندوی کی تالیف: ''تاریخ دعوت وعزیمت'' میں موجود ہے اور ایک ہی صدی میں یا کسی ایک صدی کے اواخر اور دوسری صدی کے اوائل میں مختلف شخصیات نے اللہ کی توفیق سے مختلف دائروں میں اصلاح وتجدید کا کام کیا، یعنی دین میں پیدا ہونے والے بگاڑ کو درست کیا، شرک و بدعت کی تردید کی، الحاد و زندقہ کی تحریکوں کا مقابلہ کیا، مختلف مذاہب باطلہ کا ردو بطلان کیا، گمراہ فرقوں کی باطل تاویلات کا پردہ چاک کیا اور تقلیدی جمود کے بندھنوں کو توڑا یا فرقہ پوشوں کی باطنی شیطنت کو آشکار کیا، یا العوام کالانعام کے بے علمی اور بدعملی کی دلدل سے نکال کر اسلام کی روشن تعلیمات کا نمونہ اور اسلامی اقدار وروایات اور شعائر اسلامیہ کا پابند بنادیا۔

یہ رتبۂ بلند ملا جس کو ملا
ہر مدّعی کے واسطے دار ورسن کہاں
ایں سعادت بہ زور بازو نیست
تا نہ بخشد خدائے بخشندہ

راقم کا دیدہ وشنیدہ دور، دو صدیوں پر محیط ہے۔ تیرھویں صدی ہجری کا اواخر اور چودھویں صدی ہجری کا اوائل، ان دو صدیوں میں بہت سی نامور شخصیات اور نابغۂ روزگار افراد پیدا ہوئے جنھوں نے اپنے اپنے دائروں میں نہایت نمایاں دینی وعلمی خدمات سرانجام دیں، مثلاً:

نواب صدیق حسن خاں، شیخ الکل میاں نذیر حسین محدث دہلوی اور ان کے قابل فخر تلامذہ: مولانا عبدالرحمٰن مبارکپوری، صاحبِ ''تحفۃ الاحوذی'' مولانا شمس الحق ڈیانوی، صاحب ''عون المعبود'' مولانا محمد حسین بٹالوی، ایڈیٹر ''اشاعۃ السنۃ'' مولانا ثناء اللہ امرتسری، مولانا ابراہیم میر سیالکوٹی، حافظ عبداللہ غازی پوری، محدث پنجاب حافظ عبدالمنان وزیرآبادی، حافظ محمد گوندلوی، مولانا محمد اسماعیل سلفی گوجرانوالہ، مولانا محمد عطاء اللہ حنیف بھوجیانی، صاحبِ ''التعلیقات السّلفیہ علی سنن النسائی'' حافظ عبدالمنان نوری پوری، مولانا ابوالحسن علی ندوی، سید سلیمان ندوی، مولانا مودودی، مولانا سید داود غزنوی، علامہ احسان الٰہی ظہیر، سید بدیع الدین شاہ راشدی، سید محبّ اللہ شاہ راشدی، مولانا محمد حسین شیخو پوری، حافظ عبداللہ شیخو پوری، مولانا صمصام، حافظ محمد اسماعیل روپڑی، حافظ عبدالقادر روپڑی، حافظ عبداللہ محدث روپڑی، حافظ عبداللہ بہاولپوری، مولانا سلطان محمود محدث جلالپوری وغیرہم۔

رحمهم الله اجمعين

اسی صف میں علمائے موجودین میں سے یہ حضرات بھی شامل ہیں: شیخ عبداللہ ناصر رحمانی (کراچی)، مولانا ارشاد الحق اثری، پروفیسر حافظ محمد سعید، ڈاکٹر فضل الٰہی (اسلام آباد) مولانا اقبال کیلانی، مولانا عبدالمالک مجاہد، حافظ ثناء اللہ مدنی وغیرہم حفظهم الله تعالىٰ كثر الله امثالهم فينا .

ان میں سے بہت سوں نے تدریس وتربیت میں، بعض نے تبلیغ ودعوت میں، بعض نے تصنیف وتالیف میں، بعض نے ردود ومناظرہ میں، بعض نے افتاء وتحقیق میں، بعض نے آثار سلف کے احیاء میں، بعض نے نشر واشاعت کے میدان اور بعض نے بیک وقت کئی میدانوں میں کارہائے نمایاں سرانجام دیے اور دے رہے ہیں۔

بارك الله في جهودهم و متعنا الله بطول حياتهم .

اسی سلسلۃ الذہب کی ایک کڑی یا انھی درازقدوں کی صف میں شامل ہمارے ممدوح اور شیخ حافظ زبیر علی زئی رحمہ اللہ بھی تھے جو ہمیں چند ماہ قبل داغ مفارقت دے گئے۔ ابھی ان کی عمر اتنی زیادہ نہیں تھی، ان سے تحقیق کے میدان میں بہت سی توقعات وابستہ تھیں، لیکن قسام ازل نے جو عرصۂ حیات ان کے لیے مقرر کیا تھا، وہ گزار کر اپنے اللہ کے حضور حاضر ہو گئے، ہم جیسے لوگ جو ہر ماہ ان کے پرچے ماہوار ''الحدیث'' کی تحقیقات نادرہ اور انکشفاتِ علمیہ سے فیض یاب ہوتے تھے، ہم سمجھتے ہیں کہ وہ بے وقت ہی دنیا سے چلے گئے، حالانکہ واقعہ یہ ہے کہ کوئی شخص بھی اپنے وقت سے پہلے جرعۂ موت نوش نہیں کرتا، یہ جرعۂ تلخ کوئی بھی گوارا نہیں کرتا، لیکن وقت آجانے پر خواہی نخواہی اسے نوش کرنا ہی پڑتا ہے۔ اللہ نے ان کے لیے جتنا وقت لکھا تھا وہ گزار گئے اور اس طرح گزار گئے کہ ان کی زندگی کے یہ مختصر لمحات بھی قابل رشک بن گئے، گو ہماری اور ہم جیسے بے شمار لوگوں کی خواہش اور دعا تھی کہ وہ ابھی ہمارے درمیان ہی کچھ اور عرصہ رہتے اور چشمۂ علم و تحقیق سے ہم جیسے تشنہ کاموں کو سیراب کرتے رہتے، لیکن قَدَّرَ اللّٰهُ مَا شَاءَ فَعَلَ ۔ وَ مَا تَشَاءُوْنَ إِلَّآ أَنْ يَّشَاءَ اللّٰهُ رَبُّ الْعَالَمِيْنَ .

شیخ موصوف رحمہ اللہ کے مزاج میں تیزی تھی، ہر کام بڑی سرعت سے کرتے تھے اور ان کا یہی معمول تھا، ایسے لگتا تھا جیسے مبدأ فیض نے بزبان قال تو نہیں، بزبانِ حال ان کو یہ القا کر دیا تھا کہ وقت تھوڑا ہے اور جو کام کرنے والے ہیں وہ بہت زیادہ ہیں، چنانچہ بہت سے تحقیقی کام، جن کے لیے کافی وقت درکار تھا، وہ انھوں نے بہت ہی مختصر وقت میں پورے کر لیے، گویا بقول علامہ اقبال ؂

اس کی امیدیں قلیل، اس کے مقاصد جلیل
اس کی ادا دل فریب، اس کی نگہ دل نواز
نرم دمِ گفتگو، گرم دمِ جستجو
رزم ہو یا بزم ہو، پاک دل و پاکباز

مزاج کی شدت کی وجہ سے باطل سے مصالحت کا یا مداہنت کا کوئی تصور ان کے ہاں نہیں تھا، بلکہ اس کے لیے وہ شمشیر برہنہ بلکہ سیف بے نیام تھے جو ہمہ وقت باطل سے نبرد آزما رہتی تھی۔ اپنے اس باطل شکن مزاج کی وجہ سے انھوں نے تمام باطل فرقوں سے چومکھی جنگ لڑی اور ہر محاذ پر برسر پیکار رہے۔ اہل بدعت و شرک ہوں یا تقلیدِ جامد کے خوگر، دشمنانِ صحابہ ہوں یا قصر نبوت کے نقب زن، ان کے علم و تحقیق کی ترکتازیوں سے سب پریشان اور ان کے قلم کی کاٹ سے ان کے دل زخمی اور ان کے سینے فِگار رہے۔ اس اعتبار سے وہ بلاشبہ ع

رزم حق و باطل ہو تو فولاد ہے مومن

کی تصویر تھے۔ حق کے دفاع اور باطل کی سرکوبی کے لیے وہ شب و روز کوشاں اور سربکف رہے تا آنکہ جان جان آفرین کے سپرد کر دی اور تب ہی اس جانِ بے قرار کو قرار آیا۔ تغمده الله برحمته و رضوانه .

ان کا وجود مسعود درج ذیل احادیث کا مصداق تھا جس میں رسول اللہ ﷺ نے فرمایا: ((يَحْمِلُ هٰذَا الْعِلْمَ مِنْ كُلِّ خَلَفٍ عُدُوْلُهُ ، يَنْفُوْنَ عَنْهُ تَحْرِيْفَ الْغَالِيْنَ وَ انْتِحَالَ الْمُبْطِلِيْنَ وَ تَاوِيْلَ الْجَاهِلِيْنَ .)) اس (قرآن وحدیث کے) علم کو ہر دور کے صحیح اہل علم سے (جو اپنے ماسبق کے صحیح وارث اور جانشیں ہوں گے) اصحاب دیانت و تقویٰ حاصل کریں گے، وہ اس (علم دین سے)

اہل بدعت کی تحریفات کا پردہ چاک کریں گے، اہل باطل کی جعل سازی (غلط انتساب) اور جاہلوں کی (غلط) تاویلات کی وضاحت کریں گے۔"

اس روایت کی صحت وضعف میں اختلاف [1] ہے، ہم نے اسے اس لیے نقل کیا ہے کہ مولانا عبید اللہ رحمانی رحمہ اللہ صاحب "مرعاۃ" نے اسے حدیث: "من یجدد" کی تفسیر اور حدیث: "ولا تزال طائفة من أمتي ظاهرين على الحق. . ." کے ہم معنی قرار دیا ہے۔

(مرعاة ١/ ٢٠٣، طبع قديم)

ایک دوسری حدیث ہے جس میں آپ نے فرمایا:

((إِنَّ اللّٰهَ لَا يَقْبِضُ الْعِلْمَ انْتِزَاعًا يَنْتَزِعُهُ مِنَ الْعِبَادِ، وَلٰكِنْ يَّقْبِضُ الْعِلْمَ بِقَبْضِ الْعُلَمَاءِ ......))

"اللہ تعالیٰ (دین کا) علم اس طرح نہیں اٹھائے گا کہ اس کو لوگوں کے (سینوں سے) نکال دے، بلکہ وہ علماء کو اٹھا کر (فوت کر کے) علم اٹھائے گا...." (صحيح البخاري: ١٠٠)

حافظ صاحب موصوف رحمہ اللہ ان دونوں حدیثوں کا مصداق تھے۔ انھوں نے اپنے اسلاف کا صحیح جانشین بن کر غالیوں کی تحریفات، اہل باطل کے غلط انتسابات اور جاہلوں کی تاویلات فاسدہ کا پردہ چاک کیا۔ ان کا سینہ علوم حدیث کا منبع (سرچشمہ) تھا۔

اس چشمۂ صافی کے بند ہونے سے تشنہ لبوں کا احساس محرومی شدید ہو گیا ہے اور پیروکارِ فرقِ باطلہ خوش ہیں کہ ان کے استدلالاتِ واہیہ کے تار و پود بکھیر دینے والا قلم ٹوٹ گیا اور وہ زبان خاموش ہو گئی جو اہل باطل کو دندان شکن جواب دے کر ان کی زبانوں کو گنگ کر دیتی تھی۔ تاہم ان کے فیض یافتگان موجود ہیں جو ان شاء اللہ ان کے مشن کو جاری رکھیں گے۔

ضعیف احادیث کا فتنہ اور اس کے سد باب کی محدثانہ کاوشیں:

امت میں موضوع اور ضعیف روایات کی وجہ سے بھی بڑی آفتیں پیدا ہوئی ہیں جو کم علم علماء اور واعظین شیریں مقال قسم کے لوگ اپنے مواعظ وخطبات بلکہ تحریروں میں بھی بلا تامل بیان کرتے ہیں، حالانکہ رسول اللہ ﷺ کا فرمان گرامی ہے:

((مَنْ كَذَبَ عَلَيَّ مُتَعَمِّدًا فَلْيَتَبَوَّأْ مَقْعَدَهُ مِنَ النَّارِ .))

"جو مجھ پر جان بوجھ کر جھوٹ بولے گا، وہ اپنا ٹھکانا جہنم میں بنالے۔" (صحیح البخاری: ۱۱۰)

اس کی ایک وجہ تو کم علمی، بالخصوص علم اصول حدیث اور فن اسماء الرجال سے ناآشنائی ہے۔

دوسری وجہ عوام کو خوش کرنے کے لیے گرمیٔ محفل کا سامان مہیا کرنا ہے جو موضوع اور ضعیف روایات سے بہ آسانی میسر آجاتی ہے۔

تیسری وجہ خوفِ الٰہی کا فقدان اور بارگاہِ الٰہی میں جواب دہی کا تصور کا دھندلا جانا ہے۔

چوتھی وجہ حزبی تعصبات اور فقہی جمود ہے جو بہت سے اہل علم کو ضعیف وموضوع روایات سے استشہاد پر مجبور کرتا ہے۔

اسی لیے محدثین رحمہم اللہ نے جہاں احادیث کے جمع و تدوین کا کام کیا وہاں انھوں نے احادیث کی تحقیق اور چھان پھٹک کے لیے اصول وضوابط مقرر فرمائے جس کو علم مصطلح الحدیث کہا جاتا ہے، دوسرا راویان احادیث کے حالات

[1] ہمارے نزدیک اس روایت کی سند ضعیف ہی ہے، واللہ اعلم۔ (ندیم)

ضبط فرمائے جس کو فن اسماء الرجال کہا جاتا ہے۔ یہ دوفن ایسے ہیں جو صرف اہل اسلام کا امتیاز ہیں اور جن کی وجہ سے رسول اللہ ﷺ کا اسوۂ حسنہ اور عمل و کردار مکمل طور پر محفوظ ہو گیا جو اصل دین ہے۔ یہ شرف و امتیاز صرف اسلام اور پیغمبر اسلام ہی کو حاصل ہے، جو اللہ تعالیٰ کے تکوینی انتظام کے تحت محدثین کرام کے ذریعے سے تکمیل پذیر ہوا۔

علاوہ ازیں مذکورہ حدیث رسول کے پیش نظر (جس میں رسول اللہ ﷺ کی طرف غلط بات کی نسبت کرنے پر جہنم کی وعید ہے) اور دین اسلام کی اصل شکل و صورت کو محفوظ رکھنے کے لیے محدثین نے ضعیف احادیث کے بارے میں نہایت سخت موقف اختیار کیا اور سوائے چند صورتوں کے ان کو بیان کرنے کی اجازت نہیں دی اور وہ بھی مشروط طور پر۔ وہ شرطیں حسب ذیل ہیں:

اول: یہ کہ وہ حدیث بہت زیادہ ضعیف نہ ہو، یعنی اس میں کوئی متہم بالکذب والفسق راوی نہ ہو۔

دوم: وہ کسی اصل شرعی کے ذیل میں آتی ہو جس پر قرآن اور صحیح احادیث کی روشنی میں عمل کرنا ثابت ہو۔

سوم: اس پر عمل کرتے ہوئے اس کے ثابت ہونے کا اعتقاد رکھا جائے۔

ایک چوتھی شرط بعض حضرات کے نزدیک یہ ہے کہ وہ حدیث فضائل اور ترغیب و ترہیب کے ذیل سے ہو، لیکن محققین کے نزدیک یہ بھی جائز نہیں، وہ کہتے ہیں کہ صحیح اور حسن احادیث ہر موضوع پر اتنی وافر تعداد میں ہیں کہ فضائل میں بھی ضعیف روایات کا سہارا لینے کی ضرورت نہیں۔ یہی موقف اسلم و احوط اور صواب ہے۔

ان شروط سے واضح ہے کہ محدثین نے ضعیف احادیث کو بغیر کسی شرط اور قید کے بیان کرنے کی اجازت نہیں دی، لیکن امت مسلمہ کی بدقسمتی ہے کہ اس کے باوجود دنیائے اسلام (عرب و عجم) میں ضعیف بلکہ موضوع احادیث تک کا چلن عام ہے اور اس کے وہی چار اسباب ہیں جو ہم نے پہلے بیان کیے ہیں۔

شیخ زبیر علی زئی اور شیخ البانی وغیرہما کی کاوشیں

اللہ تعالیٰ اپنے دین کی تجدید و اصلاح کے لیے جو وقتاً فوقتاً علمائے حق اور مصلحین امت پیدا فرماتا رہتا ہے، ان میں نقد حدیث کے ماہرین بھی ہوتے ہیں کیونکہ دین کی حفاظت کا اہم ذریعہ احادیث کی حفاظت ہی ہے۔ احادیث کو ہر طرح کے غش و غثین سے بچائے بغیر دین کی حفاظت ممکن نہیں۔

احادیث کی حفاظت کا یہ کام ہر دور میں اُن علمائے حدیث کے ذریعے سے ہوتا آیا ہے جو محدثین کی فکر کے حامل اور ان کے منہج کے وارث ہیں، جو نہ کسی تقلیدی مذہب سے وابستہ ہوتے ہیں اور نہ کسی حزبی تعصب کے شکار، تاہم ان کے ساتھ ساتھ اللہ تعالیٰ ایسے رجالِ کار بھی پیدا فرماتا رہتا ہے جو زیادہ وسعت اور ہمہ گیریت کے ساتھ نقد و تحقیق حدیث کا فریضہ سرانجام دیتے ہیں، جیسے ہمارے دور میں شیخ ناصر الدین البانی رحمہ اللہ اور ان کے تلامذہ ہیں جن کی خدماتِ حدیث محتاج تعارف نہیں۔

ہماری ملکی سطح پر اسی دور میں ہمارے ممدوح شیخ زبیر علی زئی رحمہ اللہ بھی اسی صف میں آتے ہیں جن کو اللہ تعالیٰ نے تحقیق احادیث کی عظیم خدمات سے نوازا۔ شیخ البانی رحمہ اللہ کی طرح انھوں نے بھی احادیث کے ان مجموعوں (سنن اربعہ وغیرہ) سے جو متداول ہیں، ضعیف احادیث کو صحیح سے

الگ کر دیا ہے۔

دارالسلام کے زیر انتظام چھپنے والی سنن اربعہ (ابو داود، ترمذی، نسائی اور ابن ماجہ) اردو، انگلش اور عربی ایڈیشن تینوں ہی شیخ رحمہ اللہ کی تحقیق سے آراستہ ہیں۔ تقبل الله جهوده و اجزل ثوابه.

ان کی اس مساعی سے عوام و خواص دونوں کے لیے صحیح وضعیف احادیث کا پہچاننا آسان ہو گیا ہے۔ جزاه الله احسن الجزاء عن الإسلام والمسلمين.

حدیث حسن لغیرہ کے بارے میں ایک اختلاف اور اس کی حقیقت:

یہاں ایک سوال پیدا ہوتا ہے کہ جب شیخ البانی کے ذریعے سے سنن اربعہ کی تحقیق منظر عام پر آ چکی تھی تو پھر ہمارے شیخ ممدوح کو یہ کام کرنے کی ضرورت کیا تھی؟ اس کی غالباً دو وجہ معلوم ہوتی ہیں۔ واللہ اعلم

ایک تو یہ کہ دارالسلام ایک بین الاقوامی ادارہ ہے، اس کی مطبوعات عالم عرب میں بھی جاتی ہیں، اگر دارالسلام شیخ البانی کی تحقیق کے ساتھ سنن اربعہ شائع کرتا تو اس کے حقوق اشاعت کا مسئلہ پیدا ہو جاتا، جن عرب ناشرین کے پاس شیخ البانی کی تالیفات کے حقوق اشاعت ہیں، وہ اس پر معترض ہوتے جس سے نمٹنا ادارے کے لیے نہایت مشکل تھا۔

دوسری وجہ شیخ زبیر علی زئی رحمہ اللہ کا اپنا انداز تحقیق تھا جو شیخ البانی سے قدرے مختلف تھا۔ ضعیف احادیث کے بارے میں اگرچہ دونوں کا موقف ایک ہی تھا کہ یہ یکسر نا قابل حجت ہیں چاہے وہ عقائد و احکام سے متعلق ہوں یا فضائل اعمال سے، لیکن ایک اصول میں شیخ زبیر علی زئی رحمہ اللہ نے زیادہ سخت موقف اختیار کیا جو کہ حسن لغیرہ کی بابت تھا۔ عام محدثین کے نزدیک حسن حدیث کی دو قسمیں ہیں: حسن لذاتہ اور حسن لغیرہ۔

حسن لذاتہ وہ حدیث ہے جس میں صحیح حدیث کی طرح کوئی علت ہو اور نہ شذوذ، لیکن اس کے رُواۃ حفظ وضبط میں صحیح کے رُواۃ سے کم ہوں۔ تاہم یہ بھی صحیح حدیث کی طرح قابل حجت ہے اور حسن لغیرہ محدثین کے نزدیک وہ حدیث ہے جو ضعیف ہو لیکن متعدد طرق سے مروی ہو۔ دوسرے اس ضعیف حدیث کا سبب ضعیف راوی کا فسق یا کذب نہ ہو، بلکہ راوی کا سوء حفظ، یا انقطاعِ سند یا رُواۃ کی جہالت ہو۔

جب ایسی ضعیف حدیث ایک سے زیادہ طرق سے مروی ہو اور دوسرے طرق بھی اسی کے مثل یا اس سے قوی تر ہوں تو ایسی ضعیف تعددِ طرق کی وجہ سے حسن کے درجے تک پہنچ جاتی ہے۔ ایسی حسن لغیرہ حدیث، اگرچہ رتبے میں حسن لذاتہ سے کم تر ہے، تاہم قابل حجت ہے۔ اس کی وجہ یہ ہے کہ محدثین کے نزدیک متعدد طرق سے، بشرطیکہ ان طرق کا ضعف شدید نہ ہو بلکہ اس جیسا ہی ہو یا اس سے بھی کم تر ہو، اس ضعیف حدیث کے ضعف کا انجبار ہو جاتا ہے، یا اس کی کوئی نہ کوئی اصل معلوم ہوتی ہے۔ اس سے یہ معلوم ہوا جو حدیث سنداً ضعیف ہو اور اس کا ضعف شدید ہو، مثلاً اس کا راوی متہم بالکذب یا متہم بالفسق وغیرہ ہو، اگرچہ وہ متعدد طرق سے مروی ہو لیکن اس کے سارے طرق اسی طرح شدید ضعف کے حامل ہوں تو ایسی روایت ضعیف اور نا قابلِ حجت ہی ہوگی، گویا محدثین کے نزدیک محض ضعیف حدیث کا متعدد طرق سے مروی ہونا، حسن ہونے کے لیے کافی نہیں۔ بلکہ خاص قسم کی مشروط ضعیف احادیث مل کر حسن لغیرہ قرار پا سکتی ہیں۔ مطلقاً ضعیف حدیث کا متعدد طرق سے مروی ہونا

حسن لغیرہ ہونے کے لیے کافی نہیں ہوگا۔

شیخ زبیر علی زئی رحمہ اللہ کا موقف تھا کہ ضعیف حدیث + ضعیف حدیث = حسن لغیرہ کے درجے تک نہیں پہنچ سکتی۔ یعنی انھوں نے ضعف کے درجات کو تسلیم نہیں کیا، بلکہ ضعف شدید ہو یا خفیف، مطلقاً قابل حجت نہیں اور ایسی احادیث حسن لغیرہ قرار نہیں پاسکتیں، اس لیے انھوں نے (مروجہ) حسن لغیرہ کا انکار کر دیا اور یوں اس ایک اصول میں اختلاف کی وجہ سے ان کی روش دیگر محدثین سے مختلف ہوگئی اور یوں دونوں کے الگ الگ انداز تحقیق کی وجہ سے حدیث کی صحت وضعف کا حکم بھی مختلف ہوگیا۔ [1]

تاہم یہ اختلاف ایک اصولی ہونے کے باوجود اتنا زیادہ اہمیت کا حامل نہیں، کیونکہ دونوں کے نزدیک احادیث کی حجیت و اہمیت مسلمہ ہے، نیز دونوں کے ہاں ہی نہ کوئی حزبی تعصّبات ہیں اور نہ کوئی ذہنی تحفظات، جیسا کہ اہل تقلید کا شیوہ ہے، بلکہ عام محدثین کا موقف بھی احتیاط ہی پر مبنی ہے کہ شدید ضعف والی روایات چاہے کتنے بھی طرق سے مروی ہوں، ناقابل حجت ہیں اور شیخ زبیر علی زئی رحمہ اللہ کا موقف شدت احتیاط پر مبنی ہے کہ مطلقاً ہر قسم کا ضعف ناقابل قبول ہے، ضعف شدید ہو یا خفیف۔ ایک گروہ کا جذبہ یہ ہے کہ رسول اللہ ﷺ کی کسی حدیث پر عمل سے ہم محروم نہ رہ جائیں، اس لیے انھوں نے یہ سمجھا کہ ضعف خفیف کے انجبار سے اس کے حدیث رسول ہونے کا امکان بڑھ جاتا ہے اور دوسرے گروہ کا جذبہ یہ ہے کہ رسول اللہ ﷺ کی ذاتِ گرامی کی طرف کوئی ایسی بات منسوب نہ ہو جائے جو آپ کی نہ ہو۔ دونوں کے جذبات اور مقاصد صحیح ہیں اور رسول اللہ ﷺ کے ساتھ محبت وعقیدت کے مظہر، گویا۔

عِبَارَاتُنَا شَتّٰی وَحُسْنُكَ وَاحِدٌ
وَكُلٌّ إِلَى ذَاكَ الْجَمَالِ يُشِيْرُ

اس کے برعکس مقلدین جامدین کے چونکہ حزبی تعصّبات ہوتے ہیں جن کی وجہ سے وہ حدیث کی تحقیق اور اس سے استدلال کے وقت ذہنی تحفظات کا شکار ہوتے ہیں تو وہ صحیح احادیث کو ضعیف اور ضعیف احادیث کو صحیح باور کرانے کی مذموم سعی کرتے ہیں، کیونکہ ان کے نزدیک حدیث کی اتنی اہمیت نہیں ہوتی جتنی اہمیت اپنے امام اور اپنے فقہی مذہب کی ہوتی ہے، اس لیے وہ حدیث تو کہتے ہیں لیکن حدیث بزبان حال کہتی ہے:

کل یدّعی و صلا بلیلی ولیلی لا تقرلهم بذاك

محدثین کرام اور ان کے منہج کے وارث اور پیروکار اہل حدیث اللہ کے فضل سے حدیث کی اس ناقدری سے محفوظ ہیں اور حدیث پر صدق دل سے عمل کرنے کے جذبے سے سرشار ہیں۔ فالحمد لله علی ذلك الف الف مرة .

عوام کی ایک الجھن اور اس کا حل

اس موقع پر ایک اور امر کی وضاحت ضروری معلوم ہوتی ہے اور اس کا تعلق زیادہ تر عوام سے ہے جو حدیث پر عمل کرتے ہیں، وہ کہتے ہیں کہ ایک حدیث کی صحت وضعف

---

[1] شیخ رحمہ اللہ کے اس موقف کو جاننے کے لیے ان کی کتب یا راقم الحروف کے اس موضوع پر لکھے گئے مقالہ کا مطالعہ ضروری ہے۔ ہم یہاں صرف یہ بتانا ضروری سمجھتے ہیں کہ شیخ رحمہ اللہ اس میں منفرد نہیں، بلکہ متقدمین محدثین کا یہی منہج تھا اور اسی کو ہم محتاط وصواب سمجھتے ہیں۔ دیکھیے ماہنامہ اشاعۃ الحدیث حضرو (شمارہ نمبر: 106، 107، 108، 109) وغیرہ۔ (ندیم)

میں اختلاف ہمارے لیے الجھن کا باعث ہے کہ ہم کس کی تحقیق پر عمل کریں؟ ایک کے نزدیک وہ حدیث صحیح یا حسن، جب کہ دوسرے کے نزدیک ضعیف ہوتی ہے۔ ایسے لوگوں کو راقم یہی کہتا ہے کہ جس شخص کی تحقیق پر بھی تم عمل کرلو گے، ٹھیک ہوگا کیونکہ دونوں محدث یا محقق کسی کے مقلد نہیں، اس لیے تحقیق حدیث میں دونوں کے نزدیک نقد حدیث کے وہ مسلمہ اصول وضوابط ہی پیش نظر ہیں جو محدثین نے مقرر فرمائے ہیں، گو ان کی تطبیق میں اختلاف کی وجہ سے حکم میں اختلاف ہوگیا ہے، یا ایک محدث نے اس لیے روایت کو ضعیف قرار دیا کہ سماع کی صراحت نہیں ملی، جب کہ دوسرے محدث کے نزدیک وہ حدیث سماع کی صراحت مل جانے کی وجہ سے صحیح ہوگئی۔ و علی هذا القياس صحت وضعف کے دیگر اسباب ہیں۔ ایک کے نزدیک سببِ ضعف موجود ہے اور دوسرے کے نزدیک وہ سبب نہیں یا دوسری وجوہات سے اس کا ازالہ ہوگیا ہے۔ اس بنا پر ایک کے نزدیک وہ حدیث ضعیف اور دوسرے کے نزدیک صحیح یا حسن ٹھہری۔

عوام جس محدث کی رائے پر بھی عمل کرلیں گے وہ عند اللہ ماخوذ نہیں بلکہ ماجور ہی ہوں گے۔ (ان شاءاللہ)

دارالسلام کی نظر ثانی اور تحقیق کا طریق کار

دارالسلام نے سنن اربعہ (جس کے تین حصے، ابوداود، نسائی اور ابن ماجہ منصۂ شہود پر آچکے ہیں) کے اردو ایڈیشن میں اسی لیے یہ اہتمام کیا گیا ہے کہ شیخ زبیر علی زئی رحمہ اللہ اور دیگر محققین حدیث کے درمیان جن احادیث کی صحت وضعف میں اختلاف سامنے آیا، وہاں فوائد میں اس کی صراحت یا کسی ایک کی رائے کے راجح ہونے کی وضاحت کردی ہے، جامع الترمذی کی ایڈیٹنگ میں بھی اس اصول کو سامنے رکھا جائے گا (ان شاءاللہ) جس کی اشاعت وتصحیح ونظر ثانی کا کام دوسرے منصوبوں کی وجہ سے رکا ہوا ہے۔ [1]

[1] فضیلۃ الشیخ حافظ صلاح الدین یوسف حفظہ اللہ نے اس مضمون کے آخر میں یزید سے متعلق بھی شیخ رحمہ اللہ کا موقف صفحہ قرطاس پر منتقل کیا تھا جسے ہم بوجوہ حذف کر رہے ہیں اور قارئین پر یہی واضح کریں گے کہ شیخ محترم کا یزید کے بارے میں سکوت اختیار کرنے والا موقف ہی راجح ہے، چونکہ آپ محقق ومحدث بھی تھے، لہٰذا محدثانہ اسلوب کے مطابق ان روایات پر کلام بھی کیا جو یزید کی مدح وذم میں مروی ہیں، چنانچہ اسے کسی تعصب کی بھینٹ مت چڑھایا جائے۔ (ندیم)

حافظ زبیر علی زئیؒ کی علمی خدمات

مولانا محمد عزیر شمس

حافظ زبیر علی زئی کی وفات کی خبر سن کر بڑا صدمہ ہوا، مرحوم سے سعودی عرب میں کئی بار میری ملاقات ہوئی اور مختلف علمی موضوعات پر تبادلۂ خیال ہوا۔ مجھے اندازہ ہوا کہ وہ علم حدیث و رجال میں ماہر اور اس فن کے تمام اہم مآخذ و مصادر سے واقف تھے، محدثین کی جدید الطبع کتابوں کی تلاش وجستجو میں رہا کرتے۔ ایک بار ملاقات کے دوران مَیں نے انھیں بتایا کہ تفسیر ابن ابی حاتم مکہ مکرمہ کے ایک ناشر نے چھاپ دی ہے فوراً ہی انھوں نے اس کا ایک نسخہ خریدا اور کتاب دیکھ کر خوشی کا اظہار کیا، بارہا ایسا ہوا کہ کسی حدیث کی سند میں راویوں پر انگلی رکھ کر بتاتے کہ یہ ثقہ ہے یا ضعیف، اور مجموعی طور پر حدیث کیسی ہے۔

ایک بار انھوں نے جامعہ ام القریٰ کے ایک طالب علم عبد الخالق صاحب کے بدست اپنی بعض تالیفات اور تحقیقات میرے لئے بھجوائیں جن میں فتاویٰ کی دو جلدیں، مقالات کی تین جلدیں اور دیگر کئی کتابیں تھیں، انھیں پڑھ کر ان کی وسعت معلومات اور ذوق تحقیق کا پتہ چلا، ہر چھوٹے بڑے مضمون اور فتویٰ میں اصل کتب حدیث کا حوالہ، علمائے جرح و تعدیل کے اقوال کے لئے بنیادی مآخذ کا تذکرہ، احادیث و آثار کی صحت وضعف کا بیان اور محدثین اور مصنفین کی تاریخ وفات کا ذکر ایسی خصوصیات ہیں جو عموماً برصغیر کے علماء اور مصنّفین کی تحریروں میں آج کل نظر نہیں آتیں (الا ماشاء اللہ)۔ حوالوں کے التزام کے ساتھ ایک صفحہ لکھنا کس دیدہ ریزی، تلاش وجستجو اور محنت ومشقت کا کام ہے۔ اس سے محققین واقف ہیں، اس راہ پر چلنا ہر ایک کے بس کی بات نہیں۔ إلا من وفّقه الله

عصر حاضر میں علوم حدیث کے مجدد شیخ محمد ناصر الدین البانی رحمہ اللہ (جن کی تحقیقات سے آج ساری دنیا مستفید ہو رہی ہے) نے اپنی زندگی کا بڑا حصہ مطبوعہ اور غیر مطبوعہ کتب حدیث کے مطالعہ اور فہرست سازی میں گزارا تھا۔ ظاہر یہ لائبریری (دمشق) کا سارا غیر مطبوعہ ذخیرہ چھان کر تمام احادیث و آثار (مع اسانید) الگ الگ ورق میں مع حوالۂ مخطوط جمع کیے تھے، جنھیں مخصوص طریقے پر مرتب کر رکھا تھا، اور اسی سے اپنی ساری تحقیقات میں استفادہ کرتے تھے۔ حافظ زبیر علی زئی مرحوم نے بھی اپنی زندگی کے تقریباً چالیس سال کتب حدیث و رجال کے مطالعہ تحقیق میں گزارے، مختلف رجسٹروں میں ان سے فوائد نقل کر کے جمع کرتے رہے، ہزاروں کتابیں بالاستیعاب پڑھ گئے، اور مختلف مسائل اور موضوعات سے متعلق حوالے نوٹ کرتے رہے، چنانچہ جب بھی کسی مسئلہ یا حدیث کی تحقیق کی ضرورت پڑتی ان کے پاس معلومات اور حوالے حاضر رہتے، اور ان کا وہ سلیقے سے استعمال کرتے۔

جون ۲۰۰۴ء سے انھوں نے ''الحدیث'' کے نام سے ایک اردو رسالہ نکالنا شروع کیا جو آج تک شائع ہو رہا ہے۔ یہ اپنی نوعیت کا دنیا میں شاید منفرد رسالہ ہے جس میں ہر مسئلہ

* محقق العصر، مصنف ومحقق کتب کثیرہ

اور حدیث کی بے لاگ تحقیق، حدیث اور محدثین کا دفاع، سلف صالحین کا اثبات، مخالف فرقوں اور باطل مذاہب کی تردید، علمائے اہل حدیث قدیم و جدید کا تذکرہ و تعارف، راویوں کی جرح و تعدیل کا اہتمام اور مخالفین کے شکوک و شبہات اور ان کے غلط استدلال کا جائزہ ہوتا ہے۔ ضخامت اور سائز میں مختصر ہونے کے باوجود معلومات اور تحقیقات سے پُر ہوتا ہے۔ حافظ صاحب کے اکثر مقالات پہلے اسی رسالے میں شائع ہوئے، انھیں جمع کر کے چھ جلدوں میں شائع کیا گیا۔ برصغیر میں ادھر ۲۵۔۳۰ سال سے حنفی/ اہل حدیث تنازعہ نے ازسرِ نو زور پکڑ لیا ہے، چاہیے تو یہ تھا کہ ہر فریق علمی انداز میں مسائل پر بحث کرتا اور دوسرے فریق پر کیچڑ اچھالنے، اس پر طعن و تشنیع کرنے، طرح طرح کی تہمت لگانے اور گالیاں دینے سے مکمل طور پر پرہیز کرتا، مگر افسوس کہ بعض علماء و مصنفین، واعظین نے ایسی روش اختیار کی کہ صلح و اعتدال کی کوئی گنجائش باقی نہ رہی، اور افتراق و انتشار اور جدل و مناظرہ کا بازار گرم ہو گیا۔ احناف کی طرف سے اس عرصے میں مختلف عنوان سے اہل حدیث کی تردید میں جو کتابیں شائع ہوئیں ان میں سے بعض یہ ہیں:

تحفۂ اہل حدیث (ابو بلال محمد اسماعیل جھنگوی)

حدیث اور اہل حدیث (انوار خورشید)

غیر مقلدین سے دو سو سوالات (امین اوکاڑوی)

تنبیہ الغافلین علی تحریف الغالین (حبیب اللہ ڈیروی)

فرقۂ اہل حدیث پاک و ہند کا تحقیقی جائزہ (محمد الیاس گھمن)

جماعت اہل حدیث کا خلفائے راشدین سے اختلاف (پالن حقانی)

اختلاف امت اور صراطِ مستقیم (محمد یوسف لدھیانوی)

ائمہ ثلاثہ احناف کا دفاع مع آئینۂ غیر مقلدیت (محمد طاہر دیوبندی) اور مجذوبانہ واویلا (عبدالقدوس قارن) وغیرہ۔

جو کتابیں مختلف فقہی مسائل پر بحث کے سلسلے میں احناف کی طرف سے شائع ہوئی ہیں وہ ان پر مستزاد، جن کے ذریعے سے اہل حدیث کے خلاف پروپیگنڈا جاری ہے۔ علمائے اہل حدیث وقتاً فوقتاً ان کے جواب میں کتابیں اور مضامین شائع کرتے رہے۔ ادھر آٹھ نو سال حافظ زبیر صاحب نے بھی ''الحدیث'' میں بہت کچھ لکھا اور تمام الزامات کی حقیقت واضح کی۔ تحقیقی جواب دینے کے ساتھ ساتھ الزامی جواب کا طریقہ بھی اختیار کیا، اور مخالف فریق کے جواب سے فارغ ہو کر خود اس پر سوالات کی بوچھاڑ کر دی۔ مخالف کے عقائد اور مسائل اس کی اپنی مستند کتابوں کے حوالے سے نقل کیے، بلکہ مخالف فریق کے بڑے بڑے ائمہ و علماء کے حالات جرح و تعدیل کے قدیم مآخذ کی روشنی میں بیان کر دیے۔ اس طرح کے مضامین اس انداز و اسلوب میں عام پرچوں اور رسالوں میں کم ہی شائع ہوتے تھے۔ عموماً وہ بڑی کتابوں میں ضمناً بیان ہوتے تھے، چنانچہ جب وہ ''الحدیث'' میں چھپے اور عوام کی نظر بھی ان پر پڑی تو ایک ہنگامہ برپا ہو گیا۔ عوام اپنے علماء سے رجوع کر کے حقیقتِ حال دریافت کرتے، اور وہ انھیں کسی طرح مطمئن کرنے کی کوشش کرتے، ان کے جواب میں تحریریں بھی شائع کرتے جن کا فوری نوٹس حافظ زبیر صاحب لیتے، اور فریق مخالف کے لیے مزید علمی دیوار کھڑی کر دیتے۔

اس سارے عمل اور ردِعمل کے نتیجے میں حنفی/ اہل حدیث تنازعہ اپنے عروج کو پہنچ گیا۔ اب ایک عرصے تک وہ ان موضوعات و مسائل پر بحث میں منہمک رہیں گے، اس کی

حدّت کم کرنے میں شاید ایک طویل مدت درکار ہوگی۔ کچھ بین الاقوامی عوامل بھی ایسے پیدا ہو گئے جو اس اختلاف کو ہوا دے رہے ہیں۔ میں سمجھتا ہوں کہ حافظ زبیر مرحوم نے جدل ومناظرہ، چیلنج وتعاقب اور ابطال وتردید میں اپنا بہت سارا وقت صرف کرنے کے بجائے عربی اور اردو میں اپنی تالیفات، تحقیقات، تخریجات اور ترجموں کی طباعت اور مزید کتب کی تالیف وترجمہ میں اپنا وقت لگایا ہوتا تو برصغیر کے علاوہ عالم اسلام بھی ان کی تحقیقات سے مستفید ہوتا۔

عربی میں ان کی کتابوں میں سے ''أنوار الصحيفة في الأحاديث الضعيفة في السنن الأربعة، تحفة الأقوياء في تحقيق كتاب الضعفاء، تفسير ابن كثير، جزء علي بن محمد الحميري، طبقات المدلسين" اور تحقیق "سنن أبي داود، سنن الترمذي، سنن النسائي، سنن ابن ماجه" طبع ہوچکی ہیں، تقریباً ۲۲۔۲۱ عربی کتابیں اب تک شائع نہیں ہوئیں۔ ان کی اشاعت کی طرف مرحوم کے تلامذہ کو توجہ دینی چاہیے۔

احادیث کی تحقیق کے سلسلے میں انھوں نے بعض ایسے اصول اپنائے ہیں جو جمہور محدثین کے خلاف ہیں*۔ جیسے احادیث پر حکم لگانے میں ظاہر سند کا اعتبار اور علل کی پروا نہ کرنا، راویوں پر جرح وتعدیل میں علماء ونقاد کی تعداد سامنے رکھنا، صحیح کے باہر ہر مدلس راوی کا عنعنہ ناقابلِ قبول بتانا، معروف کتبِ حدیث ورجال (جو مختلف قرائن کی بنا پر ان کے مؤلفین سے ثابت ہیں) کے لئے ان کے مؤلفین تک صحیح سند سے اتصال کا مطالبہ کرنا۔ ان اصولوں پر عمل کرنے کی وجہ سے ان کی تحقیق دیگر قدیم، جدید محدثین ومحققین کی تحقیق سے مختلف ہوتی ہے۔ بعض لوگوں نے ان سے قلمی جنگ بھی شروع کر رکھی ہے اور حافظ زبیر صاحب رحمہ اللہ نے بھی ان سے بحث ومباحثہ کا سلسلہ جاری رکھا تھا۔ میرا خیال یہ ہے کہ جس طرح فقہاء کے درمیان مسائل کے استنباط میں اصول کی بنا پر اختلاف ہوا کرتا ہے، اسی طرح محدثین کے درمیان بھی بعض اصول وقواعد کے ماننے نہ ماننے کی وجہ سے احادیث پر حکم لگانے کے سلسلے میں اختلاف ہوتا رہا ہے، اور کبھی کبھی ایک اصول پر متفق ہونے کے باوجود اس کی تطبیق اور اس پر عمل میں اختلاف رونما ہوتا ہے۔ اس سے گھبرانے یا پریشان ہونے کی ضرورت نہیں۔ دین کے احکام پر عمل کے سلسلے میں جو حدیثیں جمہور محدثین کے نزدیک صحیح اور قابل قبول ہیں وہ اس طرح کے جزوی اختلاف سے متاثر نہیں ہوتیں۔ یہ بھی سمجھ لینا چاہیے کہ جس طرح دین کا کوئی مسئلہ ضعیف حدیث سے ثابت نہیں ہوا، اسی طرح کسی مسئلہ کی بنیاد صرف ایک حدیث نہیں ہوتی جس کی صحت یا ضعف میں محدثین کے درمیان اختلاف چلا آ رہا ہے، بلکہ اس کے لیے دیگر احادیث وآثار ضرور موجود ہوتے ہیں۔ ضرورت نیک نیتی اور بے لاگ تحقیق کی ہے اور حافظ زبیر علی زئی مرحوم نے جو موقف اختیار کیا تھا وہی ان کے

---

* اس بات کی وضاحت اگرچہ خود فضیلۃ الشیخ محمد عزیر شمس حفظہ اللہ نے آیندہ سطور میں کر دی ہے، لیکن ہم یہ بتانا ضروری سمجھتے ہیں کہ شیخ رحمہ اللہ کے بارے میں یہ کہنا کہ ''علل کی پروا'' نہیں کرتے تھے محض زبان زد عام ہے، حقیقت سے اس کا کوئی تعلق نہیں۔ ایک روایت کے بارے میں استاذ محترم لکھتے ہیں: " رجاله ثقات ولكن الحديث ضعفه البخاري والجمهور وهو حديث معلل......" (انوار الصحیفۃ ص ۵۰) اس ایک حوالے سے مذکورہ اعتراض کی حقیقت منکشف ہوجاتی ہے۔ دیگر اعتراضات کا حال بھی اس سے مختلف نہیں جن کی وضاحت ہم وقتاً فوقتاً کرتے رہتے ہیں۔ (ندیم)

نزدیک دلائل کی بناپر درست تھا۔

مسائل کی تحقیق اور احادیث پر حکم کے سلسلے میں، مَیں انھیں امام ابن حزم سے تشبیہ دیتا ہوں جنھوں نے بہت سے رجال اور احادیث کو ضعیف قرار دیا ہے، بلکہ صحیحین کی حدیثوں پر بھی تنقید کر ڈالی ہے* ائمہ کرام اور ان کے مقلدین کے لئے کہیں کہیں بہت سخت الفاظ استعمال کیے ہیں۔ بہت سے مسائل میں وہ جمہور ائمہ کے خلاف ہیں، اور بڑی شدت سے اپنا موقف ثابت کرنے کی کوشش کرتے ہیں۔ حافظ زبیر علی زئی مرحوم بھی حدیث کی تحقیق اور اشاعت کے جذبے سے مخالفین کے ہر ایک اعتراض کا جواب دینا، اور ان کے نزدیک محترم ہر شخصیت پر جرح و تعدیل کرنا محدثین کی طرح اپنا حق سمجھتے ہیں۔

اردو میں مرحوم نے ۱۵۔۱۶ کتابوں کے ترجمہ وتحقیق کا کام کیا ہے، اور بعض کتابوں کی صرف تخریج کی ہے۔ یہ کتابیں اردو داں کے لئے بہت مفید ہیں۔ خصوصاً موطا امام مالک (بروایت ابن القاسم) ترجمہ اور مختصر تشریح وتحقیق، جو میری نظر سے گزری ہے۔ موصوف نے اس میں ترجمہ و تخریج کے علاوہ احادیث سے مستنبط مسائل پر مختصر نوٹ لکھے ہیں جو طلبہ، علماء اور عام قارئین سب کے لئے مفید ہیں۔

انھوں نے نماز کے مختلف مسائل کی تحقیق پر متعدد کتابیں لکھیں، جیسے فاتحہ خلف الامام، آمین بالجہر، رفع الیدین، سینے پر ہاتھ باندھنا، رکعاتِ قیام رمضان، بدعتی کے پیچھے نماز کا حکم...وغیرہ، بہت سے مسائل کی تحقیق اپنے مقالات اور فتاویٰ میں بھی کی۔

''مختصر نماز نبوی'' کے نام سے بھی ایک کتاب شائع کی، مخالفین کے رد میں بھی انھوں نے بہت کچھ لکھا۔ اردو میں ان کی کتابوں کی تعداد تیس کے لگ بھگ ہوگی، ان کے فتاویٰ اور مقالات کے مجموعے ان پر مستزاد ہیں۔ ان کتابوں کی خوب اشاعت ہوئی اور بہت سے لوگوں کو مختلف فیہ مسائل میں اہل حدیث کے دلائل سے واقفیت ہوئی، اور مخالفین کے دلائل کی حقیقت کا علم ہوا۔ جو لوگ حنفی/ اہل حدیث اختلافی مسائل اور ان کے دلائل و مناقشات کی تفصیل معلوم کرنا چاہتے ہیں، ان کے لئے یہ کتابیں بہت مفید ہیں۔

پچھلے سال مئی میں وہ عمرہ کے لئے مکہ مکرمہ آئے تھے، میں اس وقت اپنے وطن گیا ہوا تھا، اس لئے ملاقات نہ ہو سکی۔ میرے فاضل دوست ندیم صاحب نے بتایا کہ وہ ان سے میرے بارے میں پوچھ رہے تھے۔ اب ان کی وفات کی خبر ملی تو ان سے ملاقات کی یاد تازہ ہوگئی، اللہ تعالیٰ ان کی مغفرت فرمائے، اور ان کی لغزشوں کو درگزر کرے۔

لقد كان عالمًا جليلًا ، محبًّا للحديث وأهله ، شغوفًا بالمطالعة و تقييد الفوائد ، حريصًا على وقته ، لا يضيّعه في توافهِ الأمور ، يردُّ على المبتدعة و يكشف عن ضلالاتهم ، لايخاف في الحقّ لومة لائم . فرحمه الله رحمةً واسعةً ، و أسكنه فسيحَ جنّاته . آمين

* شیخ رحمہ اللہ کے بارے میں، ہم اپنے واجب الاحترام فاضل مقالہ نگار حفظہ اللہ کی اس رائے سے متفق نہیں، کیونکہ صحیحین کا دفاع شیخ رحمہ اللہ کی زندگی کا اہم مقصد تھا، یہی وجہ ہے کہ جہاں بخاری ومسلم کے بارے میں کسی نے اعتراض کیا وہاں شیخ رحمہ اللہ کو اس کا ازالہ کرتے پایا، رہی بات رجال یا روایات کی، سہو سے قطع نظر راویوں کی تضعیف وتوثیق ہو یا روایات پر صحت وسقم کا حکم، انھوں نے ہمیشہ اصول حدیث اور جمہور محدثین کو پیش نظر رکھا۔ اس کی تفصیل و دلیل آپ کے مقالات میں موجود ہے۔ (ندیم)

حافظ زبیر علی زئیؒ

مولانا محمد اسحاق بھٹی

میانہ قد، سرخ گندمی رنگ، کھلی پیشانی، موٹی چمک دار آنکھیں، گھنی داڑھی، کچھ چوڑا چہرہ، لباس شلوار قمیص۔ یہ تھے حافظ زبیر علی زئی رحمہ اللہ۔

ان کے آباو اجداد میں سے ایک بزرگ کا نام پیرداد خاں تھا جو کسی زمانے میں افغانستان کے شہر غزنی کی سکونت ترک کر کے ضلع اٹک کے ایک مقام حضرو کے قریب آ کر سکونت پذیر ہوئے۔ وہاں انھوں نے اپنے نام سے ایک گاؤں ''پیر داد خان'' آباد کیا۔ اسی گاؤں میں 25 جون 1957ء کو زبیر علی زئی پیدا ہوئے۔ علی زئی ان کے قبیلے کا نام ہے۔ حافظ زبیر علی زئی کے والد کا اسم گرامی حاجی مجدد خان ہے۔ وہ اس علاقے کی مذہبی اور سماجی شخصیت ہیں۔ جماعت اسلامی کی مجلس شوریٰ کے رکن رہے ہیں۔ کافی عرصہ ضلع اٹک کی جماعت اسلامی کے امیر بھی رہے۔ انھوں نے تحریک تحفظ ختم نبوت میں بھی حصہ لیا اور 1977ء میں بعض سیاسی اور نیم سیاسی جماعتوں نے امریکہ کے کہنے پر پاکستان کے منتخب اور اس خطہ ارض کو ایٹمی ملک بنانے والے وزیر اعظم ذوالفقار علی بھٹو کے خلاف جو تحریک چلائی تھی، اس میں بھی حصہ لیا۔ دو دفعہ جیل گئے، لیکن ان کے فرزند ارجمند حافظ زبیر علی زئی کا جماعت اسلامی یا کسی اور جماعت سے کوئی تعلق رکنیت نہیں تھا، اس سلسلے میں وہ میرے ہم خیال تھے۔ میں بھی کسی جماعت یا تنظیم سے باقاعدہ طور پر منسلک نہیں ہوں۔ میرا اصل کام مسلک اہل حدیث اور رجال اہل حدیث کی خدمت ہے۔ میں ہر اس جمعیت یا جماعت کا معاون ہوں (یا اس سے وابستہ ہوں) جو میری دانست میں مذہبی اور دینی اعتبار سے اچھے کام کر رہی ہے۔

حافظ زبیر علی زئی رحمہ اللہ کو اللہ نے توفیق دی، انھوں نے پہلی جماعت سے ایف اے تک باقاعدہ سکول اور کالج میں تعلیم پائی۔ بعد ازاں پرائیویٹ طور پر بی اے کیا اور 1983ء میں ایم اے (اسلامیات) کا امتحان پاس کیا۔ 1994ء میں پنجاب یونیورسٹی سے ایم اے (عربی) کا امتحان دیا اور اس میں کامیاب ہوئے۔

حافظ زبیر علی زئی رحمہ اللہ کو ابتدائے عمر ہی سے مطالعہ کا شوق تھا۔ 1972ء سے 1974ء تک کے درمیانی عرصے سے انھوں نے صحیح بخاری کی پہلی جلد پڑھی، پھر دوسری جلد پڑھی۔ اسی زمانہ میں عامل بالحدیث ہو گئے اور تحریری و تقریری صورت میں اس مسلک کی ترویج و اشاعت کا سلسلہ شروع کر دیا۔ دینیات کی تعلیم انھوں نے جن حضرات سے حاصل کی، ان کے اسمائے گرامی درج ذیل ہیں:

۱: مولانا فیض الرحمٰن ثوری رحمہ اللہ
(وفات 23 رجب 1417ھ۔ 5 دسمبر 1996ء)

۲: پیر سید بدیع الدین راشدی
(وفات 16 شعبان 1416ھ۔ 8 جنوری 1996ء)

۳: پیر سید محبّ اللہ شاہ راشدی
(وفات شعبان 1415ھ۔ 21 جنوری 1995ء)

* عظیم مؤرخ، مصنف کتب کثیرہ

۴: مولانا عطاء اللہ حنیف بھوجیانی
(وفات 9 صفر 408ھ۔3 اکتوبر 1987ء)

۵: حافظ عبدالمنان نور پوری رحمہ اللہ
(وفات 4 ربیع الثانی 1433ھ۔26 فروری 2012ء)

۶: حافظ عبد السلام بن حافظ محمد بھٹوی حفظہ اللہ (استاذ دارالعلوم مرید کے، ضلع شیخو پورہ)

۷: حافظ عبدالحمید ازہر رحمہ اللہ (اسلام آباد)

۸: مولانا اللہ دتا سوہدروی رحمہ اللہ (ان سے بہت استفادہ کیا)

۹: مولانا عبد الغفار حسن رحمہ اللہ (وفات 3 ربیع الاول 1428ھ۔22 مارچ 2007ء)

۱۰: مولانا محمد ایوب شینکوی

۱۱: شیخ ابو عائشہ صابر بن اشرف نفار چوی

1990ء میں حافظ زبیر علی زئی رحمہ اللہ نے جامعہ محمدیہ جی ٹی روڈ (گوجرانوالہ) میں دورۂ حدیث مکمل کیا اور جامعہ میں اول پوزیشن حاصل کی۔ وفاق المدارس السلفیہ (فیصل آباد) کا امتحان بھی پاس کیا۔

حافظ زبیر علی زئی کو پشتو، ہندکو، اردو، انگریزی، عبرانی اور عربی زبانوں میں لکھنے اور بولنے میں عبور حاصل تھا۔ فارسی زبان پڑھنے اور سمجھنے کی صلاحیت رکھتے تھے، لیکن اس میں گفتگو کرنا اور بہ صورت تحریر اظہار مدعا کرنا مشکل تھا۔ موجودہ دور کے علماء میں میرے خیال میں یہ واحد عالم دین تھے جنھیں عبرانی زبان سے آشنائی تھی۔

اپنے مسلک کے پرعزم داعی اور سرگرم مبلغ تھے۔

1983ء میں ان کے علاقہ چھچھ (ضلع اٹک) میں اہل حدیث کی ایک بھی مسجد نہ تھی، اب چودہ مسجدیں ہیں جو حافظ زبیر علی زئی کی کوشش اور تبلیغ سے تعمیر ہوئیں۔ ان تمام مسجدوں میں کسی نہ کسی سطح کے مدرسے جاری ہیں جن میں بچے تعلیم حاصل کرتے ہیں اور قال اللہ وقال الرسول کی دلآویز صدائیں لوگوں کے کانوں میں پڑتی ہیں اور وہ ان پر عمل کرتے ہیں۔ حافظ زبیر علی زئی رحمہ اللہ کی تبلیغ کی وجہ سے بہت سے بریلوی اور دیوبندی حضرات مسلک اہل حدیث سے وابستہ ہوئے۔ لوگوں کے ذہن تقلیدی جمود سے آزاد ہوئے اور ان میں تحقیقی مسائل کا ذوق پیدا ہوا۔

حافظ زبیر علی زئی رحمہ اللہ نے طبیعت مناظرانہ پائی تھی اور متعدد مقامات میں مناظروں میں حصہ لیا یا خود مناظرے کیے۔ چند مناظروں کا ذیل میں ذکر کیا جاتا ہے۔

1997ء کی بات ہے کہ اٹک میں عیسائیوں کے مذہبی سکول زیڈ بی آئی میں مناظرہ ہوا، جس میں حافظ عبدالحمید ازہر، ڈاکٹر پروفیسر طالب الرحمٰن شاہ اور مولانا محمد رفیق سلفی موجود تھے۔ دورانِ مناظرہ میں حضرت عیسیٰ بن مریم علیہ السلام کے شجرۂ نسب کے موضوع کے متعلق عیسائی مناظر نے انجیل کے عبرانی نسخے کا حوالہ دیا اور کہا کہ یہ اس مسئلے کا اصل متن اور ماخذ ہے۔ اس کا خیال یہ تھا کہ کوئی مسلمان عالم عبرانی زبان نہیں جانتا، لہٰذا اس مجمعے میں اس کا رعب پڑ جائے گا۔ حافظ زبیر علی زئی رحمہ اللہ عبرانی جانتے تھے، انھوں نے عیسائی مناظر سے انجیل لی اور انجیل کے اسی نسخے کی دو الگ الگ عبارتیں پڑھ کر عیسیٰ بن مریم علیہ السلام کے شجرۂ نسب کے بارے میں تناقض ثابت کر دیا۔ اس کا نتیجہ یہ ہوا کہ عیسائی مناظر میدان چھوڑ گئے اور بعض عیسائی مسلمان بھی ہو گئے۔

اٹک شہر ہی میں مرزائیوں سے مناظرہ ہوا، جس میں مرزائی مناظر کی دلیلوں کے قدم ڈگمگانے لگے تو امتیاز احمد نام کے ایک مرزائی نے مرزائیت ترک کر کے قبولِ اسلام کا

اعلان کیا۔ دوسرے مرزائیوں نے ایک اور مناظر لانے کا بہانہ کر کے جان چھڑائی۔

کوہاٹ جنگل خیل میں ماسٹر امین اوکاڑوی سے پروفیسر ڈاکٹر طالب الرحمٰن کا مناظرہ ہوا۔ اس مناظرے میں حافظ زبیر علی زئی، پروفیسر صاحب کے معاون تھے۔ اس مناظرے کا انعقاد ایک شخص سلطان صاحب نے کرایا تھا۔ مناظرے کا اثر یہ ہوا کہ اس کے فوراً بعد سلطان صاحب نے اہل حدیث ہونے کا اعلان کر دیا۔

حضرو کے دیوبندی حضرات سے تقلید کے موضوع پر ہری پور (ہزارہ) میں حافظ زبیر علی زئی رحمہ اللہ کا مناظرہ ہوا۔ دیوبندی مناظر قاری چن محمد تھے جنھیں شکست کا منہ دیکھنا پڑا۔ مناظرے کی کیسٹیں موجود ہیں۔

''جماعت المسلمین'' کے بانی مسعود احمد بی ایس سی اپنی جماعت کے ارکان کے سوا سب کو کافر قرار دیتے ہیں۔ ایک دفعہ اسلام آباد میں ڈاکٹر مسعود کے بیٹے سلیمان کے مکان پر حافظ زبیر علی زئی رحمہ اللہ کا ان سے مباحثہ ہوا۔ مسعود صاحب لاجواب ہو گئے تو حضرو کی ''جماعت المسلمین'' سے تعلق رکھنے والے لوگوں نے اس سے تعلق ختم کر کے مسلک اہل حدیث اختیار کر لیا۔

کراچی میں اسی طرح کی ایک جماعت کے ڈاکٹر مسعود الدین عثمانی سے ان کی مسجد میں حافظ زبیر علی زئی رحمہ اللہ نے مناظرہ کیا۔ عثمانی صاحب اپنے کمزور ترین موقف کا دفاع نہ کر سکے تو وہیں ان کے گروہ کے بہت سے لوگ اس عقیدے سے تائب ہو گئے۔

اختصار کے پیش نظر یہاں چند مناظروں کا ذکر کیا گیا ہے، ورنہ واقعہ یہ ہے کہ حافظ صاحب رحمہ اللہ کے مختلف مقامات پر دینی معاملات میں بہت سے لوگوں سے مباحثے اور مناظرے ہوئے، جن میں انھوں نے کتاب و سنت کی روشنی میں اپنے موقف کی وضاحت کی اور اللہ نے کامیابی عطا فرمائی۔

میری ان سے پہلی ملاقات 1997ء میں ہوئی تھی۔ اپریل کا مہینا تھا۔ اس سے کچھ عرصہ پہلے شخصیات سے متعلق میری کتاب ''نقوش عظمتِ رفتہ'' شائع ہوئی تھی۔ یہ کتاب ان کے مطالعہ میں آئی تو وہ میرے غریب خانے پر تشریف لائے اور اپنا تعارف کرایا۔ اپنی بعض کتابوں کا ذکر کیا اور اساتذہ کے متعلق بتایا۔ از راہِ کرم میرے طرزِ تحریر اور بیان واقعات کے انداز کے بارے میں اپنی رائے کا اظہار کیا، جس سے انسانی نفسیات کے مطابق مجھے مسرت ہوئی۔ اس کے بعد ملاقاتوں کا سلسلہ جاری رہا اور مجھے ان کی کتابیں اور مضامین پڑھنے کے مواقع میسر آئے۔ ان سے بے تکلفی کا سا معاملہ ہو گیا تھا۔

وہ ہر بات باحوالہ لکھتے تھے اور اپنے خاص اسلوب میں قلم کو حرکت دیتے تھے۔

وہ آخری مرتبہ میرے غریب خانے پر اپنے پبلشر اور میرے دوست مولانا محمد سرور عاصم (مکتبہ اسلامیہ اردو بازار لاہور) کے ساتھ تشریف لائے۔ کافی دیر سلسلۂ کلام جاری رہا۔ اپنے علاقے میں کتاب و سنت کی تبلیغ کے سلسلے میں وہ جو خدمات سرانجام دے رہے تھے، اس کی تفصیل بیان کی۔

حافظ صاحب ممدوح کا مسکن حضرو تھا۔ وہاں ان کا اصل کام تصنیف و تالیف تھا۔ وہ عربی اور اردو دونوں زبانوں میں لکھتے تھے۔ ان کی چھوٹی بڑی تصانیف کی تعداد 64 کے لگ بھگ ہے۔ 24 اردو زبان میں ہیں اور 30 عربی

زبان میں۔

چار پانچ کے سوا سب کے نام عربی قسم کے ہیں، ان میں بعض کتابیں غیر مطبوعہ ہیں اور بعض نامکمل بھی ہیں۔ کچھ پتا نہیں غیر مطبوعہ اب طبع ہو سکیں گی یا نہیں اور نامکمل تکمیل کے مراحل طے کر سکیں گی یا نہیں؟ ان کا ماہانہ مجلّہ ''الحدیث'' جو بہت سالوں سے جاری ہے۔ اس کے زیادہ تر مضامین خود انھی کے ہوتے تھے۔ معلوم نہیں اب اس مجلّے کا کیا بنے گا۔ ہمیں یہ بھی علم نہیں کہ انھوں نے کسی شخص کی علمی اور تحقیقی انداز کی تربیت کی یا نہیں کی۔ *

تصانیف اور ''الحدیث'' کے علاوہ ہفت روزہ الاعتصام، اہل حدیث، ماہنامہ محدث، شہادت اور بعض دیگر جماعتی جرائد و رسائل میں ان کے رشحاتِ قلم کی اشاعت کا سلسلہ جاری رہتا تھا۔

بے شبہ حافظ ممدوح موجودہ دور کی جماعت اہل حدیث کے ممتاز محقق اور مصنف تھے۔ وہ کِلکِ رواں اور ذہین رسا کے مالک تھے۔ ان کی نظر وسیع تھی اور وہ تحقیق سے لکھتے تھے۔ اظہارِ مدعا میں اگرچہ بسا اوقات ان کے قلم کا لہجہ سخت ہو جاتا تھا مگر رفتارِ تحقیق میں فرق نہیں آتا تھا۔

میں نے اپنی ایک کتاب ''گلستانِ حدیث'' میں (جو 2011ء میں مکتبہ قدوسیہ اردو بازار لاہور سے شائع ہوئی) ان سے متعلق مضمون لکھا تھا۔ اس میں بعض ایسی باتیں بھی آگئی ہیں جن سے میرا خیال ہے انھیں اتفاق نہیں ہوگا، لیکن انھوں نے مجھ سے قولاً یا تحریراً کبھی اس کا اظہار نہیں کیا۔

اب آیئے حافظ صاحب کی بیماری اور وفات کی طرف!

یہ ماہِ ستمبر (2013ء) کی 20 یا 21 تاریخ کی بات ہے، میرے پاس فیصل آباد کے ایک دوست محمد جعفر صاحب بیٹھے تھے۔ وہ مولانا ابوالکلام آزاد کے بے حد عقیدت مند ہیں اور انھیں کے بارے میں گفتگو ہو رہی تھی۔ اسی اثنا میں حافظ زبیر علی زئی رحمہ اللہ کا تذکرہ ہوا۔ اتفاق ملاحظہ ہو کہ ابھی زبان پر ان کا نام آیا ہی تھا کہ ٹیلی فون کی گھنٹی بجی اور فیصل آباد سے ایک دوست کی آواز کان میں پڑی کہ ابھی ابھی سرگودھا سے اطلاع آئی ہے کہ وہاں حافظ زبیر علی زئی رحمہ اللہ پر فالج کا حملہ ہوا ہے اور ان کی حالت خطرے میں ہے۔ یہ سن کر بے حد تشویش ہوئی۔ اس کی تصدیق کے لیے میں نے اسی وقت فیصل آباد میں مولانا ارشاد الحق اثری کو ٹیلی فون کیا تو انھوں نے اس خبر سے لاعلمی کا اظہار کیا، پھر جامعہ سلفیہ کے ایک دوست سے رابطہ کیا گیا، انھیں بھی اس کا علم نہیں تھا۔ اس کے بعد لاہور میں جماعت کے اخبارات سے پتا کیا تو ان کی طرف سے بھی یہی جواب آیا کہ ہمیں اس قسم کی کوئی اطلاع نہیں پہنچی۔

اتنے دروازے کھٹکھٹانے کے بعد ذہن میں آیا کہ حافظ صاحب رحمہ اللہ کے پبلشر محمد سرور عاصم صاحب سے پوچھنا چاہیے، انھیں ضرور پتا ہوگا۔ چنانچہ اردو بازار میں ان کے مکتبہ اسلامیہ میں ٹیلی فون کیا تو معلوم ہوا کہ خبر صحیح ہے اور سرور صاحب خبر سنتے ہی ان کی عیادت کے لیے سرگودھا چلے گئے ہیں۔ مکتبے سے میں نے سرور صاحب کا موبائل نمبر لیا اور کچھ دیر کے بعد ان سے رابطہ کیا تو انھوں نے یہ تشویش ناک جواب دیا کہ حافظ صاحب کو اسلام آباد کے ایک ہسپتال

---

* شیخ رحمہ اللہ کی وفات کے بعد ایک ملاقات میں کچھ معلومات فراہم کیں تو فرمانے لگے: میں اپنے مضمون میں مزید اضافہ کروں گا، لیکن موقع نہ ملا اور دارِ فانی سے رخصت ہو گئے۔ رحمہ اللہ

میں داخل کرا دیا گیا ہے، میں ہسپتال میں ہوں۔ ان کے حالت خطرے میں ہے۔ بس دعا کرو، اللہ صحت عطا فرمائے۔

سچی بات یہ ہے کہ حافظ زبیر علی زئی رحمہ اللہ کے لیے دعا کے ساتھ ہی سرور صاحب کے لیے بھی دل کی گہرائی سے دعا نکلی کہ یا اللہ! حافظ صاحب کو بھی صحت عطا فرما اور اپنے بندے سرور کو بھی خیر و عافیت سے نواز کہ نفسانفسی کے دور میں اپنے مصنف کی تکلیف کا سن کر اسی وقت اتنا سفر طے کرتے ہوئے ان کے پاس پہنچا اور پھر انھیں وہاں سے اسلام آباد کے ہسپتال میں لے کر گیا اور اب وہیں بیٹھا ہے۔ موجودہ دور کے پبلشروں میں میرے خیال میں یہ ایک منفرد قسم کی مثال ہے۔ کوئی پبلشر چند فرلانگ کے فاصلے پر کسی مصنف کے پاس خیریت پوچھنے نہیں جاتا ہوگا، بلکہ ٹیلی فون بھی نہیں کرتا ہوگا، لیکن یہ شخص جس کا نام محمد سرور عاصم ہے، سینکڑوں میل کا سفر کرتا ہے اور پھر مصنف کا علاج بھی کراتا ہے۔ زندگی اور موت اللہ کے ہاتھ میں ہے، لیکن اس پبلشر نے بڑی صالحیت کا مظاہرہ کیا ہے۔

حافظ زبیر علی زئی رحمہ اللہ کو اللہ تعالیٰ نے بہت سی صلاحیتوں سے نوازا تھا۔ ان کا کتب خانہ مختلف موضوعات کی بے شمار کتابوں پر مشتمل ہے۔ وہ عربی اور اردو کے مصنف بھی تھے، مترجم بھی تھے، مدرس بھی تھے، خطیب بھی تھے، مناظر بھی تھے، تخریج میں بھی مہارت رکھتے تھے۔ اپنے علاقے حضرو اور اس کے گرد و پیش میں ان کی کوشش سے اہل حدیث کی متعدد مسجدیں تعمیر ہوئیں، جن میں با قاعدہ جمعہ و جماعت کا سلسلہ جاری ہے اور طلبا کو قرآن و حدیث کی تعلیم دی جاتی ہے۔ اس نواح میں ان کی مساعی سے توحید و سنت کی بہت ترویج ہوئی۔ یہ ان کا صدقہ جاریہ ہے۔ اللہ ان کی اس مخلصانہ جدوجہد کو قبول فرمائے۔ تحصیل علم کے بعد وہ کچھ عرصہ کپڑے کی تجارت بھی کرتے رہے، وہ نہایت مستعد اور محنتی عالم دین تھے۔ وہ تقریباً پونے دو مہینے بیمار رہے اور اس اثناء میں ان پر بے ہوشی طاری رہی۔

10 نومبر 2013ء کو ان کی وفات ہوئی۔

إنا لله و إنا إليه راجعون.

بیان کیا جاتا ہے کہ ان کے والد مکرم حاجی مجد دخان کی عمر 100 سال کے قریب ہے، اللہ تعالیٰ انھیں صبر جمیل کی توفیق سے نوازے۔

حافظ صاحب کی نرینہ اولاد تین بیٹے ہیں:

طاہر، عبداللہ اور معاذ۔

اللہ اس گھرانے کا حافظ و ناصر ہو۔ آمین یارب العالمین

فضیلۃ الشیخ حافظ زبیر علی زئیؒ کی علمی و تحقیقی خدمات

مولانا یحییٰ عارفی*

10 نومبر 2013ء کی صبح یہ دلخراش خبر سننے کو ملی کہ آفتابِ علم وعمل اور فنِ اسماء الرجال کے امام، محدث العصر فضیلۃ الشیخ حافظ زبیر علی زئی رحمہ اللہ اس دارِ فانی کو الوداع کہہ گئے ہیں۔ إنا للہ و إنا إلیه راجعون.

شیخ زبیر علی زئی رحمہ اللہ ایک باعمل عالم، فنِ رجال کے امام، عربی اور اردو کتب کے مصنف ومترجم ہونے کے ساتھ ساتھ مسلک اہلِ حدیث کے سرگرم اور پرعزم مبلغ ومناظر تھے، جس کا علمی ثبوت شیخ رحمہ اللہ کی زندگی کی عملی کاوشیں ہیں جو انھوں نے دینِ اسلام کی سربلندی اور ابطالِ باطل کے لیے سرانجام دیں، فرمانِ رسول ﷺ ہے: ((جَاهِدُوا الْمُشْرِكِينَ بِأَيْدِيكُمْ وَأَلْسِنَتِكُمْ)) ''مشرکین سے اپنے ہاتھوں اور زبانوں کے ساتھ جہاد کرو۔'' (صحیح، سنن أبي داود: 2504، المختارة للمقدسي: 1642)

شیخ رحمہ اللہ نے اپنی زندگی کی تمام صلاحیتیں اور توانائیاں دینِ اسلام کے لیے صرف کردیں۔ ہم ذیل میں شیخ رحمہ اللہ کی زندگی کے ایک پہلو ''فرقِ باطلہ کا رد'' کے بارے میں چند معروضات پیش کرنے کی جسارت کریں گے۔

شیخ رحمہ اللہ کی طبیعت بحمد اللہ مناظرانہ تھی اور ایک مومن عالم کے لیے دینِ اسلام کی خدمت کے لیے مناظر ہونا بہت ضروری ہے۔ ارشادِ باری تعالیٰ ہے:

﴿وَجَادِلْهُم بِالَّتِي هِيَ أَحْسَنُ﴾ ''لوگوں کے ساتھ اچھے طریقے سے مجادلہ کرو۔'' (النحل: 25)

سیدنا ابراہیم علیہ السلام کا ایک کافر سے مناظرہ قرآن مجید میں مذکور ہے۔ (البقرة: 285)

صحابہ کرام کی سیرت سے ان کا باطل مسالک سے مناظرہ کرنا متعدد کتبِ احادیث میں مذکور ہے۔

شاید یہی وجہ ہے کہ امام ابن تیمیہ رحمہ اللہ نے فرمایا: ''ہر وہ شخص (جو عالم ہونے کے باوجود) ملحدین ومبتدعین سے بنیاد کاٹ دینے والا مناظرہ نہیں کرتا تو اسے اطمینان حاصل نہیں ہوتا اور نہ اس کا کلام علم ویقین کا فائدہ دیتا ہے۔''

(درء تعارض العقل والنقل 357/1)

شیخ رحمہ اللہ نے اپنی زندگی میں باطل ادیان اور باطل مسالک سے متعدد مناظرے کیے۔

باطل ادیان اور شیخ زبیر علی زئی رحمہ اللہ:

ا: ردِ عیسائیت: دینِ اسلام اللہ کا آخری اور کامل دین ہے اور اس کی حفاظت کا ذمہ خود اللہ تعالیٰ نے لیا ہے، سیدنا مسیح علیہ السلام تو خود نبی کریم ﷺ کی بشارت دینے والے ہیں، لیکن موجودہ عیسائیت پولس کی اختراعات کا شکار ہونے کی وجہ سے دینِ اسلام پر ناروا حملے کرتے رہتے ہیں، اسی طرح کا واقعہ شیخ رحمہ اللہ کی زندگی میں اٹک شہر میں پیش آیا، جہاں عیسائیوں کے سکول زیڈ۔ بی۔ آئی میں برکت مسیح نامی پادری

* مناظرِ اسلام، مدرس دار العلوم المحمدیہ، لاہور

سے مناظرہ ہوا جس میں عیسائی پادری برکت مسیح نے سیدنا عیسیٰ علیہ السلام سے متعلق عبرانی نسخے کا حوالہ دیا اور کہا: یہ اصل متن اور ماخذ ہے، اس کا خیال تھا کہ کوئی مسلمان عبرانی زبان نہیں جانتا، لہٰذا اس مجمع میں رعب پڑ جائے گا۔

شیخ زبیر علی زئی رحمۃ اللہ علیہ بحمد للہ عبرانی پر بھی عبور رکھتے تھے، چنانچہ اس عیسائی سے بائبل لے کر دو الگ الگ مقامات سے عبارت پڑھ کر اس کا تناقض ثابت کیا اور یوں برکت مسیح عیسائی پادری شیخ زبیر اور ان کے مناظر کی ٹیم کو وہیں بیٹھا چھوڑ کر راہ فرار اختیار کر گیا۔

شیخ زبیر رحمۃ اللہ علیہ نے مسیحیت کے تصورِ خدا کہ مسیحیوں نے کس طرح اللہ رب العالمین کی توہین کر رکھی ہے اور بائبل تضادات اور تناقضات کا مجموعہ ہے نہ کہ کلام اللہ۔

اس پر ایک تفصیلی مقالہ مقالات (551/1) میں رقم کیا، وہاں اٹک کے اس مناظرے کی مختصر روئیداد بھی ذکر کی ہے۔

اسی طرح شیخ رحمۃ اللہ علیہ نے عیسائیوں کے چیلنج پر مبنی سوالات اور اس کے علمی جوابات دے کر مسیحیت کو گنگ کر دیا، جس کی تفصیل فتاویٰ علمیہ (35/2) میں دیکھی جاسکتی ہے۔

فتنہ انکارِ حدیث اور محدث العصر حافظ زبیر علی زئی رحمۃ اللہ علیہ:

دین اسلام کے بنیادی ماخذ کتاب اللہ اور احادیث رسول صلی اللہ علیہ وسلم ہیں اور شریعت کی رُو سے دونوں پر ایمان رکھنا فرض اور ان کا انکار کرنا کفر ہے، کیونکہ جس طرح قرآن مجید وحی الٰہی ہے اسی طرح حدیث رسول صلی اللہ علیہ وسلم بھی وحیِ الٰہی ہے۔ قرآن بھی کتاب اللہ ہے اور حدیث رسول صلی اللہ علیہ وسلم بھی کتاب اللہ ہے۔ (دیکھئے صحیح البخاري :2695، 4886) وغیرہ

فرق صرف اتنا ہے کہ قرآن مجید کے الفاظ من جانب اللہ ہیں، جبکہ احادیث کے الفاظ من جانب رسول اللہ صلی اللہ علیہ وسلم ہیں۔

اسی لیے نبی کریم صلی اللہ علیہ وسلم نے احادیث رسول کی اہمیت واضح کرتے ہوئے اس فتنہ انکار حدیث کی پیشین گوئی بھی کر دی ہے۔

ہر دور میں ایسے باطل پرست لوگ رہے ہیں جو مختلف رنگ روپ میں احادیث کے منکر تھے۔ بعض بالکلیہ، بعض جزوی، بعض عقائد وصفات کے بارے میں خبر واحد کے منکر ہیں، بعض لوگ کھلا انکار کی بجائے تشکیک کے راستے سے انکاری ہوتے ہیں۔

شیخ حافظ زبیر علی زئی رحمۃ اللہ علیہ نے فتنہ انکار حدیث کی بیخ کنی کے لیے اسی جملہ پہلوؤں پر مفصل مقالات سپردِ قلم کیے ہیں، مثلاً: ہر حدیث خواہ متواتر ہو یا آحاد حجت ہے۔

(مقالات 156/1)

اور انکارِ حدیث کفر ہے۔ (مقالات 570/3)

انکارِ حدیث کے بانی کون؟ اس حوالہ سے خوارج جو اس فتنہ کے اول روح رواں ہیں ان کی چیرہ دستیوں کو طشت ازبام کیا گیا ہے۔ (مقالات 571/3)

اسی طرح متقدمین سے لے کر متاخرین تک بعض مخصوص گروہ ہمیشہ خبر واحد کی حجیت سے انکاری رہے، ہمارے موجودہ دور میں لوگوں کا جم غفیر موجود ہے جو علانیہ خبر واحد کی حجیت کے منکر ہیں، بالخصوص عقائد وصفات باری تعالیٰ وغیرہما میں، مثلاً: دیوبندی مسلک کے "شیخ الحدیث" سرفراز خان صفدر صاحب راقمطراز ہیں: "عقیدے کے

اثبات کے لیے کوئی قطعی نص یا خبر متواتر وغیرہ درکار ہے، یہاں خبر واحد صحیح سے بھی گاڑی نہیں چل سکتی۔

(آنکھوں کی ٹھنڈک ص 25 مطبوعہ مکتبہ صفدریہ گوجرانوالہ)

اسی طرح بریلوی مسلک کے بانی جناب احمد رضا خان صاحب فرماتے ہیں: ''اور نہ احادیث آحاد اگرچہ کیسے ہی اعلیٰ درجے کی ہوں، عموم قرآن کی تخصیص کر سکیں بلکہ اسی کے حضور مضمحل ہو جائیں گی۔'' (فتاویٰ رضویہ 488/29)

شیخ رحمہ اللہ نے اسی طرح کے دیگر بدعتی فرقوں کی تردید اور امت مسلمہ کی اصلاح کے لیے ایک مقالہ ''عقائد میں خبر واحد کی حجیت'' (مقالات 89/2) اور دوسرا مقالہ ''صفات باری اور خبر واحد'' (مقالات 23/4) کی حجیت ثابت کر کے احادیث سے ثابت شدہ اللہ تعالیٰ کی صفات کو نمایاں کر کے ہدیۂ قارئین کیا، تاکہ مسلمانان اسلام گمراہ لوگوں کی تلبیسات وتشکیکات سے گمراہی کا شکار نہ ہو جائیں اور محکم دلائل سے ایسے گمراہ لوگوں کی تلبیسات وتشکیکات کا تار پود بکھیر کر رکھ دیا۔

اسی طرح انکار حدیث کے لیے آل تقلید نے ایک نیا ڈھونگ رچا رکھا ہے کہ حدیث وسنت میں فرق ہے، اس تناظر میں وہ ایسے ایسے کفریہ بُول بول جاتے ہیں کہ جس کا واضح مقصد نہ صرف استخفاف وانکار حدیث بلکہ وہ ظالم اس معاملہ میں احادیث کا مذاق تک اڑانے سے باز نہیں آتے۔ پاکستان میں اسی فتنے کو عوام الناس میں زیادہ ہَوا دی گئی۔ حتیٰ کہ یہ بھی کہہ دیتے ہیں: اللہ تعالیٰ یا اس کے رسول نے کہاں کہا ہے کہ میرے حدیث کو مانو (علیکم بحدیثي) (دیکھئے مناظرہ مابین حافظ عمر صدیق و عبدالتواب رضاخانی)

حالانکہ ان بدنصیبوں سے پوچھنا چاہیے کہ جو کلمات ''علیکم بسنتي'' پڑھ کر حدیث کا انکار کرتے ہو!!! یہ الفاظ کیا ہیں؟ (یہ حدیث ہی تو ہے)

حالانکہ متقدمین متاخرین کے اجلہ اہل علم کے ہاں حدیث وسنت ایک ہی چیز کے دو نام ہیں، مثلاً آپ حدیث کی کتب سنن اربعہ کے نام پر غور فرمائیں: سنن ابی داود، سنن نسائی، سنن ابن ماجہ، سنن ترمذی، یہ کتابیں حدیث کی ہیں اور نام سنن جو سنت کی جمع ہے۔

شیخ رحمہ اللہ نے اس فتنے کے خاتمہ اور دفاع حدیث میں ایک وقیع مقالہ بعنوان: ''حدیث وسنت میں فرق کا اختراعی نظریہ'' (مقالات 290/2) لکھ کر ان گمراہ لوگوں کے جملہ شبہات کا سدباب کر دیا۔

فتنہ قادیانیت اور شیخ رحمہ اللہ کی مساعی جمیلہ:

عقائد اسلام میں ایک بنیادی عقیدہ ختم نبوت ہے۔ ہر شخص پر لازم ہے کہ امام الانبیاء محمد صلی اللہ علیہ وسلم کو آخر الزماں خاتم النبیین تسلیم کرے اور یہ عقیدہ رکھے کہ محمد صلی اللہ علیہ وسلم کے بعد اللہ تعالیٰ نے کسی کو نبوت عطا نہیں فرمائی اور تا قیامت نہ کسی کو عطا کرے گا، لیکن نبی کریم صلی اللہ علیہ وسلم کی پیشین گوئی کے میرے بعد تیس (30) کذاب ہوں گے۔ اس پیشین گوئی اور اس جیسی دیگر پیشین گوئیوں کے مصداق مختلف لوگوں نے دعویٔ نبوت کر رکھا ہے۔ برصغیر پاک و ہند میں انگریز دور میں اس فتنے نے پھر سر اُٹھایا اور ایک بدبخت مرزا غلام قادیانی حنفی نے بتدریج دعویٔ نبوت کر دیا، اس کے تدریجی دعووں میں مجددیت، مہدیت اور نزول مسیح اور انکار ختم نبوت احمدی قادیانیوں کے ہاں بنیادی اہمیت کے حامل ہیں۔

شیخ رحمہ اللہ نے جہاں علمی میدان میں اتر کر ان سے مناظرے کیے جس میں سے ایک مشہور مناظرہ اٹک کے شہر میں ہوا جہاں بحمد اللہ شیخ کے مضبوط و مبرہن دلائل سے متاثر ہو کر احمد نام کے ایک مرزائی نے مرزائیت ترک کر کے اسلام قبول کرلیا، وہاں شیخ رحمہ اللہ نے قلمی میدان میں بھی قادیانیت کے بنیادی مسائل وعقائد پر مدلل ضرب کاری کی۔ شیخ رحمہ اللہ نے ختم نبوت کے متعلق صحیح عقیدہ اسلامیہ بیان کر کے بڑے خوبصورت پیرائے میں چالیس اہم دلائل سے اس عقیدہ کی اہمیت کو اجاگر کر دیا۔ ملاحظہ ہو: مقالات (71/5)

عوام الناس پر قادیانی مذہب کا ایک بنیادی حملہ نزول مسیح وظہور مہدی کی صورت میں ہوتا ہے، کیونکہ یہ نامراد گروہ جب تک سیدنا عیسیٰ علیہ السلام کو فوت شدہ ثابت نہ کرلیں، مرزا کے لیے نبوت کی کرسی خالی نہیں ہوتی۔ اس لیے شیخ رحمہ اللہ نے قادیانیت کے قصر عنکبوت کو زمین بوس کرنے کے لیے جہاں ان مسئلوں پر مفصل تحریرات سپرد قرطاس کیں وہاں مرزا غلام قادیانی کذاب علیہ ما علیہ کو جھوٹا و کذاب ثابت کرنے کے لیے ''مرزا کے تیس جھوٹ'' کے نام سے ایک نادر علمی مقالہ تحریر کیا۔ (تفصیل کے لیے دیکھئے مقالات 132/1)

اسی طرح ''ظہور مہدی'' پر شیخ رحمہ اللہ کے رشحات قلم ملاحظہ کرنے کے لیے مقالات (42/2) کا مطالعہ کیجئے اور ''نزولِ مسیح'' پر شیخ رحمہ اللہ کا مقالہ (مقالات 83/1) سے پڑھا جا سکتا ہے۔

شیخ رحمہ اللہ نے جہاں جہاں مقالات ومناظرات کے ذریعے سے قادیانیت کا ناطقہ بند کیا وہاں اس فتنے کے شرپسند جہاں مسلمانوں میں شکوک وشبہات پیدا کرنے کے لیے مختلف سوالات و اعتراضات اٹھاتے شیخ رحمہ اللہ مدلل و مسکت جوابات سے ان کی تشفی فرما دیتے تھے۔
دیکھئے مقالات (466/4، 481,564/3)

اسی طرح شیخ رحمہ اللہ نے قادیانیوں کے اپنے مخصوص نظریات نزول مہدی و انکار ختم نبوت وغیرہ پر پیش کردہ روایات کی پندرہ صفحات پر مشتمل مفصل تخریج وتحقیق کر کے ان کا بطلان اور مردود ونا قابل اعتماد ہونا ثابت کر کے ان کو دلائل کی دنیا میں ہمیشہ کے لیے یتیم کر دیا۔
(جزاہ اللہ خیراً)

فتنہ برزخیہ اور شیخ رحمہ اللہ کی مساعی:

کیپٹن مسعود الدین عثمانی (دیوبند مماتی) نے معتزلہ کی ترجمانی کرتے ہوئے جہاں عذاب قبر کا انکار کیا وہاں امام ابوحنیفہ کی اندھی تقلید میں دینی امور پر اجرت کا انکار کر دیا اور اسی پر بس نہیں بلکہ اپنے مخصوص نظریات کے منکر کو کافر قرار دیتے ہوئے خود کو المسلمین کے لقب سے ملقب کر کے محدثین بالخصوص امام اہل سنت احمد بن حنبل رحمہ اللہ کو بھی کافر قرار دیا۔ اس فتنے کی بیخ کنی کے لیے شیخ رحمہ اللہ نے اس فتنے کے پوپ کیپٹن عثمانی سے مناظرہ کر کے اسے لاجواب کر دیا۔ اس کے خلاف اپنے قلم وقرطاس کو استعمال کر کے ایک علمی مضمون بھی لکھا جو ڈاکٹر ابو جابر عبد اللہ دامانوی حفظہ اللہ آف کراچی کی کتاب ''الدین الخالص'' (عذاب قبر) کے شروع میں بطور مقدمہ درج ہے۔

فرقہ مسعودیہ اور شیخ حافظ زبیر رحمہ اللہ:

صوبہ سندھ کے شہر لاڑکانہ سے تعلق رکھنے والا مسعود احمد بی ایس سی ابتدا میں ایک عالم کی حیثیت سے متعارف

تھا، پھر شیطان کے بہکانے سے ایک رجسٹرڈ ''جماعت المسلمین'' کا امیر وخلیفہ ہونے کا دعویدار بن کر امت مسلمہ کی تکفیر پر اتر آیا۔

اس فتنے نے کئی ایک سلفی نوجوانوں کو بھی اپنے دامن تکفیر میں پھانس کر انھیں گمراہ کرنے کی کوشش کی، اس فتنہ کی سرکوبی کے لیے جہاں دیگر علمائے اسلام نے اپنا حصہ ڈالا وہاں شیخ حافظ زبیر علی زئی رحمۃ اللہ علیہ نے امت مسلمہ بالخصوص مسلک اہل حدیث سے منسلک عوام وخواص کو بچانے کے لیے ''فرقہ مسعودیہ اور اہل الحدیث'' کے عنوان سے مسلک اہل حدیث کے امتیازات اور فرقہ مسعودیہ کی گمراہی کو واضح کیا۔ (مقالات 124/5)

اور نہ صرف فرقہ مسعودیہ کے شرعی مسائل میں گمراہی کو طشت از بام کیا، بلکہ جب ان کے بے لگام طرزِ عمل نے محدثین کا انکار کیا تو شیخ رحمۃ اللہ علیہ نے ان کی اس مسموم کاوش کا قلمی جہاد کے ذریعے مفصل رد فرمایا۔ (دیکھئے مقالات 224/3)

شیخ رحمۃ اللہ علیہ نے اس فرقہ کو جڑ سے کھوکھلا کرنے کے لیے ان کے ''امام وخلیفہ'' کی حقیقت اسماء الرجال کی روشنی میں واضح کر کے ان کی گمراہی و بطلان کو نمایاں کر کے رکھ دیا۔

باطل عقائد اور شیخ رحمۃ اللہ علیہ کی مساعی:

وحدت الوجود وہ گمراہ عقیدہ ہے جس کی بنا پر ابن منصور حلاج جیسے گمراہ صوفی نے کہا تھا:

" أنا الحق " (میں اللہ ہوں) اور یہی کفریہ گمراہ عقیدہ باطنیوں کے رگ و ریشہ میں اس قدر گھر کیے ہوئے ہے کہ ایک صوفی وجودی دیوبندی حکیم الامت رقمطراز ہے:

''فرمایا ایک بزرگ نے حق تعالیٰ سے عرض کیا، اس کی کیا وجہ ہے کہ فرعون نے أنا ربکم الاعلیٰ کہا تو مردود ہوا اور منصور نے ایسا کہا تو مقبول ہوا۔ جواب دیا کہ فرعون نے ہمارے مٹانے کے لیے کہا اور منصور نے اپنے مٹانے کے لیے''

(الکلام الحسن 198/2، مطبوعہ المکتبۃ الاشرفیہ لاہور)

نعوذ باللہ من ذلک ایسی کفریات کی صفائی کے لیے اللہ رب العالمین پر الزام تراشی سے بھی گریز نہیں کیا گیا، اور تو اور اسی باطل عقیدے کا نتیجہ تھا جو انگریز کی حمایت میں ناف میں گولی کھا کر مردار ہونے والے ایک صوفی ضامن علی بیہودگی اور کمینگی کی اس حد تک اتر آیا کہ ایک رنڈی کے جواب میں کہنے لگا: ''کرنے والا کون اور کرانے والا کون وہ تو وہی ہے۔'' (تذکرۃ الرشید 142/2)

ایسی کفریات کے سدباب کے لیے شیخ رحمۃ اللہ علیہ نے وحدۃ الوجود کی لغوی و اصطلاحی تعریفات وحقیقت و جودیوں کی مسلمہ شخصیات و کتب سے بیان کی، پھر آلِ دیوبند کے ان ذمہ داروں جو اس گمراہ نظریات کے مرتکب ہیں کا مکمل تعارف کروایا، پھر وجودیوں کے ایک غالی وکیل نثار احمد الحسینی دیوبندی کے تردیدی مضمون کا تفصیلی ومبرھن جواب بعنوان آلِ دیوبند اور وحدت الوجود سے رقم کر کے اس فتنے کی کمر توڑنے میں آخری کیل تک ٹھونک دی۔ تفصیل کے لیے دیکھئے مقالات (475/1، 460/1) فتاویٰ علمیہ (69/1) وغیرہ۔

عقیدہ استواء علی العرش:

وحدت الوجود اور اس قسم کے باطل نظریات رکھنے والے لوگ اپنے تقلیدی ذہن کی وجہ سے مسلمہ اور ثابت شدہ عقائد کا بھی انکار کر دیتے ہیں، مثلاً: عقیدہ استواء علی العرش وغیرہ تو شیخ محترم نے منکرین ومتاویلین کے اعتراضات

کے جوابات دے کر ان پر حجت تامہ قائم کر دی تفصیل کے لیے دیکھئے: مقالات (13/1) فتاویٰ علمیہ (33/1)

عقیدہ حیات النبی ﷺ:

آل تقلید دیوبند و بریلی کتاب وسنت کے واضح دلائل اور اصحاب محمد ﷺ کے نمایاں عقیدے کہ ''نبی ﷺ اس دنیا سے وفات پا چکے ہیں اور آپ ﷺ کی دنیاوی زندگی کے ختم ہونے کے بعد آپ اپنی برزخی اور اخروی زندگی کے ساتھ جنت کے محل میں ہیں اور آپ ﷺ کا جسد اطہر قبر مبارک میں محفوظ ہے'' کے برعکس نبی ﷺ کی وفات اور حیات برزخیہ کے منکر ہیں۔ شیخ رحمہ اللہ نے دلائل کتاب وسنت کے ساتھ جہاں وفات النبی کے مسئلہ کو مبرھن کیا وہاں ساتھ ہی اصحاب محمد ﷺ سے نبی کریم ﷺ کی حیات دنیا کا اختتام اور حیات سے اخروی و برزخی کا ثبوت پیش کرتے ہوئے متقدمین و متاخرین کی ایک بڑی جماعت سے نبی کریم ﷺ کی حیات اخرویہ کی تائید پیش کر کے اہل بدعت کے بطلان کا قلع قمع کر دیا۔ (مقالات 19/1، فتاویٰ علمیہ 164/1)

قبروں سے باطنی فیض، قبر نبوی سے درود وسماع کا مسئلہ، وسیلے کی حقیقت اور مسئلہ نور و بشر:

شیخ رحمہ اللہ نے اہل بدعت کے دیگر باطل عقائد و نظریات مثلاً: قبروں سے فیض، قبر نبوی اور درود وسماع کا مسئلہ، اسی طرح اہل بدعت کا مسئلہ وسیلہ میں الحاد، اور آل بریلی کے عقیدہ نور و بشر پر مدلل کلام کر کے ان کی حقیقت کو طشت از بام کیا۔

آل دیوبند اور شیخ رحمہ اللہ کی علمی کاوشیں:

آل دیوبند کا تقلیدی تعصب اور جمود کسی بھی اہل عقل و دانش سے مخفی نہیں، اسی تعصب اور جمود کی وجہ سے آل دیوبند کا کتاب وسنت اور اہل حق کے خلاف زہریلا انداز حتیٰ کہ آل دیوبند اپنے مخالف مسلکی مسائل میں شرعی احکام پر جارحانہ تنقید، ان کا مذاق اڑانا، انھیں بیہودہ اور گندی اشیاء سے تشبیہ دینا، نیز اصحاب محمد ﷺ پر نازیبا الفاظ کے استعمال سے بھی اجتناب نہیں کرتے۔ آل دیوبند کا اہل حدیث کے خلاف بغض و نفرت کا اظہار مختلف صورت میں سامنے آتا رہتا ہے کبھی کتب و رسائل کی صورت میں اور کبھی سوالات اور اشتہارات کی صورت میں۔

شیخ رحمہ اللہ نے بحمد للہ باطل کے ہر بطلان کا ناطقہ بند کرنے کے لیے اہل بدعت سے ہر محاذ پر مقابلہ کیا۔ اگر آل دیوبند کی طرف سے اہل حق کے خلاف کتابوں کی صورت میں کیچڑ اچھالا گیا تو شیخ رحمہ اللہ نے اپنے مدلل و مضبوط اور سنجیدہ قلم سے ان کی بیخ کنی کر دی اور آل تقلید دیوبند کو ایسی منہ کی کھانا پڑی کہ دوبارہ کبھی سامنے آنے کی جرأت نہ ہوئی جس کی تفصیل کے لیے دیکھئے: ''امین اوکاڑوی کا تعاقب'' شیخ رحمہ اللہ نے اہل بدعت کے اسی پرائمری ماسٹر کا جب پوسٹ مارٹم کیا تو یہ ایک عرصے تک زندہ رہا، لیکن اس کو جواب دینے کی جرأت نہ ہوئی۔ اسی طرح شیخ رحمہ اللہ نے آل دیوبند کے لٹریچر پر مختلف انداز میں ردود لکھے مثلاً: حدیث اور اہل حدیث نامی کتاب کے جھوٹ اور خیانتیں، حبیب اللہ ڈیروی کی کتب کا مناقشہ، الیاس گھمن کی کتب کے جھوٹ اور اس میں پائی جانے والی جعلی، موضوع اور متروک

روایات کی نشاندہی۔

آل دیوبند نے اپنے زہریلے پروپیگنڈا کے لیے جب اشتہارات اور فرضی سوالات کا راستہ اختیار کیا تو شیخؒ کی دینی غیرت نے جوش مارا اور ان اشتہارات کا ایسا منہ توڑ جواب دیا کہ آل دیوبند کو دوبارہ اس کے دفاع کی بھی جرأت نہ ہوئی۔

آل دیوبند کے مناظر ماسٹر امین اوکاڑوی نے لکھا ہے: ''جب یہودی اور عیسائی بار بار شکست کھانے کے بعد میدان مناظرہ چھوڑ بیٹھے تو اپنے جھوٹ پر پردہ ڈالنے کے لیے انھوں نے یہ طریقہ نکالا کہ یہود و نصاریٰ کا کوئی عالم مسلمانوں کا مقابلہ نہ کرے بلکہ سکول و کالج کے لڑکوں کو غلط سلط سوالات دے کر مسلمان علماء کے پاس بھیجو۔ تاکہ وہ غلط سلط سوالات پوچھتے رہیں اور مسلمان عالم اگر کوئی ان کے مذہب کی بتائے یا پوچھے تو صرف یہ کہہ دیں کہ ہم تو ان پڑھ ہیں اور صرف تحقیق کے لیے چند سوالات پوچھنے آئے ہیں مناظرہ کرنا ہمارا مقصد نہیں، حالانکہ یہ جواب محض دھوکا اور فریب ہے...... وہ جان بوجھ کر اس لیے جاہل بن رہا ہے۔ کہیں شرائط مناظرہ کی پابندی نہ کرنا پڑے۔''

(مجموعہ رسائل ج3 ص21)

جب آل دیوبند نے بالکل وہی انداز اختیار کر لیا جس کو دیوبندی مناظر نے یہودی اور عیسائیوں کا طریقہ بتایا اور صریح منافقت سے تعبیر کیا تھا اور اہل حدیث کے خلاف فرضی سوالات کی بوچھاڑ کر دی گئی تو شیخؒ نے الحمد للہ جہاں دلائل کے ساتھ ان سوالات کے جوابات دے کر اس کی حقیقت کو آشکار کیا وہاں آل دیوبند کو صحیح سمت پر لانے کے لیے الزامی طور پر ان پر ایسے مضبوط سوالات قائم کیے جن کے جوابات دینے سے (الحمد للہ) آل دیوبند عاجز ہے۔

(دیکھئے ''آل تقلید کے سوالات اور ان کے جوابات'' مقالات 189-197/1، ''آل دیوبند سے دوسودس سوالات'' مقالات 423/2)

برصغیر پاک و ہند میں آل تقلید دیوبند، اہل سنت حنفی کے پردے میں چھپے ہوئے ہیں۔ شیخؒ نے انھیں بے نقاب کرنے کے لیے ان کے باطل عقائد و نظریات اور گمراہیاں واضح کر کے یہ ثابت کر دیا کہ حقیقت میں یہ نہ تو اہل سنت ہیں اور نہ حنفی۔

تفصیل کے لیے دیکھئے مقالات (426/4)

ابطال رضاخانیت اور شیخؒ کی مساعی جمیلہ:

آل تقلید اہل بدعت کا دوسرا گروہ بریلویت ترویج بدعات اور افشاء کذب میں یدِ طولیٰ رکھتا ہے۔ اہل بدعت نے اپنے گمراہ کن نظریات اور بدعات کے تحفظ کے لیے کوئی پہلو نہیں چھوڑا، چنانچہ شیخؒ نے اپنے قلمی جہاد کے ذریعے سے ان میں سے ہر ایک کے کذب و افتراء، روایات کا ضعف و حقیقت، طشت از بام کر کے کئی گمراہ مبلغین کو چیلنج دیا۔ آل دیوبند کی طرح آل بریلی نے جب میدان میں ذلت کا منہ دیکھا تو وہ بھی فرضی سوالات کر کے اکابر کے فتویٰ کی روشنی میں گستاخ و بے ادب ثابت ہوئے، جس کی ایک ادنیٰ مثال کے لیے دیکھئے مقالات (423-424/4)

شیخؒ اور اندازِ ابطال و تردید:

اہل بدعت اپنے مخالف کی تردید کے لیے اس کی عبارت میں قطع و برید سے بات کا بتنگڑ بنا کر اس پر تنقید شروع

کر دیتے ہیں، جبکہ اس کے برعکس شیخ رحمہ اللہ آیت قرآنی:
﴿وَلَا يَجْرِمَنَّكُمْ شَنَاٰنُ قَوْمٍ عَلٰٓى اَلَّا تَعْدِلُوْا ۭاِعْدِلُوْا ۣ هُوَ اَقْرَبُ لِلتَّقْوٰى﴾ ''اور کسی قوم کی مخالفت تمھیں ناانصافی پر نہ ابھار دے، انصاف کرو یہ پرہیزگاری کے زیادہ قریب کرنے والا ہے۔'' (المائدۃ: 2)

اس آیت کے مطابق جب بھی کسی مخالف کی تردید مطلوب ہوتی ہے تو اس کی اصل عبارت کے فوٹو لگا کر، پھر اس کی دلائل قاطع سے تردید کرتے ہیں، تاکہ مخالف کو یہ کہنے کا موقع ہی نہ ملے کہ ہماری عبارات کو قطع و برید کا نشانہ بنا کر ظلم کیا گیا ہے اور اس طرح انصاف کے تقاضے بھی پورے ہو جاتے ہیں۔ وللہ الحمد

امام حافظ زبیر علی زئیؒ ایک تاریخ و تحریک

مولانا محمد اسلم سندھی*

اسلامی تاریخ میں ایسی بے شمار ہستیاں گزری ہیں، جنھوں نے رسول اللہ ﷺ کے ورثہ علم کو سیکھنے اور سکھانے کے لیے اپنی زندگیاں وقف کر دیں۔ انھوں نے نہ صرف احادیث کو جمع کیا، بلکہ ان کی چھان بین کی، صحیح اور ضعیف احادیث کو الگ الگ کیا اور اسناد قائم کی، جس سے صدیوں کی تاریخ مرتب ہوئی۔ انھوں نے ثقہ اور ضعیف راویوں کو ایسے واضح کیا جیسے رات کے اندھیرے سے صبح کا اجالا نکلتا ہے۔ نہ صرف حدیث کو لکھا گیا، بلکہ سند حدیث نے ایک مستقل فن اور علم کا روپ دھارا۔ یہ امت مسلمہ کا ایک امتیاز ہے اور اولیاء اللہ، یعنی محدثین کی زبردست کرامت کا ثبوت ہے جس کی انسانی تاریخ میں کوئی مثال نہیں ملتی، کیونکہ گزشتہ امتوں نے تو آسمانی کتابوں کی بھی حفاظت نہیں کی تو وہ انبیاء کرام کے افعال، اقوال، سنن اور اوصاف کی کیا حفاظت کرتے۔ رسول اللہ ﷺ کی وفات کے بعد ایک زمانے تک اسلامی دنیا کے شہر شہر اور بستی بستی میں سینکڑوں نہیں ہزاروں محدثین کرام موجود تھے۔ اسلامی تاریخ کی ورق گردانی کرنے سے معلوم ہوتا ہے کہ ایک ایک محدث کے پاس سینکڑوں ہزاروں طالبان حدیث، طلب حدیث کی پیاس بجھانے کے لیے شب و روز موجود رہتے تھے۔ اگرچہ کچھ صدیوں کے بعد اس تڑپ میں کمی ہوئی، کیونکہ اب کتنے ہی لوگوں کا حدیث اور سلف صالحین کے منہج کی بجائے دیگر مذاہب وافکار کی طرف میلان شروع ہو چکا تھا، لیکن اس کے باوجود ہر دور میں ایک ایسی جماعت ضرور رہی جنھوں نے اہل الرائے اور اہل بدعت کا مقابلہ کیا اور ضعیف، باطل و موضوع روایات کو واضح کیا اور سلف صالحین کے سچے و کھرے منہج کو دنیا کے سامنے پیش کیا ہے۔ یہ جماعت قرب قیامت تک موجود رہے گی، کیوں کہ رسول اللہ ﷺ کا فرمان ہے: ((لَا تَزَالُ طَائِفَةٌ مِنْ أُمَّتِي ظَاهِرِينَ عَلَى الْحَقِّ لَا يَضُرُّهُمْ مَنْ خَذَلَهُمْ حَتَّى يَأْتِيَ أَمْرُ اللهِ وَهُمْ كَذٰلِكَ.)) (صحیح مسلم: ۱۹۲۰)

''یعنی میری امت میں ایک جماعت قیامت تک حق پر قائم رہے گی۔'' امام بخاری رحمہ اللہ کا خیال ہے کہ ان سے حدیث

* مدرس و خطیب شہداد پور، سندھ

کے علماء مراد ہیں۔ (فتح الباري 218/1 ح 71)

انھوں نے کہا: میں نے امام علی بن المدینی سے سنا، انھوں نے کہا: اس جماعت سے اصحاب الحدیث (یعنی محدثین اور اہل حدیث) مراد ہیں۔ (فتح الباري 363/13 ح 7311)

امام احمد بن حنبل ﷫ کہتے ہیں: "ان لم یکونوا أهل الحديث فلا أدري من هم" (فتح الباري ج 1 ح 71)

یعنی اس جماعت سے اگر اہل حدیث مراد نہیں تو میں نہیں جانتا کہ وہ کون ہیں؟

یہ اہل حدیث علماء کی شان ہے کہ انھوں نے ہر دور میں اسلام کی حقیقی تصویر پیش کی اور ہر اس چیز کو رد کیا جس کو رسول اللہ ﷺ کی طرف غلط منسوب کیا گیا ہے، ہر دور میں انھوں نے ہر غلط فکر اور نظریے کو رد کیا اور ہر باطل فرقے سے جہاد کیا ہے۔

جب لوگوں نے اپنے مذہب اور فرقے کی تائید، دفاع کے لیے قلم اٹھایا ہے اور حدیث کے بالمقابل اپنے اماموں اور کتابوں کی بات پیش کی ہے تو محدثین اور اہل حدیث نے رسول اللہ ﷺ کے فرامین کے لیے قلم اٹھایا ہے اور حدیث کے دفاع کے لیے ہر قسم کی قربانی پیش کی ہے۔ عصر حاضر کے عظیم محدث علامہ حافظ زبیر علی زئی ﷫ انھی محدثین کرام کے حقیقی وارث اور جانشین تھے۔

امام علی زئی ﷫

راقم الحروف اسلام قبول کرنے کے بعد تین سال تک شیخ العرب والعجم علامہ سید بدیع الدین شاہ راشدی ﷫ کی صحبت میں رہا ہے۔ ان ہی ایام میں سندھ کے معروف شہر لاڑکانہ میں جماعت اہل حدیث اور احناف کے مابین مناظرہ طے ہوا تھا۔ لاڑکانہ شہر سے چند ساتھی اسی سلسلے میں علامہ سید بدیع الدین شاہ صاحب کے پاس حاضر ہوئے اور عرض کیا کہ مخالفین احناف نے مناظرہ کا چیلنج دیا ہے اور ان کے فلاں فلاں مولوی مناظرہ کے لیے آ رہے ہیں۔

شاہ صاحب نے کہا کہ آپ حافظ زبیر علی زئی صاحب کو اور سید طالب الرحمٰن شاہ صاحب کو بلائیں، حافظ زبیر صاحب اسماء الرجال میں بڑی مہارت رکھتے ہیں۔ میں نے حافظ صاحب ﷫ کے بارے میں اس وقت سنا تھا۔

قوت حافظہ، مطالعہ، علمی مقام اور قیامِ مکتبہ

اللہ تعالیٰ نے حافظ صاحب کو زبردست قوت حافظہ سے نوازا تھا۔ آپ نے بہت ہی مختصر عرصے میں قرآن مجید حفظ کیا تھا۔ اس کے ساتھ ساتھ اللہ تعالیٰ نے آپ کو زبردست ذہانت اور سرعت الفہم سے بھی نوازا تھا۔

کسی بھی شخص کو تب تک عالم نہیں کہا جا سکتا، جب تک وہ کتابوں کا مطالعہ نہ کرے۔ کتنے لوگ ہیں جو مدارس سے فارغ ہونے کے بعد خود کو علماء کی فہرست میں شمار کرتے ہیں، حالانکہ مدارس کا نصاب مکمل کرنے سے انسان کے اندر مطالعہ کی صلاحیت پیدا ہوتی ہے، پھر جو طالب علم مطالعہ نہ کرے وہ عالم کیسے ہو سکتا ہے؟ دنیا کے اندر جتنے بھی بڑے اہل علم گزرے ہیں، انھوں نے دن رات کتابوں کا مطالعہ کیا تھا۔ ماضی قریب میں شیخ ناصر الدین البانی، سید محب اللہ شاہ راشدی، سید بدیع الدین شاہ راشدی رحمہم اللہ روزانہ کئی کئی گھنٹوں تک مطالعہ کرتے تھے۔ مطالعہ کے لیے کتابوں کا ہونا بھی ضروری ہے، یہی وجہ ہے کہ جتنے بھی بڑے بڑے اہل علم گزرے ہیں ان سب نے اپنے شاندار کتب خانے

قائم کیے تھے۔

حافظ زبیر علی زئی رحمۃ اللہ علیہ نے اپنا زبردست کتب خانہ قائم کیا تھا، جس میں کتابوں کا بڑا ذخیرہ جمع کیا تھا۔ کتب خانہ کی تقریباً تمام کتابیں آپ کی نظر سے گزریں اور ایک ایک کتاب کا آپ نے مطالعہ کیا۔

اللہ تعالیٰ نے آپ کو وقت کا عظیم محدث بنایا تھا اور فن اسماء الرجال میں آپ وقت کے امام تھے۔ یہ بلند رتبہ ایسے ہی نہیں مل گیا تھا، اس کے لیے آپ نے سالہا سال دن رات ایک کر کے مطالعہ کیا تھا۔ اسماء الرجال کی اکثر کتابیں آپ کو حفظ تھیں۔ آپ سریع القراءت بھی تھے۔ ایک دفعہ میں سعودی عرب سے واپس آ رہا تھا، فون پر شیخ صاحب سے عرض کیا: آپ کو کسی کتاب کی ضرورت تو نہیں؟ تو فرمایا: اسلم بھائی! میرے لیے سلسلہ صحیحہ کی پندرھویں جلد لیتے آنا۔ میں نے جدہ کی مارکیٹ سے مذکورہ کتاب خریدی، جو کہ تین بڑے حصوں پر مشتمل تھی، کراچی آ کر وہ کتاب آپ کو پوسٹ کر دی، کچھ دنوں بعد رابطہ ہوا اور عرض کیا، شیخ صاحب! کیا کتاب مل گئی؟ فرمایا: اسلم بھائی کتاب مل گئی اور میں نے وہ ایک ہی دن میں پڑھ بھی لی ہے۔

کوئی بھی شخص آپ کو فون پر کسی حدیث کی سند سے متعلق پوچھتا تو آپ کہتے کہ حدیث کی سند پڑھیں۔

پھر اگر سند میں ضعف یا کوئی علت وغیرہ ہوتی تو فوراً بتا دیتے، کیوں کہ آپ نے ہزاروں احادیث کی تحقیق کی، اکثر رواۃ کی معلومات آپ کو ازبر ہوتی تھی۔ جلسوں میں اکثر سوال و جواب کی نشست میں سامعین اس بات کا ضرور مشاہدہ کرتے تھے کہ حافظ صاحب حدیث کی سند پر کس طرح تحقیق پیش کرتے تھے۔ یہ آپ کا علمی مقام تھا اور علم حدیث میں رسوخ کا واضح ثبوت بھی۔

آپ کے علمی مقام کے لیے آپ کی بے شمار علمی تصانیف زبردست دلیلیں ہیں جو کہ ہزاروں صفحات پر مشتمل ہیں، کیوں کہ کسی کے علمی مقام کا بڑا ثبوت اس کی تصانیف سے بڑھ کر کوئی چیز نہیں ہو سکتی۔

امام بخاری رحمۃ اللہ علیہ کا علمی مقام ان کی صحیح کی جمع و ترتیب اور ابواب سے معلوم ہوتا ہے۔

عالم اسلام کی دو نامور علمی شخصیات علامہ محمد ناصر الدین البانی اور علامہ سید بدیع الدین شاہ راشدی رحمہما اللہ حرم مکی کے مکتبہ میں مخطوطات کی ورق گردانی کر رہے ہیں، شیخ بدیع رحمۃ اللہ علیہ کی نظر امام ابن حجر کی کتاب ''تغلیق التعلیق'' پر پڑتی ہے۔ شاہ صاحب کہتے ہیں: حافظ ابن حجر عسقلانی رحمۃ اللہ علیہ اگر فتح الباری نہ لکھتے اور صرف یہ کتاب ''تغلیق التعلیق'' ہی لکھ دیتے تو یہی ایک کتاب ان کے علم کے ثبوت کے لیے کافی تھی۔

شیخ البانی رحمۃ اللہ علیہ نے شیخ بدیع الدین رحمۃ اللہ علیہ کی تائید کی اور فرمایا کہ آپ صحیح کہہ رہے ہیں۔

قارئین کرام! شیخ زبیر علی زئی رحمۃ اللہ علیہ وقت کے امام تھے، بذاتِ خود ایک تاریخ اور تحریک تھے، جنھوں نے تنہا وہ کام کیا ہے جو آنے والی صدیوں میں ہزاروں لوگ مل کر بھی شاید نہ کر سکیں۔ انھوں نے ہی اس ملک میں تدریس حدیث میں انقلاب پیدا کیا۔ ورنہ ہمارے ہاں تو مدارس میں عموماً حدیث کا ترجمہ اور چند معروف فقہی مسائل بیان کیے جاتے تھے۔ حدیث کی سند اور علل پر بحث کرنے کی کون تکلیف کرتا تھا؟ اگرچہ جماعت اہلِ حدیث میں چند دوسری شخصیات بھی گزری ہیں، جنھیں اسماء الرجال میں کافی مہارت حاصل تھی،

لیکن شیخ زبیر علی زئی رحمہ اللہ وہ شخصیت تھے جنھوں نے عصر حاضر میں اس میدان میں انقلاب برپا کیا اور بے شمار نوجوان آپ سے متاثر ہو کر اس میدان میں آئے، اس فن اسماء الرجال میں مہارت حاصل کرنے کا نیا جوش اور ولولہ پیدا ہوا۔

یہ ایک حقیقت ہے کہ "النَّاسُ اَعْدَاءُ مَا جَهِلُوْا" لہٰذا جو لوگ فن اسماء الرجال اور اصول حدیث سے بے بہرہ ہوتے ہیں، وہ ان علمائے کرام سے بغض و عداوت رکھتے ہیں جنھوں نے اس علم کے لیے اپنی زندگیاں صرف کر دی ہوتی ہیں۔

ایک ایسے ہی شیخ الحدیث صاحب کا سنا ہے جو کئی سالوں سے صحیح بخاری پڑھا رہے ہیں اور وہ اپنے درس میں شیخ البانی پر ہمیشہ تنقید کرتے ہیں کہ انھوں نے صحیح اور ضعیف احادیث کو الگ الگ کیوں کیا ہے؟ جو لوگ کام نہیں کر سکتے وہ کام کرنے والوں پر بے جا تنقید کرتے ہیں یا کم از کم ان کی محنت کی بے قدری ضرور کرتے ہیں، یا پھر اندر ہی اندر جلتے ضرور ہیں۔

اس طرح کتنے ہی لوگوں نے شیخ البانی اور شیخ زبیر علی زئی رحمہ اللہ کی بے جا مخالفت کی، لیکن ایسے سارے کے سارے مخالف اپنی موت مر گئے۔ اللہ تعالیٰ نے ایسے محدثین کو جو قبول عام سے نوازا ہے اس کی تو لوگ تمنا ہی کر سکتے ہیں۔

ایں سعادت بزور بازو نیست تا نہ بخشد، خدائے بخشندہ

تدریس

شیخ زبیر علی زئی رحمہ اللہ نے مکتبہ زبیریہ کے ساتھ ساتھ مدرسہ اہل حدیث بھی قائم کیا، جہاں پر باقاعدہ طور پر حفظ و ناظرہ کی تعلیم دی جاتی تھی۔ ملک اور بیرون ملک سے آنے والے طلبائے علم کو خود پڑھایا کرتے تھے، اس طرح ان سے بے شمار لوگوں نے علم حدیث حاصل کیا، شیخ صاحب سعودی عرب میں رہے، تو وہاں بھی کئی لوگوں نے آپ سے استفادہ کیا۔ اس کے علاوہ آپ نے ایک سال جامعہ امام بخاری سرگودھا میں صحیح البخاری پڑھائی، مختلف وقتوں میں آپ نے اصول حدیث اور اسماء الرجال کے بارے میں مختصر کورس بھی کروائے ہیں۔ جہاں پر بڑی تعداد میں طالبان علم شریک ہوئے ہیں۔

تلامذہ

شیخ صاحب رحمہ اللہ کے عرب و عجم میں لا تعداد شاگرد ہیں، جنھیں شمار کرنا ممکن نہیں، چند کے نام ذکر کیے جاتے ہیں: شیخ فیصل التمیمی (سعودی عرب)، شیخ ابو الفضل عبد القادر الادریسی الجزائری، شیخ ابو طاہر اثری (کوئٹہ)، شیخ ندیم ظہیر (لاہور)، شیخ صدیق رضا کراچی، شیخ حافظ طارق مجاہد یزمانی، شیخ ارشد کمال، فضل اکبر کاشمیری، شیخ تنویر شاہ ہزاروی، شیخ نصیر احمد کاشف، شیخ اصغر علی سمیجو، شیخ افضل محمدی، شیخ عبدالرحمٰن اثری، شیخ بشیر احمد عسکری، شیخ شبیر احمد جمالی (بلبل سندھ)، شیخ شعیب سلفی، شیخ محمد خان توحیدی، ڈاکٹر عبدالرقیب آرائیں۔ وغیرہ

تصنیف و تالیف

یہ شیخ صاحب رحمہ اللہ کا اصل میدان تھا، آپ نہایت بسیار نویس تھے۔ اللہ تعالیٰ نے آپ کو سرعتِ تصنیف سے نوازا تھا۔ آپ نے کم عرصے میں بہت زیادہ لکھا، آپ نے اردو اور عربی دونوں زبانوں میں لکھا اور چند کتابوں کے

ترجمے بھی کیے۔ آپ نے حضرو شہر سے ''الحدیث'' کے نام سے ایک ماہوار رسالہ بھی جاری کیا، جس میں اکثر مضامین اور مقالات آپ کے ہی ہوا کرتے تھے۔

ایک ایک مضمون اور مقالہ خود ایک مستقل کتاب کی حیثیت رکھتا ہے۔ ''الحدیث'' میں آپ نے جہاں حدیث اور اہل حدیث کا دفاع کیا، منہج سلف صالحین کو پیش کیا وہاں اہل بدعت پر بھی خوب رد کیا۔

آپ نے فن اسماء الرجال کو بھی نیا انداز دیا، ورنہ آپ سے قبل عموماً لوگ میزان اور تقریب وتہذیب سے آگے نہیں بڑھتے تھے۔ آپ ہی نے لوگوں کا ذہن بنایا کہ ان کتابوں میں موجود اقوال پر اس وقت تک اعتماد نہیں کیا جا سکتا جب تک وہ سنداً صحیح ثابت نہ ہوں۔ اس بارے میں خصوصاً آپ کے مقالات اہل علم کے لیے مشعل راہ ہیں۔

ہمارے علم کے مطابق آپ نے عربی زبان میں 28 سے زیادہ کتابیں لکھی ہیں، اردو میں 21 سے زیادہ اور پانچ کتابوں کا عربی سے اردو میں ترجمہ کیا۔ آپ کی زندگی میں الحدیث کے 111 (ایک سو گیارہ) شمارے شائع ہو چکے تھے، اس سے پہلے آپ ماہنامہ ''شہادت'' اسلام آباد، ''محدث'' لاہور اور دیگر جرائد میں بھی لکھتے رہے ہیں۔ آپ کے یہ مقالات اور مضامین ''مقالات'' کے عنوان سے 6 جلدوں میں قارئین تک پہنچ چکے ہیں۔ آپ کے فتاویٰ کی بھی تین جلدیں منظر عام پر آ چکی ہیں۔

دعوت وتبلیغ

شیخ صاحب نے دعوت وتبلیغ کے میدان میں بھی بھرپور محنت کی۔ 70 کی دہائی کے ابتدائی سالوں میں جب اہل حدیث ہوئے، تو مسلسل دعوت وتبلیغ کا کام جاری رکھا۔ شروع میں آپ کے والد صاحب نے سخت مخالفت کی، لیکن کچھ عرصہ بعد ان کے اندر نرمی آئی اور کتب خانہ اور مدرسے کے لیے شیخ صاحب کو پلاٹ دیا، اور مسجد بھی آپ کے حوالے کی، پھر ایک وقت وہ بھی آیا جب انھیں احساس ہوا کہ میرا بیٹا عصر حاضر کا بڑا محدث ہے۔ میں 1998ء میں جب پہلی مرتبہ شیخ صاحب سے ملنے کے لیے حضرو شہر گیا، تو سب سے پہلے حاجی مجدد خان علی زئی صاحب کی دوکان پر پہنچا، آپ سے دعا سلام ہوئی تو مجھے بتایا کہ زبیر صاحب آج کل فلاں فلاں کتاب کی تحقیق کر رہے ہیں اور ان ان کتابوں کی تحقیق کر چکے ہیں، یعنی ان کے اندر بڑی تبدیلی آ چکی تھی۔

شیخ صاحب نے اپنی مسجد میں جمعہ کا خطبہ شروع کیا، تو اکثر مقتدی اہل حدیث ہو گئے، بلکہ محلّہ پیرداد اور آپ کے قریبی علاقے والوں پر آپ کے خطبہ اور دروس کا کافی اثر ہوا۔

شیخ صاحب کا دعوتی اور تبلیغی سفر جاری رہا اور لوگ اہل حدیث مسلک قبول کرتے رہے اور جب آپ نے وفات پائی تو حضرو کے علاقے میں 15 کے قریب اہل حدیث مساجد تعمیر ہو چکی تھیں۔

اس کے علاوہ دعوتی کام کے لیے آپ نے پورے ملک کا سفر کیا، آپ کے علم، استدلال، اخلاص اور تقویٰ کی وجہ سے اللہ تعالیٰ نے لوگوں کے دلوں میں آپ کے لیے قبول ومحبت ڈالی، اور آپ کے جلسوں میں بہت بڑی تعداد میں لوگ حاضر ہوتے تھے۔ اس طرح آپ کے پروگرام سن کر بے شمار لوگ اہل حدیث ہو گئے۔ دعوتی میدان میں آپ کے رسالہ ''الحدیث'' نے بھی بڑا کام کیا، اور بے شمار لوگ آپ

کے رسالے اور کتب کا مطالعہ کر کے راہ راست پر آئے۔

موجودہ دور میں آپ ہی وہ شخصیت تھے جن کی تصنیفات کی بڑی مانگ رہی اور ایک ایک کتاب کے کئی ایڈیشن شائع ہوئے۔ دعوت وتبلیغ کے لیے آپ نے جدید دور کے وسائل کو بھی استعمال کیا۔ انٹرنیٹ کے ذریعے سے آپ کی تقاریر اور کتب دنیا کے کونے کونے تک پہنچیں اور پوری دنیا میں لوگوں نے خوب استفادہ کیا۔

مناظرے

اللہ تعالیٰ نے شیخ صاحب کو مناظرانہ طبیعت دی تھی۔ آپ نے اپنی زندگی میں کئی کامیاب مناظرے کیے، جن میں سے چند مناظروں کی تفصیل مولانا محمد اسحاق بھٹی صاحب نے اپنی کتاب ''گلستان حدیث'' میں دی ہے۔ مثلاً اٹک شہر میں 1997ء ایک عیسائی پادری سے مناظرہ ہوا۔ اس مناظرہ میں پادری کو شکست فاش ہوئی اور کئی عیسائیوں نے اسلام قبول کیا۔

اس طرح اٹک شہر میں آپ کا ایک قادیانی ملاں سے مناظرہ ہوا، جس میں قادیانی کو شکست ملی، اور امتیاز احمد نامی ایک قادیانی نے اسلام قبول کیا۔

مشہور تکفیری جماعت ''جماعت المسلمین'' کے بانی مسعود احمد بی ایس سی سے ان کے گھر (اسلام آباد) میں مناظرہ ہوا، بی ایس سی صاحب لاجواب ہو گئے اور اس کے نتیجے میں حضرو شہر کی جماعت المسلمین کے تمام افراد نے مسلک اہل حدیث قبول کر لیا۔

حزب اللہ کے امیر ڈاکٹر مسعود عثمانی سے ان کی مسجد (کیماڑی، کراچی) میں مناظرہ کیا، عثمانی صاحب اپنے موقف کا دفاع نہ کر سکے، نتیجتاً ان کی جماعت کے کئی افراد اہل حدیث ہو گئے۔

منہج

شیخ صاحب سلف صالحین اور محدثین کرام کے خالص اور مضبوط منہج پر قائم تھے۔ عقیدہ وعمل ہو یا علمی اور اصولی مسائل ہوں، آپ نے ہمیشہ سلف صالحین کے منہج اور موقف کو مضبوطی سے تھامے رکھا۔ شیخ صاحب نے اپنے منہج کی وضاحت کرتے ہوئے اپنے ماہوار رسالے ''الحدیث'' کے بیک ٹائٹل پر اپنا منہج لکھ رکھا ہے۔

قارئین کرام! مندرجہ بالا دلائل سے شیخ صاحب کے منہج کی خوب وضاحت ہوتی ہے۔

1423ھ میں راقم الحروف شیخ صاحب سے پڑھنے کے لیے حضرو شہر گیا، جہاں میں نے آپ سے ''الباعث الحثیث شرح اختصار علوم الحدیث'' پڑھی تھی۔ میں نے اسی کتاب کے اوپر آپ سے آٹو گراف لیا تھا، جس میں آپ نے لکھا تھا:

'' بسم الله الرحمن الرحيم ، أوصى الأخ الكريم أسلم شيخ حفظه الله بإتباع الكتاب والسنة على فهم السلف الصالح ، و أن لا يخالف الإجماع الثابت ، وأوصيه أن يبتعد عن أهل البدعة ابتعادا شديدًا ، و أن يذكرني في صالح دعواته ، جزاه الله خيرًا

كتبه بخط يده

أبو طاهر زبير بن مجدد عليزئی ، مدرسة أهل حديث حضرو اتك باكستان ، 14شوال 1423هـ ''

قارئین کرام! اس عبارت سے بھی شیخ صاحب کا منہج واضح ہوتا ہے۔ آپ شرعی مسائل میں قرآن، سنت، اجماع اور شرعی قیاس (اجتہاد) کو دلیل مانتے تھے۔

(الحدیث: 52 ص 13-16)

آپ مسلمان عوام اور حکمرانوں کی تکفیر کے سخت مخالف تھے، بلکہ تکفیری جماعتوں اور افراد سے سخت نفرت کرتے تھے۔ ایک دفعہ مجھے یاد ہے کہ آپ نے چند معروف افراد جنھیں بعض مورخین ہیرو بنا کر پیش کرتے ہیں، کہا کہ یہ اصل یہود و نصاریٰ کے ایجنٹ تھے اور انھوں نے عثمانی خلافت کے خاتمے کے لیے کام کیا۔

شیخ رحمہ اللہ نے کہا کہ ترکوں کے اندر اگرچہ بڑی خامیاں موجود تھیں، لیکن وہ اسلامی خلافت کو قائم رکھنا چاہتے تھے۔

آپ تمام صحیح العقیدہ اہل علم کا بہت زیادہ احترام کرتے تھے۔ تنظیم سازی اور حزبیت کے سخت مخالف تھے۔ آپ نے ہمیشہ غیر جانبدار رہ کر دین کا کام کیا، لیکن اس کے باوجود جماعت اہل حدیث کے ہر گروپ کے ساتھ بلا تفریق تعاون کرتے تھے اور بذاتِ خود ہر اس کام سے سخت اجتناب کرتے تھے جس سے صحیح العقیدہ مسلمانوں کے درمیان کسی قسم کا افتراق و اختلاف پیدا ہو۔

اخلاق و عادات

اس وقت تک کوئی بھی تحریک کامیاب نہیں ہوسکتی جب تک اس کے رہنما اخلاق کے بلند درجے پر فائز نہ ہوں۔ آپ اگر غور سے دیکھیں گے اور تفصیل سے مطالعہ کریں گے تو معلوم ہوگا کہ جب تک لیڈر میں اخلاص، محبت، ہمدردی، بہادری اور ایثار کا جذبہ نہ ہو، جماعت تیار نہیں ہوسکتی۔

فرمانِ الٰہی ہے:

﴿ فَبِمَا رَحْمَةٍ مِّنَ اللّٰهِ لِنتَ لَهُمْ ۚ وَلَوْ كُنتَ فَظًّا غَلِيظَ الْقَلْبِ لَانفَضُّوا مِنْ حَوْلِكَ ۖ فَاعْفُ عَنْهُمْ وَاسْتَغْفِرْ لَهُمْ وَشَاوِرْهُمْ فِي الْأَمْرِ ۖ فَإِذَا عَزَمْتَ فَتَوَكَّلْ عَلَى اللّٰهِ ۚ إِنَّ اللّٰهَ يُحِبُّ الْمُتَوَكِّلِينَ ﴾

یعنی ''اللہ کی مہربانی سے آپ نے اپنے ساتھیوں کے ساتھ نرم رویہ اختیار کیا ہے، لیکن اگر آپ (ان کے لیے) سخت طبع (اور) سخت دل ہوتے تو یہ لوگ آپ سے بھاگ جاتے، لہٰذا آپ انھیں معاف کریں اور ان کے لیے بخشش طلب کریں اور (انتظامی معاملات وغیرہ میں) ان کے ساتھ مشورہ کریں، پھر جب (ایک بات کا) پختہ ارادہ کرلیں تو پھر اللہ پر بھروسا کریں، اللہ بھروسا کرنے والوں سے یقیناً محبت کرتا ہے۔'' (سورۃ آل عمران: 159)

یعنی رہنما ایسا ہو جو کہ اپنے ساتھیوں سے نرم رویہ اختیار کرے، انھیں دل میں جگہ دے، خیر خواہی کرے اور ان کے ہر دکھ سکھ میں شریک ہو، جماعت کے ساتھ تعلق ایمان اور صحیح عقیدہ کی بنیاد پر ہو، کسی ذاتی مفاد کی بنیاد پر نہ ہو۔

ہم نے سندھ کے عظیم محدث علامہ سید بدیع الدین شاہ راشدی رحمہ اللہ کے ساتھ کچھ عرصہ گزارا ہے۔ ہم نے ان کے اخلاق و اوصاف کو غور سے دیکھا، آپ کے ہر عمل اور کردار کے پیچھے بڑا مقصد اور پس منظر ہوتا تھا۔ جب آپ نے سندھ میں توحید و سنت کی دعوت کا کام شروع کیا، اس وقت سندھ میں جماعت اہل حدیث کی ایک بھی مسجد نہیں تھی۔ آپ کہتے تھے کہ شروع میں جب ہم حیدر آباد میں آئے تو حیدر چوک کے قریب دیوبندی جماعت کی مشہور اورنگزیب مسجد میں جمعہ پڑھتے تھے، لیکن جب آپ کی

وفات ہوئی، تو اس وقت سندھ کے اندر 800 سے بھی زائد جماعت اہل حدیث کی مساجد تعمیر ہو چکی تھیں۔ ہزاروں لوگ مسلک اہل حدیث قبول کر چکے تھے۔ اس طرح جماعت تیار کرنے کے لیے بھی علم، عمل صالح، حکمت عملی کے ساتھ حسن اخلاق اور بہترین اوصاف کی ضرورت ہوتی ہے۔ ہم تو کیا جماعت کا ہر فرد یہی سمجھتا تھا کہ شاہ صاحب تو صرف میرے ساتھ ہی محبت کرتے ہیں۔ جماعت کے ہر فرد کے ساتھ اس طرح محبت کرنا بہت مشکل کام ہے اور یہ کام وہی کر سکتا ہے جس کی دوستی اور دشمنی اللہ کے لیے ہو۔

شیخ زبیر علی زئی رحمہ اللہ کے ساتھ دنیا کے ہزاروں طالبان علم اور عوام کا رابطہ رہتا تھا، لیکن ہر کوئی یہی سمجھتا تھا کہ شیخ صاحب بس مجھ سے ہی محبت کرتے ہیں۔ ایسے لوگ نایاب نہیں تو کمیاب ضرور ہوتے ہیں اور برسوں بعد پیدا ہوتے ہیں جن کی سوچ اور فکر کی پرواز نہایت ہی بلند ہوتی ہے، ورنہ ہم عام طور پر دیکھتے ہیں کہ کتنے ہی خود ساختہ مولوی ایک دوسرے کی ٹانگیں کھینچتے اور چغلی غیبت ہی سے فرصت نہیں پاتے۔

شیخ زبیر علی زئی رحمہ اللہ ان چند علمائے کرام میں سے تھے جو اپنی ذاتی پسند اور ناپسند کو بالائے طاق رکھ کر چلتے ہیں۔ آپ نے کبھی کسی کے سامنے اپنی پریشانی کا ذکر نہیں کیا، ہمیشہ خودداری کا مظاہرہ کیا، اگرچہ آپ کی مالی حالت کمزور ہی کیوں نہ ہوتی۔ اپنی تصانیف کی جو کچھ رائلٹی ملتی تھی، اس سے مکتبہ کے لیے کتابیں خریدا کرتے تھے۔ ایک دفعہ انھوں نے کہا: مسند الحمیدی کے حقوق طبع ایک معروف ادارے کو فروخت کیے، جس کے پچاس ہزار روپے ملے تو میں اسی وقت مارکیٹ میں گیا، اور پچاس ہزار کی کتابیں خرید لیں۔

شیخ صاحب کے دل میں جماعتی ساتھیوں کے لیے بہت زیادہ محبت اور جذبۂ خیر خواہی ہوتا تھا اور ہمیشہ ان کی اچھائی کے لیے سوچتے رہتے تھے۔ دینی، علمی اور دنیوی معاملات میں کبھی بخل سے کام نہیں لیتے تھے۔ آپ کا دل بڑا کشادہ ہوتا تھا اور ہمیشہ دوسروں کو فائدہ پہنچانے کا سوچتے تھے۔ عام طور پر اہل علم اپنی ذاتی تصنیفات، جو ابھی مطبوع نہ ہوں، ان کی فوٹو نہیں دیتے، لیکن شیخ صاحب اس معاملے میں بھی بڑے فراخ دل تھے۔ میں نے آپ سے بلوغ المرام پر آپ کی تحقیق کی فوٹو کاپی لی۔ آپ نے کہا: شہر میں ایک فوٹو اسٹیٹ والا ہے، میں آپ کے ساتھ چلتا ہوں، وہ کاپی بھی اچھی بناتا ہے اور رعایت بھی کرتا ہے، آپ خود میرے ساتھ چلے اور فوٹو کاپی کروا کر دی۔ ایک دو ماہ کے بعد شیخ صاحب سے فون پر رابطہ ہوا، تو کہا: اسلم بھائی! شیخ مبشر احمد ربانی حفظہ اللہ سندھ آ رہے ہیں، کسی کتاب کی ضرورت ہو تو بتائیں۔ ایک دفعہ میں آپ کا درس ریکارڈ کرنا چاہتا تھا، اس لیے بازار سے TDK کیسٹ کا ڈبہ لے کر آیا، کیسٹ دیکھ کر شیخ صاحب نے کہا: یہ کیسٹ دو نمبر ہیں، چلو واپس کرتے ہیں، ایک نمبر دلاتا ہوں۔ آپ میرے ساتھ گئے دوکاندار کو کہا کہ یہ دو نمبر کیسٹ ہیں، واپس لیں، دوکاندار چپ ہو گیا، شیخ صاحب نے کہا: یہ مجھے دیکھ کر مجبور ہو گیا، ورنہ کبھی کیسٹ واپس نہ لیتا۔ یہ ایک دو مثالیں ہیں کہ شیخ صاحب نہایت مصروف ہونے کے باوجود ہم جیسے فقیروں کے ساتھ خیر خواہی کے لیے ضرور وقت نکال لیتے تھے۔ یہی خلوص اور ہمدردی کا جذبہ تھا، جس کی وجہ سے ہزاروں طالبان علم نے آپ سے علمی استفادہ کیا۔ آپ اپنی پریشانیاں بھول کر دوسروں کے لئے فکر مند رہتے تھے۔ آپ اکثر فون پر پوچھتے

رہتے تھے کہ اسلم بھائی کیسے وقت گزر رہا ہے، میں آپ کی کس طرح مدد کرسکتا ہوں؟ طالب علم آپ سے تزکیہ لینا چاہتے تو آپ بڑی خوشی سے انھیں تزکیہ دیتے، بلکہ کہتے تھے کہ میرے دولفظوں سے اگر کسی کا فائدہ ہوتا ہے تو اس سے مجھے خوشی ہوگی۔

اللہ تعالیٰ نے آپ کوتقویٰ کے بلند درجے پر فائز کیا تھا آپ کا کردار قابل رشک تھا۔ رات کو کبھی تہجد نہیں چھوڑتے تھے۔ اللہ تعالیٰ نے آپ کی دعاؤں میں بھی بڑی تاثیر رکھی تھی۔ جن لوگوں نے آپ کا یمن کا سفرنامہ پڑھا ہوگا، انھیں معلوم ہوگا کہ اللہ تعالیٰ نے آپ کی کیسے دعا قبول فرمائی اور آپ کو اور دیگر ساتھیوں کو کیسے قید سے آزادی دلائی، حالانکہ بظاہر وہاں سے آزادی ناممکن نظر آرہی تھی۔

حضرو شہر کے اہل بدعت سے آپ کا مباہلہ بھی مشہور ہے، جس میں مباہلہ کرنے والے اہل بدعت کے کردار ایک دوسرے کے بعد بری طرح موت کا شکار ہوئے۔

رب ذوالجلال نے آپ کو بہت ہی نڈر اور بہادر بنایا تھا، آپ مشرکین اور اہل بدعت کے لیے بے نیام تلوار تھے، آپ نے ملک کے ہر مشرک و بدعتی گروہ کا ڈٹ کر مقابلہ کیا اور انھیں سرعام للکارا، ماہنامہ ''الحدیث'' کے صفحات گواہ ہیں کہ آپ کبھی بھی کمزوری کا شکار نہیں ہوئے۔ اہل بدعت کے رد میں شیخ صاحب نے جو کام کیا وہ ایک تاریخ ہے جسے پڑھنے اور محفوظ کرنے کی ضرورت ہے۔

مخالفین جب دلائل کے میدان میں شکست کھا چکے تو بدمعاشی اور غنڈہ گردی پر اتر آئے اور مختلف وقتوں میں انھوں نے شیخ صاحب پر تین مرتبہ حملہ کیا۔

زبردست علمی مقام کے باوجود اللہ تعالیٰ نے آپ کو نہایت ہی تواضع سے نوازا تھا۔ آپ نے اپنے رویے اور سلوک سے کبھی یہ محسوس نہیں ہونے دیا کہ وہ وقت کے عظیم محدث ہیں۔

آپ کے مکتبہ کے اوپر مدرسہ کے کمرے تھے، ہم وہاں رہتے تھے۔ ایک دفعہ مغرب نماز کے بعد کیا دیکھتا ہوں کہ شیخ صاحب تیزی کے ساتھ مدرسہ کی سیڑھی چڑھتے آ رہے ہیں۔

ہاتھ میں کارڈلیس سیٹ تھا، کہا اسلم بھائی! آپ کا فون آرہا ہے۔ فون مٹھی ضلع تھرپارکر کے مولانا دریا خان سمیجو صاحب کا تھا، میں نے بات ختم کی تو شیخ صاحب نے کہا: اسلم بھائی یہ دریا خان کسی آدمی کا نام ہے؟ مجھے ہنسی آ گئی، میں نے کہا: جی ہاں شیخ صاحب، ہمارے ہاں سندھ میں لوگ یہ نام رکھتے ہیں۔ ایک دفعہ میں آپ کا کوئی مخطوط پڑھ رہا تھا کہ اس میں دوالفاظ کی تقدیم وتاخیر کی غلطی تھی، میں نے عرض کیا: شیخ صاحب! یہاں تو مجھے غلطی محسوس ہورہی ہے۔ دیکھ کر کہا: ہاں، واقعی یہاں غلطی ہے، آپ اس کو پڑھیں اور جہاں بھی غلطی نظر آئے تو نشاندھی کریں۔

میں نے دل میں سوچا، بندے ان کی کسر نفسی اور تواضع تو دیکھ...... کہاں فقیر اسلم، اور کہاں یہ وقت کے عظیم محدث۔

اس کے علاوہ اللہ تعالیٰ نے آپ کو بے شمار خوبیوں سے نوازا تھا، امانت، صداقت، زہد، تقویٰ، ایفائے عہد، غرض آپ ایک محدث تھے تو عمل سے بھی قرآن وحدیث کا عملی نمونہ پیش کرتے تھے۔

قارئین کرام! دوستوں نے مجھے شیخ صاحب رحمہ اللہ کے بارے میں کچھ لکھنے کے لیے کہا، لیکن یہ ایک حقیقت ہے کہ میں اپنے اندر اتنی صلاحیت نہیں سمجھتا تھا کہ آپ جیسے عظیم محدث کے بارے میں کچھ لکھوں۔ آپ یقیناً ایک عہد اور ایک تحریک تھے۔ اہل علم ان شاء اللہ آپ کے علمی کام پر لکھتے رہیں گے اور طالب علم اور عوام ہمیشہ آپ کے عظیم تحقیقی کام سے استفادہ کرتے رہیں گے۔ اللہ تعالیٰ شیخ صاحب رحمہ اللہ کی اولاد، شاگردوں اور ساتھیوں کو توفیق عطا فرمائے، تاکہ وہ آپ کے چھوڑے ہوئے مشن کو آگے لے کر چلیں اور خود کو اور اپنی اولاد کو قرآن وحدیث کے علم کے لیے وقف کر دیں۔ آمین

فضیلۃ الشیخ حافظ زبیر علی زئیؒ بحیثیت مثالی محقق و مناظر

مولانا محمد صادق خلیل مری*

چودھویں صدی ہجری کے کبار محدثین و محققین میں سے ایک عظیم اور مثالی محقق و مناظر، علم حدیث اور اسماء الرجال کے ماہر، ممتاز عالم دین فضیلۃ الشیخ علامہ حافظ زبیر علی زئی رحمہ اللہ کی وفات یقیناً تمام اہل الحدیث کے لیے بالعموم اور اہل العلم کے لیے بالخصوص ایک بڑا صدمہ ہے۔

اللہ تعالیٰ سے دعا ہے کہ اللہ تعالیٰ شیخ رحمہ اللہ کی مغفرت فرمائے اور انھیں اپنی رحمت سے جنت الفردوس میں جگہ عطاء فرمائے۔ (آمین)

شیخ صاحب رحمہ اللہ کی شخصیت کسی تعارف کی محتاج نہیں۔ اللہ تعالیٰ نے شیخ صاحب رحمہ اللہ کو راسخ فی العلم کے درجہ پر فائز فرمایا تھا اور بصیرت و بصارت کی دولت سے نوازا تھا۔

شیخ صاحب رحمہ اللہ کے حالاتِ زندگی، علمی کارناموں اور دینی خدمات کو تو اہلِ علم ہی تحریر فرمائیں گے۔ بندہ اُحقر تو چند سطریں لکھ کر شیخ رحمہ اللہ سے محبت اور ان کے محبین میں شامل ہونے کی سعادت کی خاطر کوشاں ہے۔ أحبُّ الصالحین و لستُ منهم لعل الله یرزقني صلاحًا.

غالبًا 1999ء میں شیخ رحمہ اللہ کراچی کے دورے پر تشریف لائے تھے۔ خصوصاً المعہد السّلفی کے طلبا کے لیے کچھ ایام کے لیے وقت لیا گیا تھا، جس میں طلبہ نے آپ سے خوب استفادہ کیا۔ چند ایک طلبہ سے آپ کی قابلیت و علمیت کی بے حد تعریف سنی اور طلبہ نے آپ رحمہ اللہ کے علمی جواہر کو صفحات میں محفوظ بھی کر لیا تھا۔

اس دوران میں شیخ صاحب رحمہ اللہ کے کراچی کی مختلف مساجد میں دروس کا انعقاد کیا گیا تھا۔ ایک درس الراشدی مسجد اہل حدیث موسیٰ لین میں بھی رکھا گیا تھا۔ بندہ احقر اس وقت مذکورہ مسجد میں امامت کے فرائض سرانجام دے رہا تھا۔ شیخ صاحب رحمہ اللہ تشریف لائے۔ آپ کی سادگی کو دیکھ کر مَیں حیران رہ گیا۔ آپ نے عشاء کی نماز پڑھائی، پھر باقاعدہ درسِ قرآن و حدیث ہوا۔ بعد ازاں جناب احمد میمن صاحب کے گھر دعوت میں شریک ہوئے، راقم الحروف بھی ہمراہ تھا اور اسے میں اپنی سعادت سمجھتا ہوں۔

دورانِ دعوت شیخ صاحب رحمہ اللہ سے سوال و جواب کا

---

* خطیب و مدرس، کراچی۔

سلسلہ بھی جاری تھا۔

عبد الحلیم بھائی نے عربی میں سوالات کیے تو شیخ صاحب رحمہ اللہ نے عربی میں مدلل و مسکت جواب مرحمت فرمائے۔ بندہ احقر نے بھی ایک دو سوال کیے تھے، ایک سوال جواَب تک اچھی طرح یاد ہے وہ یہ کہ دعا کے بعد ہاتھوں کو چہرے پر پھیرنا کیسا ہے؟ آپ نے امام بخاری رحمہ اللہ کی کتاب ''الادب المفرد'' کا حوالہ دیتے ہوئے کہا کہ اس میں دو صحابہ سیدنا ابن عمر اور سیدنا ابن زبیر رضی اللہ عنہم سے یہ عمل ثابت ہے۔ میں نے حوالہ نوٹ کرلیا اور یہ خواہش لیے ہوئے تھا کہ یہ کتاب میسر آ جائے تو اس میں یہ حوالہ دیکھ لوں۔ بعد میں جب یہ کتاب خریدنے کا موقع ملا تو اس میں یہ حوالہ ملاحظہ کیا۔ رقم الحدیث: 609 پر یہ مسئلہ موجود ہے۔

شیخ صاحب رحمہ اللہ سے تلمذ کا شرف

دوسری ملاقات شیخ رحمہ اللہ سے ان کے اپنے علاقے حضرو ضلع اٹک میں ہوئی۔ اس کی تفصیل اختصار کے ساتھ اس طرح ہے کہ 2006ء ماہ ستمبر میں بندہ احقر مع رفقاء ڈاکٹر عبدالرشید رحمہ اللہ، رضوان بھائی اور دلدار بھائی۔ علمائے کرام سے استفادہ اور شرفِ زیارت کے حصول کے لیے نیز سیاحت کی غرض سے کراچی سے راولپنڈی، اسلام آباد، مظفر آباد، مری، حضرو اٹک پشاور، فیصل آباد اور سرگودھا کا سفر اختیار کیا۔ جن علمائے کرام سے ملاقات کا شرف حاصل ہوا۔ ان کے اسمائے گرامی یہ ہیں:

فضیلۃ الشیخ علامہ زبیر علی زئی رحمہ اللہ، فضیلۃ الشیخ عبدالسلام رستمی رحمہ اللہ، فضیلۃ الشیخ محمد امین اللہ پشاوری حفظہ اللہ، فضیلۃ الشیخ طیب الرحمان زیدی حفظہ اللہ، فضیلۃ الشیخ جمیل الرحمان حفظہ اللہ، فضیلۃ الشیخ عبدالعزیز نورالستانی حفظہ اللہ (آپ کی اقتدا میں ہم نے پشتو میں خطبہ جمعہ سماعت کیا۔ آپ کا انداز اتنا سہل اور واضح تھا کہ کافی حد تک موضوع سخن سمجھ میں آ رہا تھا)

بہرحال سب سے زیادہ فضیلۃ الشیخ علامہ زبیر علی زئی رحمہ اللہ سے استفادہ کا موقع ملا، تین راتیں وہاں قیام کیا۔ شیخ صاحب رحمہ اللہ نے محبت اور فراخ دلی سے ہماری ضیافت کی۔ آپ کے شاگردانِ رشید الشیخ نصیر احمد کاشف صاحب، الشیخ شیر محمد صاحب، الشیخ فضل اکبر صاحب نے بھی ہمارا خیال رکھا۔

شیخ صاحب رحمہ اللہ نے اپنی کچھ کتب بھی تحفتاً ہمیں عنایت کیں۔ ایک کتاب ''الرسائل فی تحقیق المسائل'' بھی عنایت کی جس کی بندہ احقر کو بڑی طلب و تڑپ تھی۔ (یہ وہ کتاب ہے جس میں رفع الیدین کی 240 احادیث عمدہ ترتیب سے جمع شدہ ہیں)

اس قیام کے دوران میں شیخ صاحب رحمہ اللہ کی طرف سے بندہ احقر کے لیے ازراہِ شفقت دو حکم صادر ہوئے:

۱: اپنے نام کے ساتھ (تمیز کے لیے) ''سندھی'' یا ''مری'' لکھا کریں۔

بندہ احقر نے اس حکم کو خوشی سے قبول کیا۔ اس کے بعد مکمل کوشش ہوتی ہے کہ نام (صادق خلیل) کے ساتھ ''مری'' لکھا جائے۔

۲: ایک روز شیخ رحمہ اللہ کے ساتھ ناشتہ کر رہے تھے کہ محدث دیار سندھ شیخ العرب والعجم علامہ بدیع الدین شاہ الراشدی رحمہ اللہ کا تذکرہ شروع ہوگیا۔ آپ نے شاہ صاحب رحمہ اللہ کی بہت تعریف کی کہ ''بہت بڑے فقیہ تھے'' بندہ احقر نے شاہ

صاحب رحمۃ اللہ علیہ کا ایک لطیفہ سنایا کہ احناف نے لکھا کہ مسواک ایک بالشت سے زیادہ لمبی نہ ہو ورنہ شیطان اس پر سوار ہو جائے گا۔

شاہ صاحب رحمۃ اللہ علیہ نے اس پر تبصرہ کرتے ہوئے لکھا: پھر تو یہ مسواک نہ ہوئی (بلکہ) ہیلی کاپٹر ہوا۔ شاید کوفے کی سیر کے لیے جاتا ہوگا۔ عربی عبارت ملاحظہ ہو:

"ولا یزاد علی الشبر وإلّا فالشیطان یرکب علیه"

(الدرالمختار 114/1مع الشامی طبع مصر بحوالہ بدیع التفاسیر 195/3)

تو اس لطیفے پر آپ مسکرا دیے اور مجھے حکم دیا کہ شاہ صاحب رحمۃ اللہ علیہ کے علمی لطائف کو جمع کر کے مضمون لکھیں۔

اس دوران میں ہماری خواہش تھی کہ باقاعدہ شیخ صاحب رحمۃ اللہ علیہ سے ہم حدیث پڑھیں، تاکہ ہمیں آپ کے تلمذ کے ساتھ ساتھ اجازہ سند کا شرف بھی حاصل ہو جائے۔ شیخ صاحب رحمۃ اللہ علیہ نے ہماری درخواست قبول کی اور کمال شفقت کے انداز میں صحیح بخاری کی پہلی حدیث اختصار کے ساتھ پڑھائی، اللہ تعالیٰ نے ہماری یہ خواہش بھی پوری فرمائی۔

شیخ صاحب رحمۃ اللہ علیہ بحیثیت مثالی محقق

اللہ تعالیٰ نے شیخ صاحب رحمۃ اللہ علیہ کو مثالی حافظے کی دولت کے ساتھ ساتھ میدانِ تحقیق کا شہ سوار بھی بنایا تھا، پھر آپ اس تحقیق کے مشن کو لے کر آگے بڑھتے چلے گئے اور دنیا والوں کو اس کی دعوت دیتے رہے۔ یہی وجہ ہے کہ آپ کی اکثر تحریرات اور قلم کی نوک پر یہ آیتِ مبارکہ جگمگاتی نظر آتی ہے:

﴿ لِّيَهْلِكَ مَنْ هَلَكَ عَن بَيِّنَةٍ وَيَحْيَىٰ مَنْ حَيَّ عَن بَيِّنَةٍ ﴾ (الانفال:42)

''تاکہ جو زندہ رہے وہ دلیل دیکھ کر زندہ رہے اور جسے مرنا ہے وہ دلیل دیکھ کر مرے۔''

تقریباً 11 سال قبل راقم الحروف کا ایک حنفی مولوی یعقوب فاروق سے تحریری مباحثہ چل رہا تھا۔ موضوع مباحثہ ''نماز میں سینے پر ہاتھ باندھنا'' تھا تو اس نے صحیح ابن خزیمہ کی روایت کے ایک راوی مؤمل بن اسماعیل پر جرح کی۔

میں نے اپنے استاذ شیخ الحدیث مولانا حافظ محمد سلیم میمن حفظہ اللہ کی طرف رجوع کیا تو آپ نے رہنمائی کی کہ الشیخ حافظ زبیر علی زئی صاحب (رحمۃ اللہ علیہ) نے مفصل و مدلل تحریر بنام ''اثبات التعدیل فی توثیق مؤمل بن اسماعیل'' لکھی ہے جس کی فوٹو کاپی الشیخ ڈاکٹر ابو جابر عبداللہ دامانوی حفظہ اللہ کے پاس موجود ہے۔ راقم نے دامانوی صاحب حفظہ اللہ سے درخواست کی تو انھوں نے مجھے ارسال کر دی۔

بندہ احقر نے اس کی کاپی کروا کر فریق مخالف کو ارسال کر دی، چنانچہ اس کے دماغ میں تہلکہ مچ گیا اور اس نے اپنی عین فطرت کے مطابق اپنی تحریر میں قیل وقال اور حیلے بہانے بنا کر سلسلہ بحث منقطع کرنے میں ہی اپنی عافیت سمجھی۔

ایک صاحب کے سوال کے جواب میں آپ کی یہ ضخیم اور مدلل تحقیق 17 صفحات پر مشتمل ہے جس میں شیخ رحمۃ اللہ علیہ نے مؤمل بن اسماعیل کی توثیق کے ساتھ انھیں کتب ستہ کا راوی ثابت کیا ہے۔

میں نے شیخ رحمۃ اللہ علیہ کے ہاں قیام کے دوران میں ایک حدیث کی تحقیق معلوم کی ''جب کوئی قوم بدعت ایجاد کرتی

ہے تو اسی کی مثل سنت اٹھالی جاتی ہے۔‘‘

(مسند أحمد:7095، بحوالہ مشکوٰۃ:187)

تو شیخ صاحب رحمہ اللہ نے بتلایا کہ یہ روایت (مرفوع) ضعیف ہے، البتہ یہ حسان رحمہ اللہ کا قول ہے اور اس کی سند صحیح ہے، اسے بیان کیا جا سکتا ہے۔

پھر آپ رحمہ اللہ نے اپنی تحقیق والی مشکوٰۃ نکال کر دکھائی۔ (مشکوٰۃ :188، الاعتصام بالکتاب والسنۃ)

مقلدین کی طرف سے اکثر خواہ مخواہ یہ سوال ہوتا ہے کہ کلمہ طیبہ کے دونوں حصے ایک ساتھ قرآن و حدیث سے ثابت کرو۔

الحمدللہ! شیخ صاحب رحمہ اللہ نے ایک صحیح روایت الاسماء والصفات للبیہقی کے حوالہ سے اپنے رسالہ ماہنامہ الحدیث شمارہ نمبر 35 میں تحریر کی ہے۔ طالب علم اور اہل ذوق اس رسالہ کی طرف ضرور رجوع کر کے استفادہ کریں۔

لطیفہ: آپ نے نصر الباری فی تحقیق جزء القراءۃ للبخاری میں سکتات سے متعلق حدیث (274 و275) کے تحت لکھا ہے: ’’سکتات ثابت ہیں‘‘

بعض الناس نے لکھا ہے کہ ’’اس پر مدینہ میں کوئی عمل ثابت نہیں‘‘

تو عرض ہے کہ سیدنا ابو ہریرہ رضی اللہ عنہ، ابو سلمہ بن عبدالرحمٰن التابعی رحمہ اللہ، جن سے سکتات کی روایت مروی ہے، کیا یہ عمل مدینے سے باہر جا کر کرتے تھے؟!!

شیخ صاحب رحمہ اللہ کی تحقیق دقیق کو اہل علم نے واقعتاً تسلیم کیا ہے۔ یہی وجہ ہے کہ آپ رحمہ اللہ کو ’’محقق العصر‘‘ کا لقب دیا گیا ہے اور آپ رحمہ اللہ کی تصنیف کردہ کتب کثیرہ بھی اس بات پر شاہد ہیں۔

آپ رحمہ اللہ کی تصنیف اور تخریج و تحقیق والی کتب میں سے بندہ احقر کے پاس 23 کتب کا خزینہ موجود ہے۔ والحمدللہ

شیخ صاحب رحمہ اللہ بحیثیت ایک مثالی مناظر

اللہ تعالیٰ نے شیخ صاحب رحمہ اللہ کو جس طرح بلند پایہ اور مثالی محقق بنایا تھا اسی طرح آپ رحمہ اللہ کو ایک کامیاب اور مثالی مناظرانہ صلاحیت سے بھی نوازا تھا۔ آپ میدانِ مناظرہ میں فریق مخالف کی ایسی سخت گرفت کرتے کہ وہ راہ فرار اختیار کرنے پر مجبور ہو جاتا۔

۱: شیخ صاحب رحمہ اللہ کا ایک تاریخی اور یادگار مناظرہ مسعود احمد بی ایس سی سے ہوا تھا۔ شیخ صاحب رحمہ اللہ نے اس مناظرہ کی مختصر روداد ہمیں خود سنائی کہ میں نے مسعود احمد کے دلائل پر جرح کی تو اس نے اپنے ہاتھ سے میری طرف اشارہ کرتے ہوئے کہا: زبیر علی زئی آپ ہیں۔ یہ کہتے ہوئے باقاعدہ اس کا ہاتھ کانپ رہا تھا۔ بندہ احقر نے عرض کیا اس کی ریکارڈنگ ہے؟ شیخ صاحب نے جواباً کہا کہ لائبریری میں یہ کیسٹیں تھیں لیکن اب دیکھنی پڑیں گی۔ محترم پروفیسر ڈاکٹر خالد ظفر اللہ صاحب کے بقول اس مناظرہ میں مسعود صاحب لاجواب ہوئے اور حضرو کی ’’جماعت المسلمین‘‘ نے مسعود صاحب کی بیعت توڑ کر مسلک اہل حدیث اختیار کر لیا۔ (نور العینین ص 10)

۲: 27 جون 1998ء کراچی میں ایک مناظرہ بعنوان ’’الجمعۃ فی القریٰ‘‘ طے پایا۔ جماعت اہل حدیث کی طرف سے مناظر:

۱۔ سید طالب الرحمٰن شاہ حفظہ اللہ ۲۔ فضیلۃ الشیخ عبدالعزیز

نورستانی ﷾

اورفریق مخالف (دیوبندیوں) کی طرف سے:

۱۔ مفتی کفایت اللہ ۲۔ مفتی حبیب اللہ تھے۔

فریق مخالف کے مناظر مفتی کفایت اللہ مناظرہ شروع ہونے سے قبل کچھ ایسے مطالبے کر رہے تھے، گویا وہ اس کوشش میں تھے کہ مناظرہ نہ ہو سکے۔ پہلا مطالبہ یہ کیا کہ مناظر اہل حدیث سید طالب الرحمٰن ﷾ مدرسہ کی سند دکھلائیں، دوسرا یہ کہ بخاری کی ایک سطر (عبارت) پڑھ کر سنائیں، پھر تیسرا مطالبہ یہ کیا کہ فقہ کی کتاب کا ایک صفحہ پڑھ کر سنائیں۔ مناظر اہل حدیث نے ان کے یہ سارے مطالبے بھی پورے کیے، لیکن وہ تب بھی عین غین کر رہے تھے اور بار بار یہ جتا رہے تھے کہ میں بڑا عالم ہوں ......میرے مدمقابل بڑا عالم (فضیلۃ الشیخ عبدالعزیز نورستانی ﷾) ہونا چاہیے۔ میں ان سے مناظرہ نہیں کروں گا، وغیرہ۔

اس مناظرے میں شیخ صاحب رحمہ اللہ بھی خصوصی طور پر تشریف لائے تھے۔ (جس طرح اکثر مناظروں میں بحیثیت مناظر یا معاون وغیرہ شریک ہوتے تھے) تو شیخ صاحب رحمہ اللہ نے انھیں اپنی زبان میں چیلنج کیا (پھر اردو میں بھی اردو والے بھائیوں کے لیے یہ چیلنج کر کے مخاطب کیا) کہ تم نبی کریم ﷺ تک صرف ایک حدیث باسند پیش کرو میں بھی پیش کرتا ہوں۔ میرا مطالبہ ہے کہ میں اپنی سند سے اپنے شیخ سے زبانی ایک حدیث پڑھوں گا، آپ اپنے حافظے سے اپنے شیخ سے جس سے آپ نے سنا ہے صرف ایک حدیث، رسول اللہ ﷺ تک پڑھیں۔ اگر آپ پڑھ سکے تو آپ عالم ہیں، لیکن انھوں نے چیلنج قبول نہیں کیا۔ بالآخر وہ ہٹ گئے اور ان کی جگہ پر مفتی حبیب اللہ نے مناظرہ کیا۔ (یہ مناظرہ دو کیسٹوں پر مشتمل ہے۔ راقم الحروف کے پاس بھی موجود ہے۔)

بہرکیف بندہ احقر اسی پر اکتفا کرتا ہے ورنہ شیخ صاحب رحمہ اللہ کے اس کے علاوہ بھی کئی مناظرے ہوئے ہیں، عیسائیوں، مرزائیوں، تکفیریوں اور مقلدوں کے ساتھ تفصیل کے لیے ملاحظہ ہو: ''نور العینین ص 10 پرانا ایڈیشن جون 2002ء''

شیخ صاحب رحمہ اللہ نے حق کی سربلندی اور باطل کی سرکوبی اور دفاعِ حدیث ﷺ میں اپنی زندگی گزاری ہے، اس کے ساتھ ساتھ مسلکِ حق کی ترجمانی اور وکالت کرنے میں پیش پیش رہے ہیں۔ موضوع روایتوں اور وضاع راویوں کی تحقیق کے ساتھ دورِ حاضر کے کذاب و مکار لوگوں کی بھی خوب خبر لی ہے اور ان کے کذب و مکر کو عوام کی عدالت میں پیش کیا۔

اللہ تعالیٰ ہمیں تمام فتنوں سے محفوظ رکھے اور دین حنیف پر قائم رکھے۔ اللہ تعالیٰ شیخ صاحب رحمہ اللہ کی بشری لغزشوں سے درگزر فرمائے اور انھیں جنت الفردوس عطا فرمائے۔ آمین

دین اسلام کے اصول و عقائد پر مبنی ایک مفید کتابچہ

جنت کا راستہ

مصنف : حافظ زبیر علی زئی

بین الاقوامی ایڈیشن منظر عام پر آچکا ہے